中央高校基本科研业务费专项资金资助出版

RESEARCH ON CHINA'S CROSS-BORDER EMPLOYMENT LEGISLATION

我国跨境就业立法研究

李世军 著

中国科学技术大学出版社

内 容 简 介

本书主要运用移植性研究与适合性研究相结合、实证性研究与假设性(规范性)研究相结合、分析与综合相结合以及问卷和访谈调查相结合等方法，在明确界定跨境就业法概念后，首先对跨境就业法律制度进行国际考察，从而获得健全和完善我国相应法律制度的有益启示，其次分别对我国出境就业和入境就业立法现状进行梳理并指出不足，在此基础上探讨制定《跨境就业法》的必要性与可能性，最后对我国《跨境就业法》建议稿纲要进行了论证。全书共分6章。第一章，跨境就业立法理论基础探析：概念与原理；第二章，跨境就业立法国外经验借鉴：考察与启示；第三章，我国出境就业立法现状分析：文本与问题；第四章，我国入境就业立法现状分析：文本与问题；第五章，我国制定《跨境就业法》的可行性研究：必要、可能与具体理由；第六章，我国跨境就业立法完善之探索：建议稿纲要与说明。

本书可作为社科类相关专业的本科生及研究生教材，也可供社会公众阅读。

图书在版编目(CIP)数据

我国跨境就业立法研究/李世军著. —合肥：中国科学技术大学出版社，2012.9
ISBN 978-7-312-03108-3

Ⅰ. 我…　Ⅱ. 李…　Ⅲ. 劳动就业—劳动法—研究—中国　Ⅳ. D922.504

中国版本图书馆 CIP 数据核字(2012)第 220320 号

出版　中国科学技术大学出版社
安徽省合肥市金寨路96号，邮编：230026
http://press.ustc.edu.cn
印刷　中国科学技术大学印刷厂
发行　中国科学技术大学出版社
经销　全国新华书店
开本　710 mm×1000 mm　1/16
印张　12.5
字数　238千
版次　2012年9月第1版
印次　2012年9月第1次印刷
定价　25.00元

作 者 简 介

李世军，男，1967年2月生，安徽省长丰县人。1986年7月参加工作。1999年6月在中国科学技术大学商学院获得法学硕士学位，2012年6月在安徽大学法学院获得经济法专业博士学位。现为合肥工业大学经济学院副教授，经济法研究所所长，硕士生导师。在《江海学刊》、《学术界》等学术期刊发表论文20余篇。2001年3月获得律师资格，现为安徽天瑞律师事务所兼职律师。

前　言

经济全球化必然导致劳动力这种最重要的生产要素在国际间频繁流动。部分发达国家和地区经济快速发展而人口老龄化日益严重，导致劳动力结构性短缺，这也成为跨境就业的重要诱因。当代综合国力的竞争突出地表现为高科技人才的竞争，导致各国纷纷出台政策防止本国人才流失，并大力吸引他国高科技人才，而高科技人才的跨国流动本质上也属跨境就业。我国当前的法律或政策文件已不能完全适应跨境就业实践发展的需要，急需修改、补充、整合并提高立法层次。

在此背景下，本书主要运用移植性研究与适合性研究相结合、实证性研究与假设性（规范性）研究相结合、分析与综合相结合以及问卷和访谈调查相结合等方法，在明确界定跨境就业法概念后，首先对跨境就业法律制度进行国际考察，从而获得完善我国相应法律制度的有益启示，其次分别对我国出境就业和入境就业立法现状进行梳理并指出不足，在此基础上探讨制定《跨境就业法》的必要性与可能性，最后对我国《跨境就业法》建议稿纲要进行了论证。

关于跨境就业立法的相关概念与原理。与跨境就业相关的概念有移民、国际劳工移民、对外劳务输出、国际劳务合作、对外劳务合作、外派劳务、境外就业、跨境工作、自然人流动等，必须对此进行辨析，以准确界定跨境就业的内涵和外延，并以此为基础阐明跨境就业法和跨境就业立法的含义。跨境就业的相关经济学原理，主要包括劳动力商品理论、国际分工理论、比较优势理论、人力资源理论、人口迁移推拉理论、劳动力市场双重部门理论等。跨境就业立法是指规范跨境就业的管理部门、政策支持、中介机构管理、就业者培训、就业合同、就业者权益保护等内容的法律规范、由此形式的法规体系以及制定法律规范和构建法规体系过程中所采用的立法技术的整体。

关于跨境就业法律政策的国际考察与启示。在出境就业法律制度方面，菲律宾、孟加拉国、泰国和巴基斯坦等国是劳务输出强国或大国，其普遍的做法有：对劳动力出境就业设立了专门的政府管理机构、加强境外就业市场的研究和开拓、建立有效的私营招募机制并鼓励出境就业渠道多样化、重视对出境就业者进行培训、实施有利于出境就业的便利措施和财政支持政策、注重保护出境就业者权益、制定和不断完善出境就业法律法规等。在入境就业法律制度方面，世界两大经济体中劳工移民制度比较完善的美国、欧盟以及中国出境就业主要目的地的日本、韩国值得考察。这些国家和地区可资我国借鉴的制度精华包括：劳动力市场测试、职业清单、年度配额、独立工作签证、积分评估、雇主担保、外国人身份转换、促进融合等制度。

关于我国出境就业立法的文本与问题。主要运用实证研究方法，并通过多种途径广泛征求实务界的意见，对出境就业方面比较重要的法律和政策文本（含草案和征求意见稿）进行条文分析，揭示了出境就业法律制度在形式和内容两个方面存在的主要问题包括：立法层次低，缺乏权威性；因事立法，随意性强，形式散乱；主管部门设置不当，管理职责模糊不清；经营企业与为其提供配套服务的机构之间的关系没有理顺；连接经营企业、境外雇主和劳务人员三方的合同性质定位不明；经营企业与劳务人员的权利义务配置不平衡等。

关于我国入境就业立法的文本与问题。主要运用实证研究方法，对入境就业方面比较重要的法律和政策文本（含草案和征求意见稿）进行条文分析，揭示了入境就业法律制度在形式和内容两个方面存在的主要问题包括：缺少效力层次较高和统一调整的基本法律制度；法律文件内容过时、简单粗放、缺乏透明度；立法目的表述不当，为管理而管理；外国人在中国就业与外国专家在中国工作关系不清；外国人入境就业手续繁琐；未能吸收发达国家有关外国人就业法中长期以来形成的制度精华等。

关于我国制定跨境就业法的必要性、可能性与具体理由。客观现实背景和法制背景决定了我国制定跨境就业法的必要性。相关的理论研究基础和立法活动基础又使得我国近期内制定一部综合性的跨境就业法具有很大可能性。我国应制定一部统一的跨境就业法的具体理由包括：出境就业和入境就业在制度构建上存在共性；符合我国近年来总体立法进程的方向；与跨境就业制度直接相关的法律文件制定过程的启示；法典模式是立法的高级形态；可以为跨境就业者提供最高层级的立法保护；便于宣传学习和执行。

关于我国《跨境就业法》建议稿的纲要与说明。建议稿纲要由涉及理论和实务界分歧较大之处或可能属于制度创新之处等问题的重要和关键条文组成。其具体内容包括总则、出境就业、入境就业、法律责任及附则四个方面。纲要的提出及其理由说明是本书前几部分内容的总结、引申和运用。

纵观全书，根据我国将会出现劳动力大出大进的特有国情，并考虑到出境就业和入境就业在制度构建上存在共性，以及我国近年来总体立法进程的启示等理由，首次将跨境就业区分为出境就业和入境就业，在理论上将两者结合起来进行研究，进而提出制定一部统一调整的法典，这是他人研究中未论及之处。同时，借鉴国外相关立法经验，并对我国现行相关法律文本和其中存在的主要问题进行细致梳理和全面分析，在此基础上提出了建议稿的纲要并加以扼要说明，这也是本书研究可能的创新之处。

目　　录

引　言

经济全球化逐步加深、部分国家和地区人口老龄化日益加重、各国吸引高科技人才的竞争不断加剧都成为推动跨境就业的重要诱因。我国当前的法律或政策文件已不能完全适应跨境就业实践发展的需要，急需修改、补充、整合并提高立法层次。因此，对跨境就业法律制度进行国际考察，对我国出境就业和入境就业立法现状进行梳理，在此基础上探讨完善我国的跨境就业法律制度，具有重要的理论和现实意义。

一、研究的背景与目的

（一）研究的背景

在经济全球化不断扩大和深化的背景下，生产要素的国际直接流动日益频繁。劳动力作为一种能动的、最重要的生产要素，其跨越国境的流动即跨境就业成为经济全球化的必然产物[1]。根据联合国人口活动基金会发布的《2006年世界人口发展报告》[2]显示，2006年全世界平均每34人里就有1个是移民，跨境移民总数为1.91亿人，比1960年增加了1.5倍，而且将不断增加，其中约1.77亿人为移民工人。

部分发达国家和地区经济快速发展而人口老龄化日益严重，根据联合国2006年研究资料，从2005年到2050年间，世界60岁以上的人口要增加一半，而15岁以下的儿童数会逐步减少。特别值得一提的是，在经济发达地区，60岁以上的人口几乎会增加一倍，也就是说，从2005年的2.45亿增加到2050年的4.06亿[3]。老龄化的结果直接导致劳动力结构性短缺，这也成为跨境就业的重要诱因[4]。

当代综合国力的竞争突出地表现为高科技人才的竞争，导致各国纷纷出台政策防止本国人才流失，并大力吸引他国高科技人才，而高科技人才的跨国流动本质上也属跨境就业。

我国特有的国情已产生了劳动力大出大进的现象。在出境就业方面，这里仅提供通过对外承包工程、对外劳务合作和出国留学途径实现的出境就业的数据；在入境就业方面，以人力资源和社会保障部等部门的数据和第六次全国人口普查的相关数据加以说明。表1显示，截至2010年底，通过对外承包工程和对外劳务合作方式实现的年末在外就业人数合计为84.7万人(2009年底是77.8万人)。

表1　中国对外承包工程和对外劳务合作年度统计表(亿美元、万人)

年份	对外承包工程			对外劳务合作			年末在外人数总数
	合同金额	完成营业额	年末在外人数	合同金额	完成营业额	年末在外人数	
1990	21.25	16.44	2.18	4.78	2.23	3.61	5.79
1991	25.24	19.7	2.15	10.58	3.93	6.83	8.98
1992	52.5	24.03	2.54	13.35	6.46	10.56	13.10
1993	51.89	36.68	3.42	16.11	8.70	13.09	16.51
1994	60.27	48.83	3.83	19.60	10.95	18.43	22.26
1995	74.84	51.08	3.84	20.07	13.47	22.59	26.43
1996	77.28	58.21	3.88	22.80	17.12	24.66	28.54
1997	85.16	60.36	4.78	25.50	21.65	28.55	33.33
1998	92.43	77.69	6.11	23.90	22.76	29.08	35.19
1999	101.99	8.22	5.53	26.32	26.23	32.65	38.18
2000	117.18	83.79	5.56	29.90	28.13	36.93	42.49
2001	130.39	88.99	6.00	33.28	31.77	41.47	47.47
2002	150.55	111.94	7.85	27.52	30.71	41.04	48.89
2003	176.67	138.37	9.40	30.83	33.09	43.97	52.37
2004	238.44	174.68	11.47	35.03	37.53	41.94	53.41
2005	296.14	271.63	14.48	42.45	47.86	41.87	56.35
2006	660.05	299.93	19.86	52.33	53.73	47.52	67.38
2007	776	406	37.1	67	67.7	37.2	74.3
2008	1046	566	31.3	75.6	80.6	42.7	74
2009	1262.1	777.06	38.3	74.73	89.11	39.5	77.8
2010	1334	922	43.6	87.2	89.11	41.1	84.7

数据来源：《中国对外经济统计年鉴》，商务部统计年报及 http://www.mofcom.gov.cn。

此外,从1978年到2009年底,各类出国留学人员总数达162.07万人,82.29万人正在国外进行博士、硕士、本科、专科等阶段的学习以及从事博士后研究或学术访问等,留学回国人员总数达49.74万人,通过留学方式实现出境就业的人员为30.03万人[5]。

人力资源和社会保障部、国家统计局的统计公报显示,截至2009年底,持外国人就业证在中国工作的外国人为22.3万人,持台、港、澳人员就业证在内地工作的台、港、澳人员为8.6万人,来华工作境外专家总计48万人[6]。

在第六次全国人口普查中,以在普查标准时点(以2010年11月1日零时为标准时点)在我国境内居住三个月以上或能够确定将居住三个月以上的港、澳、台居民和外籍人员为对象进行的普查数据显示,居住在我国境内并接受普查登记的香港特别行政区居民234 829人、澳门特别行政区居民21 201人、台湾地区居民170 283人,外籍人员593 832人,合计1 020 145人。其中和入境就业有关的两组数据是:以商务为目的的204 962人,以就业为目的的201 955人[7]。

考虑到对境外人员普查的难度,特别是非法入境就业的境外人员必然躲避普查[8],上述第六次全国人口普查显示的入境就业人数只能说是一个非常保守的数据。如将这些并不全面(且统计时间不在同一时点)的跨境就业人数累计相加,截至2009年底是186.7万人。如果考虑到除上述以外形式的其他跨境就业人数在内,有资料显示,早在2007年就达到375万人[9]。由此可见我国跨境就业规模相当可观,并且发展潜力巨大,因为全球化和我国的对外开放都在进一步扩大。

无论是出境就业还是入境就业都需要法律制度加以规范,因此,联合国、国际劳工组织和国际移民组织等国际性组织都各自制定了一些有关劳工移民的法律性文件,世界上主要的劳动力迁出地和迁入地也都出台了本国或本地区的跨境就业相关法律制度,虽然其中的一些制度包含在其移民法之中[10]。

我国目前没有一部专门针对劳动力跨境就业的法律,只是在相关法律、法规或规章以及有关部门的政策文件中有所涉及(表2)。其中直接针对跨境就业的规定或者比较散乱,或者效力层次较低,或者存在立法重复与空白同时并存现象。而法律制度本身不健全,又带来实践中执法部门职能不清、急需协调与配合的问题。总之,当前的法律或政策规定已不能完全适应我国跨境就业实践发展的需要,急需修改、补充、整合并提高立法层次。

表 2　我国部分重要的与跨境就业相关的法律和政策文件(含草案和征求意见稿)[①]

序号	制定机关	文件名称	发布时间
1	全国人大常委会	中华人民共和国公民出境入境管理法	1985.11
2	外经贸部、国家体改委等	对外劳务合作管理暂行办法	1993.11
3	外经贸部、工商总局等	关于加强对外劳务合作归口管理有关问题的通知	1996.4
4	中国对外承包工程商会	中国对外承包工程和劳务合作行业规范(试行)	2000.1
5	劳动和社会保障部等	境外就业中介管理规定	2002.5
6	商务部、工商总局	对外劳务合作经营资格管理办法	2004.7
7	国务院	对外承包工程管理条例	2008.7
8	国务院法制办公室	对外劳务合作管理条例(征求意见稿)	2010.8
9	全国人大常委会	中华人民共和国外国人入境出境管理法	1985.11
10	外国专家局等	外国专业人才来华工作中介机构管理暂行办法	1995.8
11	劳动部、外交部等	外国人在中国就业管理规定	1996.1
12	全国人大常委会	中华人民共和国对外贸易法(第 10 条、第 28 条等)	2004.4
13	全国人大常委会	中华人民共和国就业促进法(第 13 条)	2007.8
14	劳动和社会保障部	就业服务与就业管理规定(第 22 条、第 23 条)	2007.11
15	中央人才工作协调小组	关于实施海外高层次人才引进计划的意见	2008.12
16	全国人大常委会	中华人民共和国涉外民事关系法律适用法(第 41 条、第 43 条等)	2010.10
17	人力资源和社会保障部	外国专家来华工作条例(列入工作规划)	2011.1

① 这里列出的仅是一部分,更详细的相关法律和政策文件汇总见本书第三章、第四章的表 5 和表 6。此处的法律取其广义,指法的整体,包括狭义的法律、行政法规、地方性法规、自治条例、单行条例以及国务院部门规章和地方政府规章(也即我国《立法法》的适用范围)等。此处的政策文件,包括行政规范性文件和政策性文件。行政规范性文件是指各级政府和县级以上人民政府所属部门(含直属机构、派出机关及法律法规授权管理公共事务的组织等)依据法定职权和法定程序制定的涉及管理相对人权利义务并具有普遍约束力的各种文件,须由部门首长签发公布,其目的在于规范行政管理事务。政策性文件是指国家政权机关、政党机关和其他社会政治集团制定的部署工作,规范本机关、本系统内部工作和管理制度,向上级机关的请示和报告,以及涉及具体事项的布告、通告、决定、批复等方面的文件。下文使用的"法律和政策文件"的含义与此相同,将不再赘述。

续表

序号	制定机关	文件名称	发布时间
18	人力资源和社会保障部	外国人在中国工作管理条例(列入工作规划)	2011.1
19	人力资源和社会保障部	在中国境内就业的外国人参加社会保险暂行办法	2011.9
20	全国人大常委会	中华人民共和国出境入境管理法(草案)①	2011.12

资料来源:根据商务部、人力资源和社会保障部等网站资料整理而来。

(二) 研究的目的

基于如上所述的跨境就业的客观现实背景和法制背景,本书研究的主要目的是:一,对跨境就业法律制度进行国际考察,从而获得健全和完善我国相应法律制度的有益启示。二,对我国跨境就业相关法律文本进行概要分析,指出其中存在的形式和内容方面的不足之处,探讨制定《跨境就业法》的必要性与可能性,在此基础上提出跨境就业法律制度的若干基本原则[11],为具体制度构建提供理论支持和思想指导。三,对跨境就业法律制度包含的主要内容,即出境就业和入境就业法律制度如何构建提出具体设想,为相关部门的立法提供参考。

二、研究的理论价值和应用价值

(一) 研究的理论价值

1. 探索拓宽劳动法学的研究视野

本书综合运用法学学科理论(包括劳动与社会保障法、国际经济法、国际移民法等)和其他领域学科理论(包括国际人力资源管理学、劳动经济学、国际贸易学等)来研究跨境就业立法,同时注重从劳动者主体资格、劳动合同和劳动者权益保护等角度审视和构建跨境就业法律制度,不仅是运用学科交叉研究方法研究具体问题的一次尝试,而且可能从理论上拓宽劳动法学的研究视野[12]。

2. 尝试创新跨境就业制度研究的思维方式

不同于他人分别孤立地研究"对外劳务输出法律问题"或"外国人就业管理制

① 表1第8行的《对外劳务合作管理条例(征求意见稿)》和第20行的《中华人民共和国出境入境管理法(草案)》,已分别在本书第3章第1节和第4章第1节进行了探讨。这两个法律文件已分别于2012年6月4日、2012年6月30日正式公布,并分别于2012年8月1日和2013年7月1日起施行。

度”,本书基于出境就业和入境就业在制度构建上存在共性和联系等原因,以及我国近年来立法进程与立法经验的启示,尝试将两者结合起来研究,并在此基础上提出制定一部统一的《跨境就业法》的立法建议。

(二) 研究的应用价值

1. 符合我国国民经济和社会发展战略规划的要求

我国第十二个五年规划纲要[13]第 29 章要求“积极引进和用好海外高层次创新创业人才”,第 31 章提出“鼓励开展对外劳务合作”,第 52 章则要求“发展海外工程承包和劳务合作”,“维护我国海外权益,防范各类风险”。而 2012 年的政府工作报告经过人大代表审议后,在仅有的十几处修改中,就包括增加“规范发展对外劳务合作”这一内容[14]。由此可见,促进和规范跨境就业,符合国家大政方针,也是深化和扩大对外开放的需要。

2. 促进我国跨境就业法律制度的完善

本书在分析研究的基础上,提出了《跨境就业法》建议稿纲要并加以简要论证,可为相关部门的立法提供一个新的思路和选择。相信该法的制定,对于充分发挥我国作为劳动力资源大国的优势,促进就业,实施人才强国战略,维护国家民族利益和我国的国际形象,推动建立和谐的国际政治和经济贸易关系都具有一定的促进作用。

3. 指导我国跨境就业实践活动的开展

本书的研究结论和其中蕴含的政策建议,期望能为人力资源和社会保障部门、商务部门、外事部门、出入境管理部门和工商管理部门等政府相关部门的对外劳务合作管理和引进海外高层次人才来华就业等工作提供参考和指导;为众多从事对外劳务合作的相关企业拓展市场、扩大业务规模提供决策参考;为广大劳动者实现跨境就业和依法维权提供路径指引。

三、国内外关于跨境就业的研究现状与评论

(一) 国外研究现状

1. 从劳动经济学和人力资源管理等角度探讨劳动力跨境流动的成本效益以及跨境就业者的培训、职业开发和薪酬制度等问题

如 Pierre Cahuc 和 Andre Zylberberg 在其主编的《劳动经济学》[15]以及 Luis R. Gomez-Mejia, David B. Balkin 和 Robert L. Cardy 在其合编的 *Managing Human Resources*(2010 年第 5 版)[16]的部分章节中的分析。

2. 对国际移民的动因、现状、影响、社会适应、发展趋势等问题的研究

如19世纪末美国社会学家莱文斯坦(E. G. Ravenstein)指出,左右人口迁移的动力,是推拉因素作用的结果,并提出了著名的"推拉模型"。1782年法国裔美国学者埃克托·圣约翰·克雷夫科尔(Hector St. John Crevecoeur)形象地提出了"熔炉论",他认为美国已经并且仍然继续将来自不同民族的个人熔化成一个新的人种"美国人"[17]。马克·米勒(Mark J. Miller)和斯蒂芬·卡斯特(Stephen Castles)在1993年发表的 *The Age of Migration, International Population Movements in the Modern World*[18]中指出,21世纪是"国际移民的时代",其主要趋势将表现为国际移民的全球化、加速化、多样化和女性化[19]。

3. 对国际及国别移民法的研究和介绍

其中具有代表性的如荷兰学者 Richard Plender 的专著《国际移民法》[20],英国学者 Richad Owen 在其2004年出版的专著 *Essential European Community Law* 里专辟一章 Free Movement of Workers[21],美国律师 Steven S. Mukamal 在2002年出版的中文著作《工作、生活、学习在美国——顺利进入美国法律指南》[22]等。

4. 对劳动力准入和促使融合政策进行研究

如 Jeff Dayton-Johnson 等学者在2007年作的专题报告 *Gaining from Migration: Toward a New Mobility System*[23]中以欧洲为研究对象,探讨了劳动力市场的进入政策和如何促使外来劳工融入当地社会。在劳动力市场准入方面,他建议建立一个综合的监控体系,以便对劳工流动提供有效的监控,只有那些遵守规则的劳工和雇主应该被奖励,以使他们能够连续地进入劳工移民体系。在促使外来劳工融入当地社会方面,他们建议欧洲国家必须为所有的移民和他们的家庭成员在迁徙的最初时期提供公平和相等的进入劳动力市场和接受教育的机会。

5. 对移民法和劳动就业法的关系进行系统阐述

如日本学者 Chizuko Hayakawa 在其2010年的英文论文 *Labor Law and Policy Issues Relating to Foreign Workers in Japan*[24]中指出,在对有关外国公民和外国劳工的政策(外劳政策)方面而言,移民法是实现选择原则的手段,而劳动和就业法是实现融合原则的手段。他以日本的情况为例重点研究了通过劳动和就业法律在劳动领域实现融合的途径。

(二) 国内研究现状

1. 对与本书研究相关的基础理论与基本概念的分析与介绍

如关怀、林嘉在其主编的《劳动与社会保障法》教材中[25],专辟一节对国际劳工立法的历史和现状做了扼要介绍,并指出国际劳工立法对劳动力国际流动产生的影响。其他学者如贾俊玲、叶静漪、王全兴、郭捷、冯彦昌、郑尚元、黎建飞、周长征等也在其主编的教材中对国际劳工标准进行介绍,其内容都涉及对移民工人的保护。

余劲松在其主编的《国际经济法》[26]教材中对国际服务贸易的四种形式之一"自然人流动"进行概要分析。其他学者如陈安、王传丽、莫世键、徐淑萍等在其主编的教材或专著中也对"自然人流动"进行了研究。

吕岩锋在其主编的《国际私法学教程》[27]中,对"国际劳务合同"法律适用的理论和实践进行了介绍。其他学者如徐冬根、赵相林、韩德培、范姣艳、詹朋朋等在其主编的教材或专著或论文中对国际劳务合同的法律适用进行了探讨。

2. 对外国劳动法及劳动关系国际化的专门研究

如王益英2001年主编的《外国劳动法和社会保障法》[28]、董保华2006年主编的《劳动关系调整的社会化和国际化》[29]、石美遐2010年主编的《劳动关系国际比较》[30]就属于此类研究。

3. 从多学科角度对跨境就业相关问题的研究

钱晓燕2009年博士毕业论文《全球化背景下的中国劳动力跨境就业研究——理论、政策及管理服务模式》[31]、赵曙明2010年著《国际企业:人力资源管理》[32]分别主要从管理学、社会学、国际人力资源管理学等角度探讨了与本书研究对象相关的问题。

4. 对国际移民及移民法的研究

李明欢在2010年论文《当代西方国际移民理论再探讨》中提出,在国际移民的未来发展中,将会出现三个趋向,即劳动全球化的必然性、族群冲突的可能性、跨国主义对于传统民族观和国家观具有的严峻挑战性[33]。李芳田2009年博士毕业论文《国际移民及其政策研究》[34]、潘兴明等2011年所著《移民问题国际比较研究》[35]是对国际移民问题比较系统的研究。刘国福2009年编译了《移民法:国际文件与案例选编》[36],2010年与他人合著《移民法》[9],2011年出版专著《技术移民法律制度研究:中国引进海外人才的法律透视》[6]。

5. 对对外劳务合作及外派劳务法律调整的研究

宋晓梧1994年的专著《国际劳务合作与海外就业》[37]、姜爱丽2004年的专著《我国外派劳务关系法律调整理论与实务》[38]等,主要是对当时的出境就业相关政策法规进行了介绍。李先波等2005年论文《后WTO时代中国的自然人流动》[39]和汪金兰等2007年论文《GATS框架下我国涉外劳务输出法律制度的完善》[40],结合服务贸易总协定中关于"自然人流动"的规定,提出了若干完善我国外派劳务法律的建议。

6. 对跨境就业者权益保护法律问题的探讨

李坤刚2009年论文《涉外劳务应纳入劳动争议处理范围——由一起涉外劳务

派遣案引发的思考》指出，按我国现行法律规定，境外就业中介机构（和外派劳务分业经营）与国外雇主以及我国出境务工的公民之间，均是民事法律关系，发生纠纷不适用劳动法调整，这使得我国出境劳动者失去法律的最低保障[41]。单海玲2011年论文《我国境外公民保护机制的新思维》提出营造国家、社团、个人三维的保护网络[42]。

（三）对国内外相关研究的评论

以上学者的研究成果和本书的内容存在一定联系，如有的研究了出境就业相关法律问题，有的研究了跨境就业者权益保护涉及的国际私法或劳动争议处理法问题，有的从非法学学科视角触及了本书的研究对象。又由于跨境就业者在欧美国家习惯上称为“劳工移民”，是移民的一种类型，所以有关移民和移民法的研究，也与本书的研究对象有交叉。而本书从我国当前的跨境就业的客观现实背景和法制背景出发，以劳动法理论作为视角，将出境就业和入境就业两者结合起来进行系统性研究，并首次探讨制定一部统一的《跨境就业法》的必要性和可能性以及该法的基本原则和主要内容，这是他人研究中未触及之处。

四、主要内容与重点难点

（一）主要内容

本书研究的主要内容包括6个方面，如图1所示：

1. 跨境就业的相关概念与基本原理

阐明跨境就业的经济学原理有助于理解跨境就业现象产生的必然性，从而提高对跨境就业立法的必要性、重要性的认识。对跨境就业的相关概念进行辨析，以准确界定跨境就业的内涵和外延，并在此基础上阐明跨境就业法和跨境就业立法的含义，为全书的研究确立逻辑起点、设定明确范围。

2. 跨境就业法律政策国际考察与启示

我国人力资源丰富，必须重视扩大出境就业的规模，并对此加以规范管理，这就要求考察国际上典型的或重要的劳务输出国的相关法律政策。同时，我国又需要大量引进境外各类人力资源，并依法管理各种外国人在我国的就业，这又要求对世界上相关的重要国家和地区的入境就业制度进行研究。上述研究的目的是为了探寻国际上跨境就业法律制度的共性和精华所在，以资我国相关立法参考借鉴。

3. 我国出境就业立法的文本与问题

主要运用实证研究方法，并通过多种途径广泛征求实务界的意见，对出境就业方面比较重要的法律和政策文本(含草案和征求意见稿)进行逐一分析,在分析的基础上进行综合,揭示出境就业法律制度在形式和内容两个方面的主要问题。

4. 我国入境就业立法的文本与问题

主要运用实证研究方法,对入境就业方面比较重要的法律和政策文本(含草案和征求意见稿)进行逐一分析,在分析的基础上进行综合,揭示入境就业法律制度在形式和内容两个方面的主要问题。

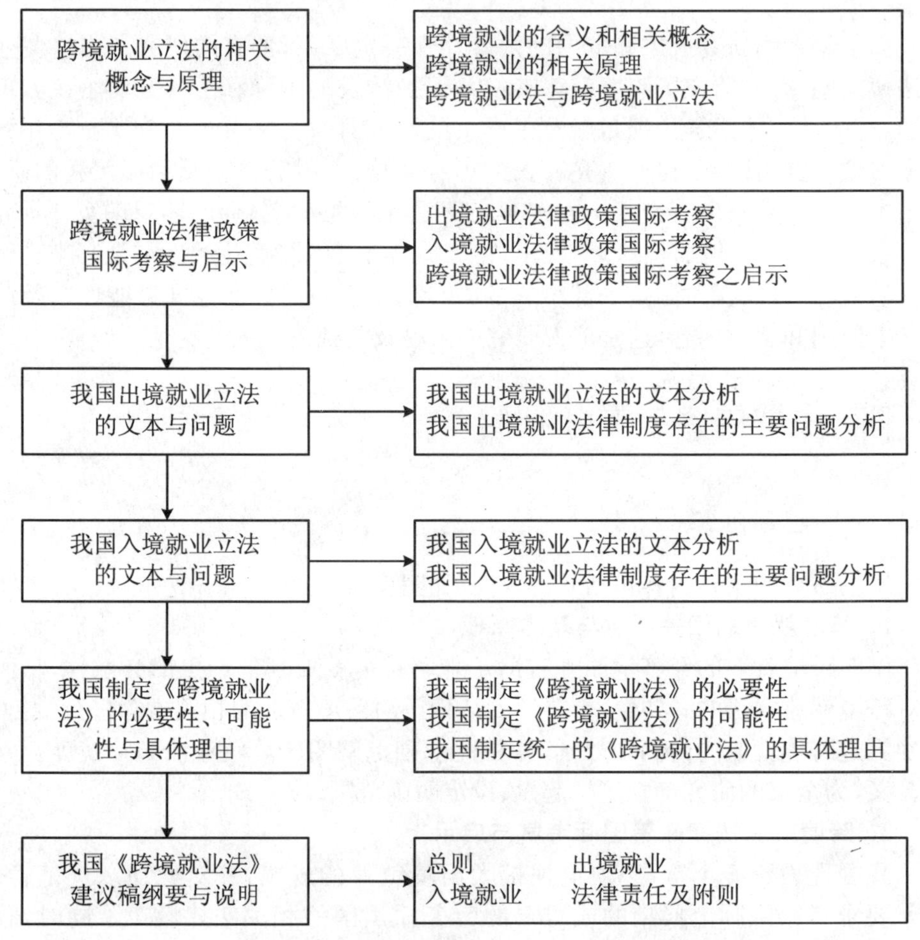

图1　本书研究的主要内容示意图

5. 我国制定《跨境就业法》的必要性、可能性与具体理由

我国制定《跨境就业法》的必要性是由我国跨境就业的客观现实背景和法制背景决定的。由于具备了一定的理论研究基础和立法活动基础,又使得我国近期内制定一部综合性的跨境就业法具有很大可能性。出境就业和入境就业在制度构建上存在共性等原因是我国应制定一部统一的《跨境就业法》的具体理由。

6. 我国《跨境就业法》建议稿纲要与说明

结合前文对跨境就业法律政策的国际考察和启示以及对我国跨境就业立法文本和问题的分析，主要就理论和实务界分歧较大之处或可能属于制度创新之处等重要和关键条文，即该法建议稿的纲要进行分析说明。

（二）重点和难点

1. 本书研究的重点

对跨境就业的立法模式、主管部门、基本原则、政策支持、中介机构管理、就业者权益保护等内容进行重点研究。具体论述包含在上文研究内容部分，其中跨境就业的立法模式选择和政府主管部门的重新设置也是本书研究拟突破的难点。

2. 本书研究的难点

其一，跨境就业立法的模式选择。是将出境就业和入境就业分别立法还是统一立法？笔者认为应为统一立法并提高立法层次，并拟从出境就业和入境就业在制度构建上存在共性、符合我国近年来总体立法进程的方向、法典模式是立法的高级形态等方面进行论证。

其二，跨境就业政府管理和服务部门的设置。是维持目前由商务部与人力资源和社会保障部分别主管的格局还是由人力资源和社会保障部单独主管？或者另外特设部门独立主管？这也是跨境就业立法无法回避同时涉及相关政府部门职权管辖范围的问题。笔者认为跨境就业应归人力资源和社会保障部统一主管，并拟从现状弊端、国际惯例等方面加以分析研究。

五、研究思路与研究方法

（一）研究思路

本书的研究以构建我国跨境就业基本法律制度为目标，按从跨境就业的一般分析到法律制度探讨、从国外立法经验的借鉴到国内法律文本的评析、从确立立法基本原则到具体制度构建的思路展开研究。首先，归纳跨境就业的理论基础，界定跨境就业与跨境就业立法的概念，为本书的研究确立逻辑起点、设定明确范围。其次，充分考察国际上主要的劳动力输出国和劳动力输入国的相关法律制度，在此基础上分析我国跨境就业立法的文本及其存在的问题，并阐述制定《跨境就业法》的必要性、可能性与具体理由。最后，在以上分析研究的基础上拟定《跨境就业法》建议稿的若干主要条文并加以分析说明，试图为相关部门的立法提供有价值的参考。

（二）研究方法

1. 移植性研究与适合性研究相结合

移植性是指理论研究和制度设计要善于吸收世界上主要的劳动力输出国和输入国的成功经验；适合性是指理论研究和制度设计必须符合中国的跨境就业的现状和国情[43]13。

2. 实证性研究与假设性（规范性）研究相结合

实证性方法是指理论研究必须立足于已经颁布的现实存在的（包括废止的）法律和法规等法律文本之上；假设性方法是指从预测和完善的角度出发，阐明跨境就业立法应具有的基本原则、体系结构和具体内容[43]14。

3. 分析与综合相结合

“分析和综合的结合——各个部分的分解和所有这些部分的总和、总计。”[44] 分析方法指对各个不同国家和地区跨境就业法律政策分别进行的考察及对我国部分重要的跨境就业相关法律和政策文件逐一进行的评析；综合方法指在上述研究基础上对国际上跨境就业法律政策的共性以及我国跨境就业法律制度存在的主要问题的揭示。

4. 问卷和访谈调查相结合

本书研究所需的大量数据和材料不仅是从书籍报刊、相关网站和专业数据库获得的，而且注重从对若干跨境就业人员进行问卷调查和到政府相关管理部门及企业进行访谈调查等途径获得。为节省篇幅，本书所作调查问卷和访谈记录略去。

第一章 跨境就业立法理论基础探析：概念与原理

与跨境就业相关的概念有移民、国际劳工移民、对外劳务输出、国际劳务合作、对外劳务合作、外派劳务、境外就业、跨境工作、自然人流动等。只有对上述概念进行辨析，才能准确界定跨境就业的内涵和外延，并在此基础上阐明跨境就业法和跨境就业立法的含义，为本书的研究确立逻辑起点、设定明确范围。

阐明跨境就业的经济学原理，有助于理解跨境就业现象产生的必然性，从而提高对跨境就业立法的必要性、重要性的认识。跨境就业的经济学原理主要包括劳动力商品理论、国际分工理论、比较优势理论、人力资源理论、人口迁移推拉理论、劳动力市场双重部门理论等。

第一节 跨境就业及其相关概念

一、跨境就业的含义

(一) 跨境(Cross-border)

由于我国“一国两制三法系四法域”[①]的特殊国情，有必要对领域与国境、跨境与跨国、出境与出国等概念进行辨析。领域(territory；domain)也称领土，一般指一国主权所管辖的区域，香港、澳门、台湾都属于中华人民共和国领域。国境(territory；frontier；national boundary limits；a borderland；a border)既可以指一

---

① 这是指我国的大陆与台湾、香港、澳门四个区际和法域，大陆有中华法系、社会主义法系的传统，台湾地区和澳门地区有大陆法系的传统，香港地区有英美法系的传统。随着香港特别行政区和澳门特别行政区相继回归祖国怀抱，我国成为了一个“一国两制三法系四法域”的典型的多元法制国家。

个国家行使主权的领土范围，包括陆地、领水、领海和领空（此含义基本等同于"领域"），又指相邻两国之间的边界线。同样，香港、澳门、台湾都位于中华人民共和国国境内。但在特定场合和语境下，"中国境内"并不包含香港、澳门和台湾地区。如《中华人民共和国宪法》第18条①和第32条②中的"中国境内"以及《外国人在中国就业管理规定》第3条③中的"中国境内"都不包括台湾和香港、澳门地区④。又如在税法领域，"境内"也不包含香港、澳门和台湾地区，而仅指我国海关关境以内，"境外"指我国海关关境以外。另外，在中华人民共和国国家统计局2011年4月29号公布的"2010年第六次全国人口普查接受普查登记的港、澳、台居民和外籍人员主要数据"[7]中的注释部分指明"境内"也不包含港、澳、台地区⑤。

特别值得一提的是，全国人大常委会法制工作委员会2011年12月31日在其网站上公布的《出境入境管理法（草案）条文及草案说明》中明确了"出境"、"入境"的含义。其中第85条规定："出境，是指由中国内地前往其他国家或者地区，由中国内地前往香港特别行政区、澳门特别行政区，由中国大陆前往中国台湾地区。入境，是指由其他国家或者地区进入中国内地，由香港特别行政区、澳门特别行政区进入中国内地，由中国台湾地区进入中国大陆。"[45]基于同样理由，本书的"境内"仅指大陆地区，不包括港、澳、台地区。因此，"跨境"不仅指"跨国"，而且指出入中国大陆与港、澳、台之间；"出境"也不仅指"出国"，还指自中国大陆前往港、澳、台地区。

（二）跨境就业（Cross-border Employment；Cross-border Work）

上文对"跨境"进行了分析，还必须明确"就业"的含义。就业在不同的学科中有不同的解释，在劳动法中，就业是指具有劳动能力的公民在法定劳动年龄内（即有就业资格）从事某种有一定劳动报酬或经营收入的社会职业[46]。就业的实质是

---

① 该条规定：中华人民共和国允许外国的企业和其他经济组织或者个人依照中华人民共和国法律的规定在中国投资，同中国的企业或者其他经济组织进行各种形式的经济合作。在中国境内的外国企业和其他外国经济组织以及中外合资经营的企业，都必须遵守中华人民共和国的法律。它们的合法的权利和利益受中华人民共和国法律的保护。

② 该条规定：中华人民共和国保护在中国境内的外国人的合法权利和利益，在中国境内的外国人必须遵守中华人民共和国的法律。中华人民共和国对于因为政治原因要求避难的外国人，可以给予受庇护的权利。

③ 该条规定：本规定适用于在中国境内就业的外国人和聘用外国人的用人单位。

④《外国人在中国就业管理规定》第33条规定：外国人在中国的台湾和香港、澳门地区就业不适用本规定。

⑤ 注释部分的内容是：上述人员指在普查标准时点在我国境内居住三个月以上或能够确定将居住三个月以上的港、澳、台居民和外籍人员，但不包括出差、旅游等在境内短期停留的港、澳、台居民和外籍人员。"境内"指的是我国海关关境以内，不包含港、澳、台地区。

劳动力与生产资料的结合，其标志是劳动者的劳动报酬或收入足以构成其主要生活来源，即从事零星的劳动应排除在"就业"之外。

跨境就业是指劳动者到境外提供劳动并获得报酬的就业行为[31]21。从一个国家或地区的角度来看，跨境就业包括出境就业和入境就业两个方面。我国官方已在其文件的内容中或文件的名称中使用了"出境就业"和"入境就业"这两个概念，前者指 1986 年 12 月 3 日国务院批准的《中华人民共和国公民出境入境管理法实施细则》第 4 条的规定，即"出境就业，须提交聘请、雇用单位或者雇主的聘用、雇用证明"；后者指劳动部 1993 年的《关于境外人员入境就业工作几点具体意见的通知》和一些地方政府的相关文件①。就我国而言，出境就业和入境就业又分别包括多种形式，对此将在后文进行详细分析。

二、跨境就业的相关概念

（一）移民(Migration)

移民即人口迁移。我国《现代汉语词典》对"移民"的解释是："居民由一地或一国迁徙到另一地或另一国落户"，或"迁徙到外地或外国去落户的人"。由此可见，汉语中的"移民"一词有"移居的行为"（基本对应于英语"migration"一词）和"移居的人"（基本对应于英语"migrant"一词）两种含义；它既指国内移民又指国际移民，是这二者的统称；它并未区分移入（对应于英语"immigration"一词）和移出（对应于英语"emigration"一词）。

广义上的移民包括国内移民、国际移民和星际移民[47]。狭义上的移民一般指各国出境入境法律（或移民法）管理对象的国际移民。国内移民，可分为政府主导的移民、自发的移民以及介于这两者之间的移民。政府主导的移民是指一国政府出于政治或经济等原因，采取行政措施和说服教育等手段，引导居民在国内不同地区之间进行迁徙移居活动。

国内的例子有文革期间的千百万城镇知识青年响应党的号召，奔赴祖国的农村、边疆安家落户的移民以及国家因建设需要动员二百多万三峡库区居民迁徙移居等等。自发的移民如我国的"高考移民"和"生育移民"等等。此类自发的移民是国家政策不鼓励甚至是禁止的。而当前方兴未艾的农村居民移居城市现象和民工在国内不同地区的迁移既是人们的自发行为，又需要政府加以积极引导和规划，可

---

① 如江苏省劳动与社会保障厅 2002 发布的《关于进一步加强江苏省入境就业管理工作有关问题的通知》。

称之为介于以上两类移民之间的移民。

国外历史上此类著名的移民活动有美国 19 世纪的“西进运动”(Westward Movement)①和前苏联的“创建共青城”②运动等[47]。

星际移民是指科学家们所构想的在未来世纪科学技术高度发达的条件下,地球居民乘坐太空飞行器迁徙到宇宙中其他星球定居并生活。如目前科学家已经发现火星上具有形成生命所需要的碳和氮等物质基础,从而诱发了通过科学手段将火星温度提高后地球人移居该星球的宏伟设想。

国际移民(International Migration)也即狭义上的移民③,是指一国公民依据其国籍所属国和前往国家的法律以及国际条约、国际惯例到原居住国以外的国家或地区长期居留或者短期居留的出入国境活动[47]21。国际移民也有广义和狭义之分。广义的国际移民,指所有在输入国长期居住的外国人口[48]。

该定义是用居留时间标准来界定国际移民,也就是说必须是“长期”或“永久”居留,才属于移民。移民的第二代子女,也属于移民,而不论其是否已经获得居住国国籍。但对“长期”的界定比较模糊。一方面,各国法律对长期居留的时间规定各不相同,另一方面,学术界也未形成一致看法。有的国家将长期居留的时间标准设定为 5 年,有的设定为 3 年,有的甚至设定为半年或 3 个月④。

---

① 西进运动,是美国人民由北美东部向西部地区开发、移居的过程。美利坚合众国独立时,地域甚小,只有大西洋沿岸的 13 个州。独立后,大量居民涌向西部拓荒。最初,移民主要到密西西比河以东的地区定居。19 世纪前期,美国通过购买、武装颠覆和发动战争等手段进行领土扩张。1803 年,美国政府趁拿破仑忙于应付欧洲战争之机,从法国购得路易斯安娜。从 19 世纪 20 年代起,移民向密西西比河以西迁移,大批移居得克萨斯的美国人成为分裂墨西哥、兼并得克萨斯的先锋。40 年代美国人越过落基山,成群涌向沿太平洋地区,掀起了“俄勒冈热”和“加利福尼亚热”,并导致美国版图覆盖这些地区。1857 年第一次世界性经济危机发生,美国东部地区大批工人面临失业,大量饥民在全国流浪,许多人满怀对土地的渴望涌向西部。1862 年,林肯政府颁布了《宅地法》,将西进运动推向新高潮。19 世纪末,西进运动结束。在人类历史上,像美国这样规模之大、范围之广、持续时间之长、对社会影响之深的移民运动是罕见的。

② 前苏联出于战略上的考虑而开发西伯利亚地区,动员大批苏联青年到人烟稀少的西伯利亚定居,创建共青城。

③ 本书研究的跨境就业仅与此种意义上的移民概念存在关联。

④《中华人民共和国出境入境管理法(草案)》第 28 条规定:外国人所持签证注明的停留期限不超过 180 日的,持证人凭签证并按照签证注明的停留期限在中国境内停留。第 34 条规定:免办签证入境的外国人需要超过免签期限在中国境内停留的,外国船员及其随行家属在中国停留需要离开港口所在城市,或者具有需要办理外国人停留证件其他情形的,应当按照规定办理外国人停留证件。外国人停留证件的有效期最长为 180 日。第 29 条规定:外国人居留证件的有效期最短为 180 日,最长为 5 年。[EB/OL]. http://www.npc.gov.cn/npc/xinwen/lfgz/flca/2011-12/31/content_1684871.htm,2011-12-31/2012-01-08。

著名的国际移民问题专家托马斯·哈马尔(Tomas Hanunar)将成为国际移民所需的"长期"居留时间标准规定为3个月。他的解释是：绝大多数欧洲国家允许外国人在无需签证或办理居住许可的情况下取得3到6个月的居住期限①，超过这个期限就被认为是一种长期居住行为而成为国际移民了[48]。

狭义的国际移民，是把取得居住国国籍作为成为居住国的国际移民的标志。这种定义将许多在输入国长期甚至永久居住的外国出生人口排除在国际移民的范围之外。而本书研究的跨境就业问题必然涉及跨境就业者在输入国居留的时间长短甚至是否取得输入国国籍问题，因此，各国有关移民的法律制度(我国称之为出入境管理法律制度)必然与本书的研究对象密切相关。与移民相关的另一个概念是侨民。所谓侨民，是指那些定居或长期居住在国外而仍然保留本国国籍的人口②。而一般出国留学(包括公派和自费)在外学习期间，或因公务出国(包括外派劳务人员)在外工作期间，均不视为侨民。

(二) 国际劳工移民(International Labour Migration)

指以就业为目的，进入别国居留的外国人，又称移民工人。不同国家移民的法定种类不同，学理上移民按不同的标准也会有不同的分类，但一般都包括经济类移民(含技术类移民和商务投资类移民)、亲属团聚类移民以及人道主义移民(难民)等几大类，每一大类又包括若干小类[49]。国际劳工移民从大类来看属于经济类移民，仅仅是众多移民种类中的一种。而跨境就业者如在输入国工作、居留时间短(如少于3个月或6个月)，他们可能与"移民"概念无关③，一般可称作"国际劳工"[22]4-16。但如果工作、居留的时间超过一定期限，实际上他们已成为移民的一种——国际劳工移民，也可称作"职业移民"[50]。因此，各国移民法律制度调整规

① 《中华人民共和国出境入境管理法(草案)》第29条将外国人居留期限的下限设定为180天(6个月)，而2010年第六次全国人口普查时接受普查登记的港澳台居民和外籍人员是指普查标准时点在我国境内居住3个月以上或能够确定将居住3个月以上的港澳台居民和外籍人员，但不包括出差、旅游等在境内短期停留的港澳台居民和外籍人员。[EB/OL]. http://www.stats.gov.cn/tjgb/rkpcgb/qgrkpcgb/t20110429_ 402722560.htm，2011-04-29/2012-01-06。

② 《中华人民共和国归侨侨眷权益保护法》第2条规定："归侨是指回国定居的华侨。华侨是指定居在国外的中国公民。"

③ 美国移民法中的"职业移民"当然属于国际劳工移民，但对入境美国的临时劳工颁发的诸如H-1B(具有特殊才能和专业的临时工作人员)、H-2A(从事短期或季节性工作的劳工)和H-2B(从事临时性服务或劳力工作的技术或非技术工人)等签证项目，从美国移民法的角度看，属于"非移民"，但学术界有时也将此类临时入境的劳工称作"国际劳工移民"。

范的对象必然与本书研究的跨境就业问题存在重合和交叉之处。正因为如此,本书在第二章"跨境就业立法国外经验借鉴:考察与启示"部分,将重点分析各主要国家的移民法律制度特别是其中关于劳工移民的规定,从中归纳整理出各国对跨境就业法律规制的内容和特点及其对我国的启示。

(三) 劳务输出(Labor Export)

劳务输出是劳动力空间流动的一种形式,包括国内劳务输出和国际劳务输出。国内劳务输出指劳动力在国内不同地区之间的流动,此概念显然与本书研究对象并无太多关联。国际劳务输出相对于一个特定国家来说,就是对外劳务输出(Foreign Labor Export),是指劳动力从一国或地区以商品的形式输出以赚取劳务报酬的过程。该概念与本书研究的跨境就业中的出境就业的实质含义基本相同,但从字面上看,它隐含着将劳动力作为一种商品进行交易,与出境就业强调的就业者的主体地位和权益保护的旨趣有所不同。而且自从 1996 年对外贸易经济合作部等部门发出《关于加强对外劳务合作归口管理有关问题的通知》后,"对外劳务输出"一词已被"对外劳务合作"代替。该通知第 2 条规定:为规范管理,今后对向国(境)外派遣劳务人员统称"对外劳务合作",不再使用"对外劳务输出"或其他表述。

(四) 国际劳务合作(National Labor Cooperation)

国际劳务合作是指作为生产要素的劳动力在国际间流动,为所在国提供劳动和服务,并收取报酬的一种商业行为[51]。如果从一个特定国家的角度来说,国际劳务合作又可称为对外劳务合作。

(五) 对外劳务合作(Foreign Labor Cooperation)

原国家外经贸部、国家体改委、国家经贸委于 1993 年 11 月 5 日出台的《对外劳务合作管理暂行办法》第 3 条规定:本办法中"对外劳务合作"是指企业按照与国(境)外政府有关机构、团体、企业、私人雇主所签合同规定,向国(境)外派遣从事经济、社会、科技等活动的各类劳务人员的经济活动。商务部和国家工商行政管理总局于 2004 年 7 月 26 日发布的《对外劳务合作经营资格管理办法》第 3 条也作了类似规定[52]。从字面意思看,对外劳务合作是指不同国家或地区之间劳动力的双向流动即"合作",但在我国相关立法和理论界中,它却特指我国境内劳动力向境外的单向流出现象及其管理活动,其含义基本等同于本书所研究的出境就业。当然,目前相关部门不同文件对对外劳务合作的界定并不相同①，而根据现行有效的规定，对外劳务合作包括外派劳务和境外就业。

（六）外派劳务（Overseas Labor Dispatching）与境外就业（Cross-border Employment）

根据商务部2008年12月29日发布的文件《关于做好境外就业管理工作的通知》（商合发[2008]525号）第2条规定，"外派劳务"是指中国企业受境外有权招收外籍劳务的企业或机构委托，按照约定有组织地招收、选拔、派出中国公民赴境外务工并进行管理的经济活动。"境外就业"是指中国公民自行到境外工作的经济活动。"外派劳务"和"境外就业"又统称为对外劳务合作。

（七）海外就业（Overseas Employment）

由于在某些国家"国外"通常又称"海外"，所以，目前绝大部分劳务输出国将本国劳动力去国外工作称为海外就业[38]15，其含义基本等同于本书研究的跨境就业中的出境就业。

（八）跨境工作（Cross-border Work）

跨境工作是指跨越国境从事社会劳动。"跨境工作"和本书所论述的"跨境就业"有无差别？从汉语语言习惯来看，"工作"和"就业"虽然都是指从事社

---

① 商务部在2008年12月29日的文件《关于做好境外就业管理工作的通知》（商合发[2008]525号）第2条规定：按照"统一政策，统一管理"的原则，境外就业和外派劳务统称为对外劳务合作。[EB/OL]. http://hzs. mofcom. gov. cn/aarticle/zcfb/d/200901/20090105987936. html,2009-01-04/2012-01-06。商务部在2009年6月公布的《对外劳务合作管理条例（征求意见稿）》第2条规定：本条例所称对外劳务合作，是指中国企业组织或协助中国公民赴境外为境外雇主工作并取得劳动报酬的活动，分为外派劳务和境外就业服务。[EB/OL]. http://tfs. mofcom. gov. cn/aarticle/as/200906/20090606340468. html,2009-06-17/2012-01-06。国务院法制办公室在2010年8月2日公布的《对外劳务合作管理条例（征求意见稿）》第2条规定：本条例所称对外劳务合作，是指中国的企业与境外企业或者机构签订劳务合作合同，按照合同约定组织和协助中国公民赴境外工作的活动。第43条规定：中国公民个人到境外务工、就业不适用本条例。[EB/OL]. http://www. chinalaw. gov. cn/article/cazjgg/201008/20100800259447. shtml, 2010-08-03/2012-01-06。商务部在2010年12月30日《关于印发〈对外承包工程业务统计制度〉和〈对外劳务合作业务统计制度〉的通知》（商合发[2010]519号）中规定：对外劳务合作指中国企业与境外企业或机构签订合同，按照合同约定组织中国公民赴境外工作的活动。[EB/OL]. http://hzs. mofcom. gov. cn/accessory/201101/1295315185973. pdf, 2011-01-18/2012-01-06。

会劳动[①],但在特定语境下存在差别且不能互换。如说某人在某地"工作"了3天,但不能说"就业"了3天,即"工作"所指的从事社会劳动时间可长可短,而"就业"所指的从事社会劳动时间通常较长,具有一定的稳定性。另外,专业技术人员或专家从事社会劳动通常称作"工作"而不称作"就业"[②]。当然,普通外国人在我国从事社会劳动除了可称作"就业"外,在有关立法规划中也用"工作"一词[③]。

(九)自然人流动(Movement of Natural Persons)

它是1994年《马拉喀什建立世界贸易组织协定》(*Agreement Establishing the World Trade Organization*)的附件1B《服务贸易总协定》(*Annex 1B General Agreement on Trade in Services*)(GATS)所确定的服务贸易的四种形式之一[④]。自然人流动的规则和本书研究的跨境就业制度存在密切联系,但两者不能混同,因为根据《关于本协定项下提供服务的自然人流动的附件》规定,适用于自然人流动的一系列规则并不能成为调整和规范自然人跨境就业的制度[⑤]。

---

① 原劳动部办公厅1994年9月5日发布的《关于〈劳动法〉若干条文的说明》(劳办发[1994]289号)第10条规定:"国家通过促进经济和社会发展,创造就业条件,扩大就业机会。"并解释说:本条中的"就业"是指具有劳动能力的公民在法定劳动年龄内,依法从事某种有报酬或劳动收入的社会活动。

② 如国家外国专家局、国家工商行政管理局在1995年8月25日出台的《外国专业人才来华工作中介机构暂行管理办法》中就使用了"工作"而未使用"就业"。

③ 如在人力资源和社会保障法规司2011年工作要点中指出不仅要"继续配合国务院法制办做好《外国专家来华工作条例》草案的审查修改工作",而且要"做好《外国人在中国工作管理条例》草案的研究论证和起草修改工作"。这里对外国专家和外国人都一律使用了"工作"一词。[EB/OL]. http://www.mohrss.gov.cn/page.do?pa=40288020246f918301247666f2701b6b&guid=e50b5e9410c243c4a094796a5b277f55&og=4028802023f917630123ff99f5571da0,2011-01-20/2012-01-22。

④《服务贸易总协定》第1条规定:就本协定而言,服务贸易定义为:(a)自一成员领土向任何其他成员领土提供服务;(b)在一成员领土内向任何其他成员的服务消费者提供服务;(c)一成员的服务提供者通过在任何其他成员领土内的商业存在提供服务;(d)一成员的服务提供者通过在任何其他成员领土内的自然人存在提供服务。由此可见,它从服务、服务提供者及服务消费者的跨境移动这一角度,把服务贸易分为越境贸易(跨境交易)、境外消费、商业存在、自然人流动四种形式。自然人流动即一成员方的服务提供者个人到另一成员方境内提供服务,在他国的停留是暂时的。

⑤ 该附件规定:"本协定不得适用于影响寻求进入一成员就业市场的自然人的措施,也不得适用于在永久基础上有关公民身份、居住或就业的措施。""本协定不得阻止一成员实施对自然人进入其领土或在其领土内暂时居留进行管理的措施"。[EB/OL]. http://www.wto.org/english/docs_e/legal_e/26-gats_01_e.htm。

以上把与本书研究的跨境就业密切相关又容易混淆或基本等同的概念一一作了辨析。需要指出的是，下文将根据不同语境的需要，在主要使用跨境就业这一基本概念的同时，分别使用以上相关名词，而这些名词的基本含义已如上文分析，将不再赘述。

第二节　跨境就业的相关原理

跨境就业的相关经济学原理主要包括劳动力商品理论、国际分工理论、比较优势理论、人力资源理论、人口迁移推拉理论、劳动力市场双重部门理论等。

一、劳动力商品理论

劳动力商品理论来源于马克思。马克思将劳动和劳动力两个概念明确区分开来，认为劳动不是商品。马克思认为，在奴隶社会，奴隶对奴隶主存在完全的人身依赖关系，无法自主决定出卖自己的劳动力。在封建社会，农民被束缚在土地上劳作，也无出卖劳动力的机会和可能。只有到了封建社会后期，伴随着资本的原始积累，发生了“羊吃人”的圈地运动，农民失去了可供耕作的土地，不得不到资本家的工厂“打工”，即把自己的劳动力当作商品出卖给资本家。在我国社会主义市场经济条件下，绝大部分劳动者并不直接占有生产资料，劳动力仍然具有商品属性。劳动力既然是一种商品，就可以通过市场调节其在不同地区之间的供求和余缺，使其实现跨地区流动[53]。

二、国际分工理论

人类历史上的几次社会大分工无一例外地促进了社会的发展和进步。因为分工有利于专业化生产和经营，而只有实现了专业化，才更有利于人类整体和个体的技术水平的提高，从而促进生产和经济的繁荣发展。国际分工是分工跨越国界，在世界范围内实现专业化生产和经营。分工在一国之内的作用同样表现在国际间发生的分工。各国由于历史文化传统不同，经济发展处于不同阶段，其国民的生产技能可能各有所长，各国均有其成本最低的生产经营活动，所以这一理论也被称为“绝对优势理论”[54]。用一个大家熟知的例子来说，正如中国人擅长乒乓球而巴西人精于足球一样。通过劳动力的跨境流动，不仅能充分利用国外的人力资源，而且能带动技术的传播和转移。

三、比较优势理论

在亚当·斯密之后,大卫·李嘉图(David Ricardo)进一步发展了其分工理论,并提出了"比较优势理论"。比较优势理论的核心内容是一国应该集中力量生产自身具有比较优势的产品,放弃比较劣势产品的生产从而达到最优。他认为,在商业完全自由的制度下,各国都必然根据"两优择其甚,两劣权其轻"的原则[55],将资本和劳动力用在能为本国获得更大利益的用途上,这样的分工对每个国家都有利。国与国之间比较优势的不同导致了各种资源的流动,比较优势理论是在世界范围内实现资源最优配置的重要理论,对劳动力资源也同样适用[56]。

四、人力资源理论

人力资源理论是现代发展经济学理论的重要组成部分[57]。该理论认为,在任何社会,人力资源都是最重要的能动的生产要素,而其配置效率的高低决定了社会经济将如何发展。在现代市场经济中,只有充分利用人力资源,才能充分发挥其他非人力资源的效能,进而达到社会经济的帕累托有效率。当一个国家的人力资源无法被完全吸收,为实现世界范围内的帕累托有效率,转而由其他国家吸收剩余的人力资源是最好的解决手段[56]79-81。

五、人口迁移推拉理论

推拉理论是解释跨境就业原因的重要理论。该理论认为,人口迁移存在两种动因,一是居住地存在推动人口迁移的力量,称为推力;二是迁入地存在吸引人口迁移的力量,称为拉力。两种力量的共同或单方作用导致了人口迁移。

1889年,雷文斯坦使用英格兰和威尔士1881年人口普查的资料分析迁移原因,首次提出了推拉理论。从推动人口迁移的力量看,主要有自然因素和社会因素两个方面。首先,从自然因素看,自然环境、自然资源的变化是推动人类迁移的基本力量。自然环境的恶劣、自然资源的枯竭和严重的自然灾害会直接促进人口迁移。其次,从社会因素看,诸如战争、政治动荡、种族和宗教冲突、工资国别差异以及人口过剩导致的收入水平下降都可能推动人口迁移[31]23。

六、劳动力市场双重部门理论

该理论认为现代资本主义的发展必然会产生包含双重部门的劳动力市场,即具有稳定工作年限、高工资、高福利等优越条件的劳动力市场第一部门;不稳定、低工资、有限福利等不利条件的劳动力市场第二部门。同时,发达国家经常会出现愿意从事第二部门工作人员的短缺,因此,雇主需要通过招用外籍劳工来弥补这些岗位空缺[58]。可以看出,该理论阐述了劳动力跨境就业的必然性,即使不存在经济差距,一国内部的专业分工、岗位之间的差距、社会对岗位的评价(如白领与蓝领)也会导致对外籍劳动力的需求,这种内在的需求催生了劳动力的跨境就业[59]。

第三节　跨境就业法与跨境就业立法

一、跨境就业法

跨境就业法是指调整劳动者到境外提供劳动并获得报酬的就业行为的法律规范的总称,包括出境就业法律制度和入境就业法律制度两大部分。

上文所讨论的跨境就业的相关概念中,从汉语习惯和大众意识的角度看,“跨境工作”和“跨境就业”最为接近。而将该法名称确定为“跨境就业法”有以下考虑:

首先,长期以来,外国人在中国从事体力或脑力劳动,我国相关法律政策文件主要还是称其为在我国“就业”。如原劳动部 1993 年发布的《关于境外人员入境就业工作几点具体意见的通知》,又如原劳动部、公安部、外交部、原对外贸易经济合作部在 1996 年 1 月 22 日出台的《外国人在中国就业管理规定》①和江苏省劳动与社会保障厅 2002 年发布的《关于进一步加强江苏省入境就业管理工作有关问题的通知》等。

其次,从趋势上看,“就业”的含义也可拓宽指专家的社会劳动。如在 2010 年 10 月 28 日出台的《中华人民共和国社会保险法》第 97 条②和 2011 年 9 月 6 日出台

① 《外国人在中国就业管理规定》第 2 条规定:本规定所称外国人在中国就业,指没有取得定居权的外国人在中国境内依法从事社会劳动并获取劳动报酬的行为。

② 该条规定:外国人在中国境内就业的,参照本法规定参加社会保险。

的《在中国境内就业的外国人参加社会保险暂行办法》第 2 条①中的"外国人"显然不仅指普通的外国劳动者，也指外国专家，但都使用了"就业"而未使用"工作"。

第三，由于有"灵活就业"②一说，因此，短期的、不固定的、不定时的社会劳动不妨也可用"就业"称之，而不一定用"工作"来称谓它。

综上所述可知，我国近年来主要的相关立法大多使用"就业"而不是"工作"来指称"跨越国境从事社会劳动"的行为，而且"就业"一词有在其广义上使用的趋势，因此，使用"跨境就业法"这一名称更能体现对立法习惯的尊重，也可能更容易为公众接受。

二、跨境就业立法

本书研究的跨境就业立法是指规范跨境就业的管理部门、政策支持、中介机构管理、就业者培训、就业合同、就业者权益保护等内容的法律规范、由此形式的法规体系以及制定法律规范和构建法规体系过程中所采用的立法技术的整体[60]。这里的"法律规范"是指通过一定的法律条文表现出来并具有一定内在逻辑结构的特殊行为规则，其逻辑结构包括"假定"、"行为模式"和"法律后果"三个部分。这里的"法规体系"是指由跨境就业法律规范按一定标准所形成的法律文件的整体，它既可能由分散的多个单行法规组成，也可能直接表现为一部法典[61]。

跨境就业立法的上述定义实际上也表明了本书的研究范围和重点。如从法律规范内容的角度来看，本书必须对如何建立高效的跨境就业管理部门、如何确立国家对跨境就业的总体政策、如何对跨境就业经营企业及其配套服务机构进行规范、如何保护跨境就业者权益乃至该法的立法目的、基本原则等问题进行研究。又如，从法规体系和立法技术的角度来看，本书必须在分析跨境就业法制的现状和基础以及立法的成本和效果等因素的基础上，对我国是继续采用分散的单行法规模式还是集中统一的法典模式这一问题进行探讨。

---

① 该条规定：在中国境内就业的外国人，是指依法获得《外国人就业证》、《外国专家证》、《外国常驻记者证》等就业证件和外国人居留证件，以及持有《外国人永久居留证》，在中国境内合法就业的非中国国籍的人员。

② 2007 年 8 月 30 日通过的《中华人民共和国就业促进法》第 23 条规定：各级人民政府采取措施，逐步完善和实施与非全日制用工等灵活就业相适应的劳动和社会保险政策，为灵活就业人员提供帮助和服务。

第二章　跨境就业立法国外经验借鉴：考察与启示

我国是世界上人口最多的国家，每年有大量新增加的劳动力需要就业。人力资源和社会保障部的数据显示，"十二五"时期，我国人口将达到13.7亿人左右，劳动力资源将达到峰值，城镇平均每年需要就业的劳动力大约为2500万人[62]。因此，我国必须重视扩大出境就业的规模，并对此加以规范管理，这就要求考察国际上典型的或重要的劳务输出国家的相关法律政策。所以本书研究了菲律宾、泰国、孟加拉国、巴基斯坦等国的情况。

同时，我国又需要大量引进境外各类高级人才，并依法管理各种外国人在我国的就业活动，这又要求对世界上该类法律比较健全的重要国家和地区的入境就业制度进行比较研究。因此，本书选择了美国、欧盟、日本、韩国等国家和地区作为研究对象。

"它山之石，可以攻玉。"上述研究的目的是为了探寻国际上跨境就业法律制度的共性和精华所在，以资我国相关立法参考借鉴。

第一节　出境就业法律政策国际考察

一、菲律宾

菲律宾国土面积为29.97万平方公里，截至2009年人口约为8 270万，而其出境就业人数为800多万，约占其总人口的十分之一，足见其对外劳务输出的规模和力度[63]，从而使菲律宾成为亚洲最大的劳务输出国之一。目前，世界上190多个国家都有菲律宾劳工的足迹，保护海外劳工的权利和福利是菲律宾外交政策的三大支柱之一(其他两大支柱为促进国家安全和加强经济外交)。2010年，菲律宾海外劳工向国内汇款金额高达187.6亿美元(这仅是官方统计资料，实际通过各种渠道带回的劳务收入金额应当更大)，占菲律宾当年国内生产总值的10%[64]。

（一）海外就业政府管理服务机构

1. 菲律宾海外就业管理服务机构的发展演变

20世纪70年代初之前，菲律宾政府对海外就业的管理尚未重视，劳务输出事务主要是由外商和国内民间私人机构安排进行。但1973年世界石油危机后石油价格大涨，这引起了中东地区大量开采石油并进而导致劳工紧缺，从而刺激了菲律宾等国的对外劳务输出。如1975年，菲律宾与外商签了36 035份劳务输出合同，1978年增至88 241份，即增加了1倍多[65]。这就引起了政府当局对海外就业的高度重视。

从1974年起，菲律宾政府开始对劳务输出活动积极参与，并制定了一系列海外就业政策，成立了相应机构。如当时的马科斯政府成立了“海外招聘发展委员会”，对组织招募各种劳务人前往国外就业的具体事务进行管理；另外成立了“国家海员委员会”，管理海员就业的具体事务[66]。1977年，为了保护菲律宾海外劳工和其家属的利益，成立“海外劳工福利基金会”。1982年，菲律宾政府将原“国家海员委员会”和“海外招聘发展委员会”合并为“菲律宾海外就业署”。1987年，阿基诺政府将“海外劳工福利基金会”扩大为“海外劳工福利署”，并在相关国家和地区建立了“菲律宾劳工社会中心”，为处于困境的海外劳工提供福利和援助[67]。1990年，阿基诺政府成立了“海外劳务人员投资基金会”，基金由海外劳务人员汇回的外汇收入组成，用于政府偿还外债和从事其他生产性活动。

由于劳务输出和境外就业涉及错综复杂的管理工作，菲律宾还成立了由各部部长或副部长组成，并由总理任首脑的国家海外就业调整或开发委员会，统一部署和综合协调劳务输出及境外就业工作[68]。同时，总统还配有专门顾问为海外劳工事务出谋划策。

经过多年的发展与完善，菲律宾从中央到地方都设立了专门的组织机构，形成了一套完整的体系。

总的来说，菲律宾海外就业管理机构主要包括劳工和就业部以及外交部两个系统。在劳工和就业部下设了海外劳工就业署、海外劳工福利署和海外劳工再就业中心，各省、市、县也有相应的组织机构。菲律宾外交部专门设有海外劳工法律协助办公室，驻外使馆在劳工比较集中的国家设有海外劳务管理机构，负责保护海外菲律宾人的权利，及时协助海外受困劳工回国[69]。

2. 菲律宾劳工和就业部下属的管理机构

劳工和就业部下设了海外劳工就业署、海外劳工福利署和海外劳工再就业中心。菲律宾海外就业署(POEA)成立于1982年，在菲律宾海外就业管理中发挥了最重要的作用。其具体职能有：对私营部门招募和海外就业安置发放许可证；对工人进行技能登记；招募和安置经过培训的有能力的菲律宾工人出国务工；开发并提高菲律宾工人的技能；进行海外市场开发活动；为菲律宾合同工人争取最好的工作条件；促进和保护菲律宾海外工人的福利待遇。海外就业署（POEA）的组织机构由管理委员会、署长办公室、顾问委员会、许可证和法规局等单位组成。

海外劳工福利署（OWWA）是负责保护海外劳工权益、提高海外劳工福利的主要部门，由总部、17 个地区办公室和 20 个海外派驻机构组成。其任务是扩大福利基金规模，开发有关项目，为海外劳工提供社会和福利服务，并通过投资和基金管理政策，保证福利基金有效地收集和持久使用。

海外劳工再就业中心是 1999 年 6 月成立，负责为回国劳工提供定期学习和寻找工作机会。如中心广泛收集劳工的技能信息，建立了计算机信息系统，使国内所有机构和雇主能了解有特长的回国劳工的信息，从而便于他们进行招聘。中心还通过与私营企业协调，为回国劳工开发谋生项目。

3. 菲律宾外交部下设的管理机构

外交部下设海外劳工法律协助办公室和海外劳务管理机构。海外劳工法律协助办公室是旨在为海外劳工提供法律协助服务的机构，其联合律师协会和著名法律公司，与政府共同为海外劳工提供法律帮助。办公室向海外劳工发放获得法律协助服务的指南，还通过使用法律协助基金，聘请国内外律师为海外劳工提供法律帮助。海外劳务管理机构设在菲律宾劳务人员较多（如有 2 万人以上）的国家的使领馆。管理机构中至少包括外交官员、劳工专员、福利官员、协调官员各一人，他们来自不同的政府部门。在问题多发国家的管理机构中还派驻律师和社会工作者。

（二）私营劳务输出机构

菲律宾在实践中建立了民间机构、个人和政府机构三种并存的劳务输出渠道，既扩大了输出渠道，又引入了竞争机制。民间和个体经营机构都属于私营劳务输出机构，其经营方式分散灵活，办事效率高，在推动和促进海外就业方面发挥了重要作用，占总业务量的 95%以上[70]。但由于私营劳务输出机构的趋利本能，会发生违规多收安置服务费、降低就业标准、提供虚构的就业机会等不良经营行为，致使劳工出国后陷入困境。为了消除其消极因素，充分发挥其积极性，对它们的监管就显得格外重要。

菲律宾政府建立了一整套制度以规范它们的资格申请、招募安置、服务收费、合同签署等行为，并规定了相应的奖惩办法[71]。菲律宾政府还设立了专门机构和人员，他们有权随时到机构或公司的营业现场或以其他方式检查这些机构或公司依法营业的情况，并据此做出评估分类。他们向经过评估的优秀者颁发奖品或奖金，以资鼓励和提高其信誉。而对于不合格经营者，则勒令限期停业整顿。对于违法者，则区别情节轻重，分别给予警告、谴责、罚款、没收担保金、暂停或吊销许可证，构成犯罪则判刑入狱。

（三）出境就业的培训体系

由于产业结构的调整和升级，世界各国对劳动力素质的要求不断提高，技能型工人日益受到欢迎，而低层次的简单劳动力已处于供过于求的状态。因此，菲律宾政府向来很重视对外派劳工的就业培训。

培训一般是免费进行的，培训的主体可以是外派劳工原来所在的工作单位，也可以是从事劳务输出的招募机构。即使是自行联系出境自谋职业的个人，也会安排其接受培训，使受过培训的劳工在国外基本上都能找到工作[72]。

菲律宾政府还为拟到海外工作的劳工免费提供医疗护理、电脑操作、驾车、建筑、电焊、石油开采、航海、捕鱼和外语深造等培训。在世界主要劳务输出国中，菲律宾劳工是属于有工作经验的技术群体，技术素质是最高的。正因为如此，菲前总统阿罗约曾在一次国际会议上说，对人力资源的培训是该国最大的“商业秘密”。

（四）出境就业的财政支持政策和便利措施

菲律宾政府还在财政上支持本国劳务输出，为此设立了4个海外工人基金，分别是：国会移民工人奖学金、海外移民工人贷款担保基金、紧急遣返基金、法律援助基金。总规模最初为5亿比索。菲律宾还实施了福利援助计划，福利基金是由向雇佣出国劳工的外国雇主和本国承包商征收的费用组成，援助计划包括为伤、残、病的海外工人的子女提供奖学金，为海外工人提供家庭服务等，其目的是鼓励工人海外就业，改善他们及其家属的福利待遇。在每年圣诞节期间，菲律宾的国际机场为回国度假的劳工提供免费的市内公共交通服务，总统府也设立了供劳工家属使用的免费国际长途电话。菲律宾政府还建立了专门医院，在体检和治病方面为海外劳工和家属提供优惠服务。政府部门为了加强对海外劳工的社会服务和保障工作，十分注重提高工作效率，并简化劳务人员出国手续[73]。

（五）海外劳务市场的开拓

首先是广泛收集海外就业市场信息。如在国内专门设立了研究国际劳务市场行情的机构，在有关驻外使领馆也有专职人员负责收集信息并调查研究当地的劳务市场状况。

其次，通过菲律宾海外侨民这条纽带扩大劳务输出。菲律宾在海外的侨民数量众多，他们可为政府部门提供劳务信息，有时还作为本国劳务输出代理人。同时菲律宾政府也鼓励通过亲朋好友途径到国外寻求海外侨民的帮助以谋求就业，从而形成“一个带一批”、“一拨带一拨”的良性循环[74]。

菲律宾政府十分重视通过外交途径开拓国际劳务市场。国家领导人或内阁成员在出访和接待外国来访官员时，极力宣传和推销本国劳工，将扩大劳务输出作为对外工作的重点。目前，菲律宾与韩国、阿联酋、加拿大、巴林等国家（或国家的某个省份）签署了劳务派遣的谅解备忘录，以扩大海外就业和保护本国外派劳工合法权益[75]。

（六）出境就业者权益保护

首先是建立了全方位保护海外劳工权益的政府服务管理机构。劳动和就业部通常依据东道国的劳动和社会保障法律制度，研判菲律宾海外工人是否得到公正待遇；海外就业署（POEA）具体负责海外劳工管理的有关事宜；海外劳工福利署（OWWA）为海外劳工及其家属提供所有可能需要的帮助；外交部的国内机构或国外使领馆有保护出境就业者权益的义务。

其次，政府规定只向承认和保护菲律宾劳工权利的国家派遣劳工。这些国家必须是劳工保护的多边或双边协定的签字国，并制定了保护外国劳工利益的相关法律。该规定具体由菲律宾海外就业署负责执行。

另外，菲律宾政府对出国务工的女性人员有特别的保护规定。菲律宾女性出国务工人员占所有出国劳务人员的比例较大，她们很多在海外家庭从事家政工作，而不是在常规的工作场所，因此可能受到欺辱虐待，权益受损害的可能性较大。为此，政府规定这类人员必须达到一定的年龄（如年满 18 周岁），自我保护能力较强。根据某些国家出现的虐待或骚扰菲律宾女性家政人员的情况，政府近年又规定，在这些国家只有外交官或公务人员家庭才允许招聘菲律宾女工。因为这些家庭人员素质相对较高，发生侮辱佣人事件和拖欠佣人工资的情况较少出现，即使出现问题，也便于政府交涉。

（七）出境就业者的政治荣誉

1995 年拉莫斯执政时，为了体现菲律宾劳工的菲律宾公民身份，确定了“菲律宾海外劳工”（缩写为 OFW）这一称谓①。称谓的改变体现了政府保护他们合法权利的鲜明态度。另外，从 1995 年起，为了更好地纪念和表彰本国的海外劳工，政府将每年的 6 月 7 日定为“外籍劳工日”②。总之，菲律宾政府给予其本国海外劳工极

---

① 尽管菲律宾海外劳工们为祖国的经济发展作出了巨大贡献，但在 20 世纪 90 年代以前，他们一直被称为“海外契约劳工”（缩写为 OCW）。

② 早在 1988 年 6 月 21 日，阿基诺政府已宣布将每年 12 月定为“海外菲律宾人月”，以示政府对海外劳务人员和劳务输出事务的关心与重视。

高的荣誉,甚至历届总统也不吝给予他们赞美之词,称他们为菲律宾的“国家名片”和“现代英雄”[76]。

(八)出境就业法律体系

菲律宾人出国谋生由来已久,其海外就业法律制度可以追溯到20世纪初。早在1915年,菲律宾政府就实施了《共和国2468号法令》,其主要内容有:每名出境就业人员每年须向原籍省份缴纳输出税500比索,向财政部缴纳执照费6000比索;禁止招收18岁以下的未成年人去国外工作;招聘部门应承担因各种原因回国劳工的交通费用;禁止招募非基督教部落民到海外从事展览性表演职业。此外,菲律宾劳工部还专门出台了一个关于国外美元汇款的规章[68]。在1974年《菲律宾劳工法令》颁布之前,《共和国2468号法令》是长期以来唯一一个涉及劳务输出事务的法令,它是这一时期政府监管劳务输出事务的依据。

上个世纪70年初,菲律宾国内面临严重的失业和外汇短缺,而国外劳务市场规模却在不断扩大,为应对此种形势,政府开始把劳务输出作为社会经济发展战略的重要部分[77],并与1974年5月1日颁布了《菲律宾劳工法令》。在该法令的指导下设立了“国家海员委员会”和“海外招聘发展委员会”,政府通过这些机构实现了对海外劳务输出的完全控制。

1991年菲律宾出台了规范出境就业的专门性法律《海外就业规定与条例》,在此基础上1995年修订出台了《海外劳工与海外菲人法》(又称《移民工人与海外菲律宾侨民法》,简称为《No.8042共和国法》)。它是菲律宾在海外劳工派遣与管理方面的综合性法规,内容具体,操作性强,因此一直沿用至今。2006年通过了《No.9422共和国法》,该法其实是《No.8042共和国法》的补充,只是对其做了一些细微的调整和修订[65]26。

“徒法不足以自行”,菲律宾有关法规明确规定了对执法情况的监督和对违法行为的惩处制度,并设立了代表国家行使这方面的权利的专门机构或指定的机构。如菲律宾海外就业署设有专职监督机构,负责对劳务输出涉及的各类主体如民间招募机构或公司、政府管理部门等进行定期检查并做出评估,将检查和评估结果向有关行政负责人报告,有的则提交法院审理和判决[71]。

二、泰国

泰国国土面积51.3万平方公里,人口约6 476.2万人[78],属于地少人多的国家之一,劳务输出对其意义较大,是亚洲输出劳动力最多的八个国家之一[79]。

（一）出境就业管理机构

泰国1983年成立了隶属于内政部劳工厅的跨境就业管理办事处，统一管理出境就业工作。该办事处下设注册科、综合服务科、募工科、业务科、海外劳动力市场开发和海外劳工救济科、海外就业安置科六个科室[80]。

此外，泰国还成立了由国务院事务部部长领导的促进海外承包业务协调委员会和由内政部部长主持的劳动力输出促进委员会。劳工厅还设立三个中心、四个检查站和四个驻外办事处[81]。三个中心分别是劳工市场情报中心、出国劳工资料中心和出国劳工服务中心。劳工市场情报中心负责调研和开拓国外劳工市场，掌握和了解国外劳工情况；出国劳工资料中心负责对出国劳工、回国劳工和其技术能力等信息进行登记统计；出国劳工服务中心负责协助解决劳工提出的问题，组织编印宣传材料，如《泰国劳工在国外》、《求职手册》等。为防止劳工盲目外流，分别在曼谷廊曼机场、宋卡府和陶公府等处设立出国劳工检查站。为办理驻在国和周边国家的劳工事务，泰国政府在沙特等国家设有劳工办事处。

（二）出境就业经纪公司

泰国的劳务输出业务中诸如劳工的招募、选审、培训、派送等都由经纪公司办理。当外国雇主接收劳工后，经纪公司与劳工所签的合同即告终止，劳工交由雇主管理使用。经纪公司不承担用人单位责任，劳工直接与雇主（经过工头）联系。出境就业经纪公司一般被称为招工公司或职业介绍所，其名称并不统一，可谓五花八门。经纪公司的资产和规模大小不一，绝大多数公司规模较小，如只有三五个人和一两个房间，有些公司还兼营商业。各经纪公司组成了出国劳工经纪公司合作社，相当于是一个行业协会。外国公司不得直接在泰国经营劳务输出业务[82]。

（三）出境就业技术培训

泰国在就业培训上。对于在国内就业的学员的培训一般由职业技术学校进行。而出国劳工的培训一般由劳工厅所属的专门培训机构进行，其培训的技术工种包括油漆、焊接、印刷、瓦工、管工、装修、车工、电工等。

（四）输出劳务的特点

第一，劳工竞争力较强。由于泰国劳动力充裕，国内就业压力较大，因此国民出国谋生的愿望较强，对工资要求不高，而且不怕高温炎热，能在设备简陋的条件下从事各项艰苦的工作，因此在国际劳务市场上有较强的竞争力。

第二，派遣速度较快。从招募劳工到送出国境，一般一个多月的时间即可完成。这主要是因为泰国政府对劳务输出审批环节少,办事效率高。另外,也与泰国劳工充裕,招募速度快以及各家私营经纪公司多头联络,信息渠道广等因素有关。

第三,对劳工管理约束较少。劳务输出由私营经纪公司进行,公司不承担用人单位责任,只承担介绍责任,劳工在国外自由度较大。

(五) 出境就业存在的问题

泰国出境就业历史上最常见的问题是经纪公司以劳务输出为名诈骗出国劳工钱财。此外以旅游身份出境或偷渡出境等非法手段出境谋生的情况较多,在境外犯罪率、死亡率较高。究其原因,与泰国政府对劳务输出干预管理过少,主要由民间自发进行和盲目性较大有关[83]。

(六) 政府对出境就业的政策措施

总体来看,泰国政府对出境就业高度重视,采取了如下一些政策措施:第一,要求劳工管理部门和私营中介公司积极开拓国外劳务市场。第二,整顿劳工管理机构,提高管理效能,使派遣速度加快。第三,针对经纪公司的欺诈行为,大力加以整顿,改善出境就业环节。第四,加强培训,开发劳工技术,提供劳工竞争力。第五,对出国劳工给予财政资助。如免征出国劳工的出国税,提供低息信贷,扶助出国劳工家属,设立出国劳工基金(向经纪公司筹集资金),用以救助在国外生活无着的劳工等。第六,提供资金以扶助回国劳工自谋职业。

(七) 出境就业法律的主要内容

泰国内务部于 1985 年 9 月 2 日颁布了《职业介绍和出国劳工保护条例》,并于 2001 年出台了《招募和求职者保护法》[31]72。其主要内容有:第一,从事出境就业与境内就业的职业介绍业务应分开经营。第二,经营出境就业的职业介绍公司,注册资本不少于 100 万铢,并须缴纳保证金不少于 50 万铢。第三,外国雇主不得直接在泰国招募劳工。第四,对无执照的经纪公司和诱骗劳工出国的案犯加重惩罚。第五,劳工可以不经经纪公司介绍自行出国务工,但应持工作执照和聘雇合同向劳工管理部门报告,违反者罚款 5000 铢。第六,设立出国劳工基金,救助在国外生活无着的劳工。

三、孟加拉国

孟加拉国人口 1.47 亿,面积只有约 14 万平方公里[78],是世界上人口密度最高的国家之一。孟加拉国的劳动力资源丰富而且廉价,因此十分注重对外进行劳务输出,成为世界上为数不多的劳务输出大国,在亚洲输出劳动力最多的八个国家(孟加拉国、印度、印度尼西亚、巴基斯坦、斯里兰卡、韩国、菲律宾和泰国)中更是首屈一指[79]29-33,部分弥补了自然资源匮乏、经济技术落后的不足。孟加拉国与出境就业有关的法律是1982年颁发的《移民出境法》[84]。

(一) 政府设立专门管理机构

1976年4月3日孟加拉国政府宣布成立"劳动力就业和培训局"(Bureau of Manpower, Employment and Training),属于劳工部负责管理境外就业事务的最高行政机构。设立该机构的目的是最大限度地合理有效使用劳动力资源,通过促进劳动力在国内和国外就业,以增加财政收入,促进经济发展。

劳动力就业和培训局负责收集海外劳动力市场信息、全面管理劳动力跨境就业工作和维护海外劳工的权益。除了在国内设立跨境就业管理机构外,孟加拉国在其主要劳务人员聚集国家和地区的使领馆都设有劳务处,它和国内的劳动力就业和培训局保持相互沟通,密切合作。

(二) 劳务输出代理制度

孟加拉国任何公民,如果愿意从事劳务输出业务,只要出具必要的证明并提交相关申报材料,经政府主管部门考核符合规定条件的,都会被批准获得劳务出口代理证书,从而成为劳务出口代理商。劳务出口代理证书有效期一年,期满必须重新申报。劳务出口代理商有资格办理劳务输出人员的选拔、培训以及派出过程中的全部手续,但其经营行为必须符合法律规定,劳工部和劳动力就业和培训局负责对其行为是否合法进行监管。

(三) 劳务输出培训制度

孟加拉国劳务输出培训的对象包括出境就业人员和劳务出口代理商两个方面。在对出境就业人员培训方面,劳动力就业和培训局专门设立了16个培训中心,所有派往国外的人员离境前必须接受至少15天的培训。只有通过培训并经过考核合格,获得有关证书,才允许办理出国务工手续。同样,劳务出口代理商如要获批代理证书,也必须接受培训并经过考核合格。培训工作在很大程度上提升了孟加拉国在国际劳务市场上的竞争力。

(四) 劳务输出合同制度

孟加拉国法律规定,在劳务出口代理商、外国雇主和本国劳务人员三方之间必须订立内容详尽的合同，以便做到责权分明和相互制约。其中外国雇主与劳务人员的合同须包括国际旅费承担、最低工资（孟加拉国政府对最低工资额有明确规定）、工作时间、休息休假、加班报酬、医疗保障、食宿安排等基本内容，一般要以孟加拉国劳动法规定为准[85]。

四、巴基斯坦

巴基斯坦国土面积 79.6 万平方公里，人口约 1.66 亿[78]。一方面是因为有海外移民的良好基础，即殖民地时期形成的移民链，另一方面是因为从独立初期就面临人多地少的就业压力，所以巴基斯坦政府历来重视劳务输出工作，将向海外输出劳工当作是一个既能缓解国内就业压力，又能为国家赚取外汇收入的两全其美的事情[86]。该国与境外就业有关的法律是 1979 年颁布的《移民法》[87]。

（一）政府管理机构

巴基斯坦在 1971 年成立了移民和海外就业局。现在除移民和海外就业局本部外，还在国内 5 个城市设立了地区办事处。为了开拓国外就业市场，保护在外劳工利益，移民和海外就业局还在国外设立了 18 个办事处。同时，政府重视以外交手段为本国劳工开辟国外劳务市场。例如，对中东国家的许多外交活动都是以此为目的而展开的。

（二）劳务输出渠道

首先是政府成立的海外就业公司（Overseas Employment Corporation），它主要负责国家间劳务协议的执行，也就是所谓的“公对公”，以后政府也允许它为国外私人公司招募工人。其次是私人劳工征募公司，由这些公司输送出去的劳工占巴基斯坦海外劳工总数的绝大部分。这些公司必须经过注册登记，获得授权方可开展招募活动。第三是国民自行赴境外就业。但无论是经招募赴海外还是自行出境的劳工，都必须向移民和海外就业局的地区办事处登记付费。这些费用或用作劳务输出公司的服务费或上交财政（自行出境就业的缴费上交财政），也包括用作保险费或福利之用。但据报道，不少务工人员为了节省上交费用，通过非法手段不经登记而得到签证，而这种做法失去了他们在国外获得正式保护的权利。

（三）海外劳工基金会

海外劳工基金会（Overseas Workers Foundation）成立的目的在于帮助解决海外工人及其留在国内的家属所遇到的困难。具体包括：为海外劳工谋取合法权益和进行出国前培训。在权益保护方面,该基金会在国内的住房、子女教育、投资信息、社会保障等方面出面为海外劳工解决难题[88]。在出国前培训方面,当劳工登记出国时,基金会派出代表与移民和海外就业局代表一起,通过放映电影、幻灯和音像资料以及散发书面材料等方式,向劳工介绍有关国家情况。后来又成立了海外巴基斯坦人基金会(海外巴侨基金会)。基金会也利用自己掌握的资金进行投资,以取得工作经费。

第二节　入境就业法律政策国际考察

一、日本

(一) 日本入境就业概况

截至2008年底,在日本居住的外国公民人数为222万,为日本历史最高水平。此外,还有约11万违反《入境管理及难民认定法》(以下简称《入境管理法》)的外国人居住在日本。其中大多数被认为是非法工作。据报道,现在大约有90万外国人在日本工作[24]。

为了应对日本的人口出生率下降、老龄化社会加剧、护理和福利行业招聘需求增大、包括制造业在内的现代经济对各类人才需求旺盛的国情,在全球化不断深化的国际背景下,日本需要积极引进多元化的高素质外国人才,以维持和加强日本的国际竞争力。但日本也迫切需要考虑如何来遏制包括本国和外国劳动力的失业率上升,因为全球经济衰退造成日益严重的就业形势恶化[89]。目前日本的一些青年人、妇女和老人并未能获得足够的就业机会。日本的外国人入境就业政策必须在维护本国人就业权益和引进其急需的各类外国人才入境就业之间求得平衡。

(二) 日本的外籍劳工政策是其移民法和劳动就业法的整合

1. 选择与融合

选择与融合被认为是与外国国民入境就业,即有关外籍劳工政策的基本原则。国际法律惯例决定了一个非本国国民不能自由地移民到本国,一个主权国家有权行使其是否允许每个外国公民进入的酌情处理权。这是选择的原则,而准入标准就是每个国家的移民法,在日本称之为出入境管理法。与此同时,经过选择而合法进入并居住在某国的外国公民能否和本国公民实现基本生活状况相同和不被歧视的融合。这种融合或称之为一体化的原则,往往体现在有关国际公约的国民待遇原则中,并且在确立外国国民的权利中具有重要意义。不同国家的宪法和法律,都在寻求切实可行的方式来监管这一点,劳动和就业法是在劳动就业领域实现融合的重要保障。

2. 移民政策和劳工政策整合

如上所述,在对有关外国公民和外国劳工的政策(外劳政策)方面而言,移民法是实现选择原则的手段,而劳动和就业法是实现一体化和融合原则的手段。移民政策和劳工政策是在它们与其他法律结合的基础上来实现这些原则的。因此,可以从入境管理法的视角来考虑如何完善外籍劳工政策,也可以通过劳动和就业法的原则立场来考虑如何完善移民政策,而日本的外籍劳工政策是其移民法和劳动就业法的整合。

3. 选择与融合之间的平衡与协调

移民政策和劳工政策必须平衡和协调,从而实现两者的选择和融合功能。为此必须研究日本的移民法和劳动就业法的现状。

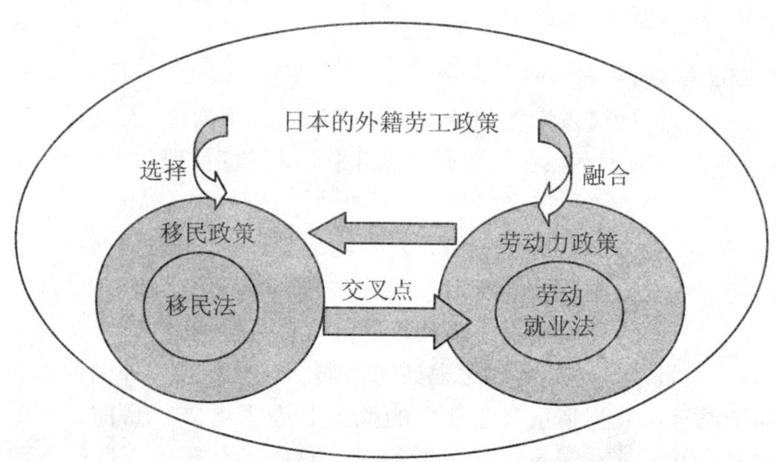

图 2 日本外籍劳工政策是其移民法和劳动就业法的整合

(三) 日本外国工人和移民控制法:实现选择原则

1. 与允许就业相关的居留资格状况

入境管理法关于移民和外国人居住的基本概念就是“居留资格”(表 3)。按照移民管制法规定,外国国民原则上允许进入并根据他们获得批准的居住状况留在日本,并且除非他们获准延长它,他们留在日本的时间将不能超过居留许可期限。此外,外国公民不得从事任何有收入的活动,除非是根据他们的居住状况的条款允许的[90]。

允许就业的居留资格类别包括“永久居民”，“日本国民的配偶或子女”，“永久性居民的配偶或子女”，“长期居民”。这些资格是根据申请人的身份或职位授予的，拥有这些资格的人能从事所有类型的工作。日本血统的工人区别于外籍工人在于他们工作的类型没有限制，并且他们能在制造业和其他工业的车间内工作，因为他们已经获得了与“日本国民的配偶或子女”或“长期居民”同样的居留资格。

表 3　日本入境管理法中与允许就业相关的居留资格①

<table>
<tr><td colspan="4">根据活动确定的居留资格</td><td>根据身份或地位确定的居留资格</td></tr>
<tr><td colspan="2">在居留资格范围内有工作资格</td><td>无工作资格</td><td>由司法部长指定</td><td>无就业限制</td></tr>
<tr><td>外交官</td><td>投资者/业务经理</td><td>文化活动</td><td>指定活动</td><td>永久居民</td></tr>
<tr><td>政府官员</td><td>法律/会计服务</td><td>临时游客</td><td></td><td>日本国民的配偶或子女</td></tr>
<tr><td>教授</td><td>医疗服务</td><td>学生</td><td></td><td>永久居民的配偶或子女</td></tr>
<tr><td>演员</td><td>研究员</td><td>实习生</td><td></td><td>长期居民</td></tr>
<tr><td>宗教活动</td><td>教练</td><td>家属</td><td></td><td></td></tr>
<tr><td>记者</td><td>工程师</td><td></td><td></td><td></td></tr>
<tr><td></td><td>人文专家/国际服务</td><td></td><td></td><td></td></tr>
<tr><td></td><td>跨国公司调派人员</td><td></td><td></td><td></td></tr>
<tr><td></td><td>艺人</td><td></td><td></td><td></td></tr>
<tr><td></td><td>技术工人</td><td></td><td></td><td></td></tr>
<tr><td></td><td>技术实习培训</td><td></td><td></td><td></td></tr>
</table>

资料来源：Chizuko Hayakawa. Labor Law and Policy Issues Relating to Foreign Workers in Jaban[J]. Japan Labor Review, 2010, 7(3): 19-42。

除上述各项之外，只有拥有专业技术技能的其他外国公民才被允许移民，但是移民政策规定，不允许非熟练劳工移民，因此这些外国工人只能根据他们的居留资格来确定活动范围。根据居留资格类别允许工作的仅限于拥有高级专业技能的人，例如，“工程师”、“人文知识/国际业务的专家”等，以及“外交官”、“教授”和其他致力于公共生活的技能类别，除了这些，还有被授予的“特定活动”的资格的类别，它们的活动范围是由司法部长来确定的。其他的居留资格，如学生只允许在其居留资格所确定的活动范围内工作。出入境管理法就是用居留资格系统这个方式来

① 居留资格范围外的工作许可可以由司法部长授予。

限制外籍工人工作的。

从移民政策中考虑到居留资格对日本工业和日本国民生活的影响，入境管理及难民认定法的实施条例规定外国工人必须“接受一个与日本国民相同工作下同等或更高的薪酬”，法律的目的明显是打算将外国人就业对本国劳动者就业的不利影响降到最小，但在实施条例中，对如何判断一个外籍工人是否应该获得与日本工人同等或更高的薪酬没有特别的指示。

2. 禁止非法工作

没有获得根据出入境管理法允许工作的居留资格的外籍工人被称为无证工人。雇用非法劳工，定期把他们或在其控制下将他们外派工作的人，有可能被指控为非法工作提供便利。无证工人有可能被处罚和强迫驱逐出境，但司法部长能够在驱逐过程中根据特定的情况允许无证工人居留在日本[91]。

（四）日本外籍劳工和劳动就业法：实现融合原则

1. 劳动就业法律的适用

融合原则要求能基本实现对待日本和外国公民一视同仁。劳动就业法原则上对于外籍劳工和日本工人都是适用的，并规定它是在移民管制法所规定的居留状态框架内实施的，劳动就业法对于外籍劳工的就业无限制。相反，它期望外籍劳工将有权与日本工人平等，禁止国籍歧视。日本劳动就业法的法律适用，原则上不允许任何基于国籍的区别。根据劳动就业法对工人的保护基本上要扩大到在日本的外籍劳工。例如，日本劳动标准法第 3 条规定：“雇主不得因工人的国籍、信仰或社会地位而采用歧视性的待遇，如工资、工作时间或其他工作条件等”。劳动合同法阻止雇主滥用解雇日本和外国工人的权利，并限制在合同有效期内解除劳动合同。此外，就业保障法规定了在就业推荐和就业指导上不同国籍的平等对待原则。

2. 技能实习生受劳动法保护

日本地少人多，国民对引进外国劳工一贯持谨慎态度。但 20 世纪 90 年代初期，日本出现了劳工短缺的状况。由于政府担心直接引进外国劳工会引起社会不满，所以实行了“外国人研修・技能实习制度”。从中国、菲律宾、越南等亚洲国家大量引进劳动力，从事食品加工、农业、缝纫、电子组装等技术含量不高的行业。这一方面提高了日本的国际形象，缓解了劳工短缺难题，另一方面也不会引起反对党和国民的责难[92]。但长期以来，由于研修生和技能实习生不属于正式的劳工，不受日本劳动法保护，所以其权益很难得到保障。2010 年 7 月 1 日，日本实施新的研修技能实习制度[93]，确立了技能实习生的法律地位，规定他们和外国劳工同样受到相关劳动法规的保护。

3. 劳动市场的管制

(1) 就业对策法案

就业对策法案促进了外国公民在专业和技术领域上的就业,它规定了若干措施以促进聘用外籍劳工的管理工作的改进,同时也包含防止外籍工人非法工作的措施。该法还规定了雇主的责任,应在对外籍人士的招聘管理上有所改进,并有责任支持外籍工人更换工作[94]。此外,该法还规定,雇主在雇佣或解聘外籍劳工时不仅必须检查他们的居住状态和居住期限,而且还必须提交一份关于外籍公民的就业报告给卫生、劳动和福利部长(即"外籍劳工状态提供通知系统")。

(2) 失业保险网络

随着全球经济危机,日本的就业形势恶化。这对于外籍劳工也是个难题,特别是本国工人,他们当中很多人已经失业。首先,除非是由于员工的过错,雇主解雇外籍劳工后需要向其提供再就业的帮助,具体表现为发展就业机会等方面。就业对策法案仅仅迫使雇主在这个方向上努力,从法律的公平原则要求,在向外籍劳工提供再就业帮助时,雇主必须提供同样的措施给日本工人。当大量雇员被解雇,就业对策方案要求雇主必须为再就业工人的支持做出计划。此外,如果外籍工人失业,还有一个严重的问题是,他们的失业是否符合失业保险给付资格。根据就业保险法的规定,雇佣的工人,不论其国籍都有获得救济的资格。这表明除非外籍劳工已被其本国的失业保险制度包括在内,否则就业保险法也适用于他们。

4. 非法劳工的法律适用

非法劳工常遭受基于移民检查法案的驱逐。然而,他们也受到由劳动和就业法提供的保护。因此,这两种政策就在非法劳工的法律地位上产生了分歧。劳动标准法案、最低工资法案、工业安全和健康法案和工伤事故赔偿保险法案,连同劳动保护法案,原则上都对非法劳工是适用的。工会法也被视为同样适用[30]。就业保险法案针对非法劳工的免税没有明确的规定。但是他们不能被视为有劳动资格,从而不能被认定为失业,因此原则上应该被视为不适合领取失业救济。

二、美国

(一) 与入境就业相关的移民法

美国与入境就业相关的移民法包括 1952 年的《移民与国籍法》(*Immigration and Nationality Act*, 即 INA),在其后续版本中,最重要的是 1986 年的《移民改革和控制法案》(*Immigration and Reform Act*, 即 IRA), 1990 年 11 月 29 日修改了《移民与国籍法》,1996 年通过了《移民责任法》[24]26。

(二) 与入境就业相关的政府管理机构[22]2

国会:国会具有广泛的权力制定移民法,也可以依据国内政策制定有关允许外国人进入美国的标准和例外情况。国会通过的移民法案,必须经由总统签字方能生效。

移民局:司法部长负责主要的移民法和国籍法的行政与执行,其职责包括保卫美国的疆界、决定是否允许那些想进入美国的人入境、制定外国人入境和居留的条件以及驱逐不得留在美国境内的外国人。司法部长把这些职责大部分授权给移民局和移民审查行政办事处,后者并不隶属移民局。美移民局决定是否批准雇用外籍劳工,并发放用工许可证[95]。

国务院:国务院通过设在华盛顿的签证室和驻在全球各地的美国使领馆作业。国务卿是国务院的首长,负责行政和执行《移民法》与《国籍法》的许多条款。

劳工部:劳工部通过就业和训练管理局处理移民事务。一般来说,美国不欢迎任何以就业为目的而申请移民的外国人,如果劳工部长判定而且能向国务卿和司法部长证明此类工作是美国人不能、不愿或不符资格担任时,才会同意职业移民。另外,劳工部必须证明此种职业移民不会对美国就职人员的工资与工作条件造成不利影响。劳工部在做决定时,对于申请职业移民的外国人会分析其所申请工作的性质,并考虑整体就业市场和专业的情况,这就是申请“劳工证”的过程。

国土安全部:其所属的海关与边境保护局核准外籍劳务入境申请,定期发布“非移民入境统计报告”。

(三) 永久工作许可

根据美国《移民和国籍法》规定,美国政府对外国人入境就业申请制定了 2 套准入制度,分别核发永久和短期劳动许可。

永久工作许可申请分为 EB1 - 5 共 5 类,美国移民局负责受理相关申请,一旦获批,申请者将获得在美永久居留权和移民签证。该类签证主要面向在本领域表现极为杰出的新闻工作者、运动员、教授、科研专家、外国公司高管、高学历专才、对美投资者等。美移民局对各类申请者条件均做出了具体规定。由于永久工作许可申请门槛高,不属常见的“劳务输出”范畴,申请者多为“精英阶层”。

(四) 与入境就业密切相关的非移民签证类别

根据美国移民法,分为移民签证和非移民签证。“移民”通常被定义为带着永久居住的目的从一个国家移动到另一个国家的人。某些签证,如发给美国公民的直系亲属的移民签证,并不限制每年发出的人数,但有些类型,包括家庭团聚类签证、就业签证和多样性签证,对来访的外国国民有签证限制,并通过抽签分配,而且设有上限。此外,非移民签证,被分解成复杂的类别。美国现在准许短期入境的非移民签证项目有20类56种,且处于不断变化中。

对入境美国的临时劳工分别颁发H-1、H-2、H-3、H-4签证[22]4-10。

H-1A(专业护士,此项目已不适用)是发给诸如合格护士的短期工作签证,此项目已于1995年9月1日终止,但规定某些已持有H-1A身份的外国护士,可以延长居留至1997年9月30日。H-1A计划未再延长适用年限,在某些情形下,外国护士可申请H-1B身份。

H-1B(具有特殊才能和专业的临时工作人员)身份签证是发给"特殊行业"的专业人员,这些人士一般必须至少具有学士学位或同等学力(按规定,高级时装模特儿也属此类人士)。申请这类签证要先取得劳工部同意,后经过移民局批准其非移民的申请。

外国人在申请劳工工作签证时,雇主要根据该行业最新的行情,承诺给予该外国人此一职位较高或至少相当于国内同一职位劳动者的工资水平。申请H-1B身份最长的居留期限,包括延长居留在内,可达6年。H-1B签证持有者在美国短期居留时,无须在外国保有住宅,其雇主在其居留期限截止时应给付合理的交通费用。1990年的《移民法》要求制定每一会计年度核发签证的总人数,并由国会决定每年的限额。

H-2A(从事短期或季节性工作的劳工)签证是发给短期的农业劳工,以从事短期或季节性的服务或体力工作。H-2A签证持有人的雇主必须先向劳工部提出申请,其居留美国的期限,要依据当初批准时的规定,但有时工人会获准延长居留。外国人持有H-2A身份共计3年后,不得再申请H-2A签证,除非此外国人已在美国之外居留至少6个月。

H-2B(从事临时性服务或体力工作的技术或非技术工人)签证是发给技术或非技术工人,他们要做的是美国公民或合法永久居留者不愿或不能担任的临时服务或体力工作。申请H-2B签证也要先经劳工部批准,居留和工作的期限不得超过一年,此类签证在每一会计年度也有名额的限制。

H-2A和H-2B签证项目的雇主都要求注明此类短期服务或体力工作,无法找到美国工人担任,另外,H-2签证持有人在美国短期居留时,必须在本国保有无意放弃的住宅。H-2A和H-2B签证持有人在美国居留的期限总计不得超过3年。

H-3(受训人员)签证是发给短期入境美国接受某种训练或为某一特定组织服务者,H-3签证持有人不得在美国从事有生产力的工作,其所进行的训练计划应在如教室之类的环境中作工作训练、学习和观摩。审核H-3签证项目时,详细调查申请人的背景、学历和薪资是很重要的。H-3签证的有效期可达2年,以H-3身份在美国短期居留时,必须在其本国保留一处其无意放弃的住宅。

H-4(H-1,H-2 和 H-3 签证持有人的配偶和未成年子女)签证是为 H 类签证持有人的配偶和未成年子女衍生的项目,H-4 签证持有人不得在美国工作,但如果他们要在美国工作,通常都可以转变为诸如 H-1B 的身份。

L-1(公司内部调动人员:主管和经理)签证是发给在美国和海外都有生意往来的跨国公司内部经理阶层、主管等职位轮调人员,L 类签证对外资公司是非常有用的武器,因为持有此类签证的员工可以在总公司和分公司之间轮调、在不同的合资企业之间互调、在分公司和新成立的办事处之间互调。要符合此类签证的条件,外资公司的总公司和在美国的分公司必须由相同的雇主管控。

核发 L-1 签证有 3 个条件:此人的雇主或将受雇的雇主,必须是符合移民局规定的合格公司;另外,公司内部的轮调限于主管、经理阶层或专业技术职位,而且轮调人员在过去 3 年内至少在该公司的海外公司工作过 1 年,并担任与奉调美国后相同的管理阶层、主管或专业技术职位;最后,此人先前所受的教育、训练和资历,必须符合其将在美国担任职务的条件。

H 类、L 类签证项目有相当多的地方重叠,这 2 类签证是国际贸易人员经常运用的签证。在选择哪一类项目时,最好是分析和比较申请人的资格和需要,以及各项签证的条件和要求。因此,如果一个外国人是担任经理阶层或主管工作,且在过去 3 年中曾为这家公司服务 1 年,或许可申请 L-1 签证,而非申请 H-1B 签证。如果这个外国人的经验和资格都适合申请 H-1B 签证,而且也决定申请此种签证,就必须先向劳工部申请劳工证。这个额外的步骤可能要多花一些时间,也让劳工部有机会评估和判定雇主所拟付出的资薪。如果美国和这家外资公司的业务关系相当复杂,申请 H-1B 签证可能比较容易。总之,最佳的策略要依个案而定。

持 L-1 签证的经理或主管,总共可在美国居留 7 年,专业职位总共可居留 5 年。另外,如果原先持有 L-1 专业人员签证入境美国,但后来改任经理职位,他就可以在美国最多居留至 7 年。L-1 签证持有人通常先是获准居留 3 年,然后以 2 年为期延长居留,直到其获准居留的最高期限届满为止。

跨国公司定期向移民局申请 L-1 签证者,可利用综合 L 类申请表,以使申请流程加快。L-1 类签证对国际贸易人员而言是相当有用的签证。

M(作短期职业技能学习的学生)类签证是发给希望短期入境美国,而且只打算在经司法部长批准、著有声誉的职业学校或其他非学术性机构进修者。

就像 F-1 签证一样,想在美国的职业学校进修的外国学生,必须先取得拟就读学校入学同意。如果这个学生符合该校的入学条件,该校就会发出入学许可。M 类签证持有人,在美国就学期间必须在本国保留居所。此类签证允许持有人携带配偶和子女来美就学。

O类签证是发给在科学、艺术、教育、商业或运动方面有卓越才华者,他们的家人和随他们来美的人士也可持有此类签证。所谓卓越的才华必须在某国或国际间享有盛名,在电影和电视界有卓越才华者必须佐以卓越成就的作品。O-1类签证持有人在美短期居留期间无须在本国保持居所,持O-2类签证(陪同和协助持O-1类签证赴美者)在美居留期间仍必须保持其在本国不欲放弃的住宅。申请O-1类签证者必须提出在其才艺项目的个人或团体的推荐函,证明此人的才华和成就,至于对O-1类签证的支援人员,推荐函中必须包含某一适当机构不反对雇用此人同行的说明文件。O类签证若批准可居留长达3年,持有人并可申请每次以1年为期限的延长居留,虽然未对O类签证身份者的居留期限设限,通常在此人所参与经核准的活动结束后即应离境。

(五) 劳工证

1. 劳工证概要

在美国,某些以就业为基础的移民签证须经过劳工证申请程序。劳工证需要申请的目的,是为了避免由于减少美国工人就业的机会和迫使劳动条件下降(如工资),对美国国内劳动力市场的负面影响。劳工证审批程序实际上是进行劳动力市场的测试。

该劳工证项目的范围包括了以就业为基础的两个优先类别移民签证。其中一个类别包括了拥有以下专业技能的成员:高级学位或同等学力;在科学,艺术或商业上有特殊能力。那些被国土安全局认为能促进国家利益的人免于接受劳工证申请程序。另外一个类别包括:有足够经验的技术工人;持有学士学位的专业人员;在劳动力缺乏地区的工人。对于申请进入美国工作的外国公民在获取签证前必需获得劳工证。用人单位代表外国公民履行劳工证申请程序。此外,不仅仅是第一次进入美国的人需要劳工证,为了从已在美国居住的非移民转变为永久居民也需要。

2. 劳工证申请的条件

劳工证是由劳工部部长向国土安全局局长和国务卿开具的证明,证明上述外籍公民符合INA的规定,因为存在着可发签证数量的上限。然而,劳工证书本身并不一定意味着允许上述外籍公民开展工作。劳工证申请的条件包括:本国没有足够的工人能够、愿意、适合在申请签证的时间内从事外国人将要申请从事的技术性或非技术性的工作,并且这些外国人的就业不会对在同样的工资和工作条件下雇佣美国工人有不利影响。

INA制定了标准,以确定外国公民符合上述劳工证书申请的条件,此条件是由劳工部法规规定的。该法规在 2004 年进行了修改，电子审查管理程序（Program Electronic Review Management）即 PERM 于 2005 年开始实施。原来的程序是复杂的，需要耗费大量时间来处理，但相比之下，PERM 简化了程序，并引入了电子应用程序来缩短处理时间。

3. 劳工证申请审批程序

劳工证是通过以下程序办理的。首先，如果一个外国公民适合担当某个职业，并且该职业是长期短缺的人力资源表 A 所列的任一个，他们会被认为是合格的，不需要经过劳工证申办程序。其次，如果外国公民没有如表 A 所述的资格，他们必须履行基本的劳工证申办程序。在这种情况下，雇主希望雇用那些已经完成预申请程序的外国公民，并且在以电子形式提交申请后雇主还要在登记程序的要求上加以确认。接下来，劳工部的核证人员核实是否符合上述条件并决定批准或拒绝颁发劳工证。

在 PERM 法规的规定中，雇主必须在上述申请前完成以下步骤：首先，雇主必须履行的义务是关于美国工人的招聘。具体来说，雇主必须把招聘广告在就业所在地区的报纸上刊登两次。此外，雇主必须将招聘要求在州劳动力管理机构公布 30 天。招聘时雇主不得提供少于现行工资的工作，并且他们不得要求雇员有超越了一般工作要求的水平，除非能证明工作的要求是由业务需要产生的。这些步骤在提交申请前必须进行至少 30 天，但不超过 180 天。此外，如果在申请的 6 个月内在同一岗位上解雇员工，雇主也必须通知工会谈判的代表，并且公布这些岗位人员招聘的条件。如果美国工人满足应聘的最低要求，原则上劳工证将不获批准。

（六）美国劳动法律的适用

1. 劳动和就业法律的适用

原则上，美国的劳动和就业法律对外籍劳工也是适用的。不仅依法工作的员工受其劳动和就业法律的保护，而且禁止就业歧视法律在确保外国劳动者融合上是相当有效的。

2. 劳动力市场的规则

美国劳动力市场的政策已被移民法律所采用。美国劳动力市场法律允许对合法外籍员工采用等同于美国公民的规则[96]。比如，即使失业保险在全国范围内不是统一的（它由独立的州提供），外籍员工同样可以适用这一政策，只要他们符合获得这项福利的条件。然而，非法劳工被认为没有胜任工作的能力，因此也就被认为不能享受这一福利[97]。

三、欧盟

(一) 欧盟入境就业概况

据统计,近年在发展中国家的出境就业人口中,85%的低技能或无技能移民进入了欧盟27国,进入美国的只有5%。而在从发展中国家到发达国家就业的技术人才中,进入欧盟各国的还不到5%,而选择美国的却高达55%[23]。在欧盟高素质从业者中,来自该地区以外国家的人才只占1.72%,而该数字在澳大利亚高达9.9%、加拿大是7%、瑞士是5.3%、美国是3.2%[98]。此外,随着欧盟人口负增长和老龄化,据测算,2050年欧盟中65岁以上人口数量将超过总人口的三分之一,由此可见,在相当长的时间内,欧盟国家的经济环境及政策对高技术人才缺乏吸引力。因此,欧盟在2009年开始实施的"蓝卡"计划中表示,将努力增加其移民政策对急需的高素质人才的吸引力[35]54。

(二) 欧盟有关入境就业的政策规定

对欧盟管理机构来说,它仅负责制定有关移民问题的总体政策[99]。2001年,欧委会曾提出在整个欧盟范围内制定入境就业的条件和标准的立法建议,但由于很多成员国不愿让渡在该方面的主权,该立法建议最终未获通过[100]。在此情况下,政策制定者将注意力转向如何促进欧盟内部在移民等问题上的自由、安全和公正性,2004年欧盟通过的"海牙计划"解决了此问题[101]。2005年欧委会发布了关于欧盟入境就业政策绿皮书,再次将注意力转到欧盟移民政策的目标和范围[102]。作为此种努力的结果,在入境就业方面,欧盟于2009年5月25日正式通过了吸引外国高技术人才的"蓝卡"计划。其主要内容是:规定了欧盟引进第三国高技术公民的标准、程序和待遇;各国在"蓝卡"框架下,可根据本国国情进一步制定政策以吸引其所急需的技术人才;持"蓝卡"者及其家属只需在最初就业的欧盟内某国工作和居住18个月,就可以合法移居至另一欧盟成员国;工作结束后返回原籍地,将来还可以自由进入欧盟工作;在社会保障和劳动条件等方面能够享受与就业地国家公民同等待遇。

申请"蓝卡"计划的条件较高,申请者至少需满足以下条件:(1)在来源国拥有合法的身份证件和居留许可;(2)拥有欧盟成员国所认可的大学文凭或五年以上的职业经验;(3)在来源国拥有医疗保险;(4)薪金至少为其前往供职国家同等职业平均薪酬的1.5倍;(5)申请人必须拥有一年合同。

欧盟27个成员国在遵循欧盟统一制定的标准的前提下,必须在规定时间内在"蓝卡"计划大框架下完成国内法的修改和制定,根据实际情况调整原有的移民政策，根据本国情况决定“蓝卡”的发放数量及允许就业的领域。欧委会预计，如实施顺利，“蓝卡”计划有望在未来 20 年内每年吸引至少 100 万来自亚洲、非洲和拉丁美洲的高科技人才到欧盟各国工作[103]。

（三）欧盟对入境就业的管理

在欧盟范围内，入境就业的管理权限由欧盟机构与成员国共享，权力主要在成员国[104]。根据欧盟法律，签证的政策制定和具体发放、管理的权限专属于成员国，欧盟机构在该领域并无权力。各成员国政府有权制定本国入境就业的原则、计划和具体规定，审核外籍劳工入境就业申请并签发工作签证。如德国颁布《移民法》和《就业促进法》等法律，对输入外籍劳工的基本原则和具体措施作了明确规定[105]。如前文所述，欧盟机构仅能就入境就业事务制定总体政策，目前仅通过了的一项立法就是“蓝卡”计划。

（四）“蓝卡”与“绿卡”对比

欧盟的“蓝卡”计划与美国的“绿卡”制度在性质上都是吸引外来高层次人才的政策，但两者在具体措施上存在差异，总体分析，美国“绿卡”制度对外来人才的吸引力要大于欧盟的“蓝卡”计划。

表 4 欧盟“蓝卡”与美国“绿卡”对照表[35]54-61

美国“绿卡”	欧盟“蓝卡”
授予永久居住权	不授予永久居住权
申请人可选择就业、家庭团聚、抽签、投资或 1972 年之前起在美国居住等 5 种申请方式	申请人必须拥有一年合同；工资符合要求以及其他条件
准许家庭成员同行，但限制工作	准许家庭成员同行和工作
10 年有效期	1～4 年有效期
可延长	可延长
5 年后可申请加入美国国籍	5 年后自动获得永久居住权

资料来源：根据潘兴明等著《移民问题国际比较研究》一书整理而成。

四、韩国

（一）韩国入境就业概况

20 世纪 90 年代初期，随着人口结构的变化和经济的高速发展，韩国出现了劳动力严重短缺现象。在此背景下，韩政府以"研修生"形式引进外籍劳务人员[106]，入境就业者一般从事"脏、险、难"工种（dirty、dangerous、difficult，即所谓的3D工作）。到2006年年底研修制废止时，韩共引进外籍研修生34万多人（其中自中国引进8万多人）。自2003年实施雇佣许可制至2008年年底，共引进雇佣制外籍劳务人员45万人。以上以"研修生"形式和雇佣制引进的外籍人员至2008年年底合计为79万多人[107]。

（二）韩国入境就业的有关政策和规定

1．"研修生"制度

韩国自1992年起主要效仿日本的模式施行"研修生"制度，由韩国中小企业中央会与派遣国有关机构商定派遣国的派遣部门，选定的派遣部门根据雇主和中央会的要求选派研修生，并负责管理[108]。"研修生"制度于2006年年底废除。

2．雇佣许可制（劳动部负责）

雇佣许可制于2003年8月17日开始实施，在2006年年底"研修生"制度废除前，"研修生"制度和雇佣许可制两制并行。在2007年1月1日研修生制废止后，以雇佣许可制取代研修生制，成为韩国引进外籍劳工的最主要方式。

雇佣许可制的突出特点是通过双方政府主管部门签订《关于输韩劳务人员的谅解备忘录》（简称备忘录）来进行管理，并指定公共机构或政府部门从事劳务人员的派遣和接收工作。派遣机构的各项开支须源于国家财政预算，只向劳务人员收取在派遣过程中实际发生的招募和选拔等费用。其他任何单位和个人均不得从事此项业务。雇佣许可制对外籍劳工的招选程序、派遣和接收、福利待遇、社会保险和事后管理等方面做了规定。

截至2010年年底，韩政府共与中国、菲律宾、越南、印度尼西亚、斯里兰卡、泰国、蒙古、柬埔寨、乌兹别克斯坦、孟加拉、吉尔吉斯斯坦、巴基斯坦、尼泊尔、缅甸、东帝汶等15个国家政府签署了谅解备忘录。

3．访问就业制（法务部负责）

为了给境外的朝鲜族人员创造自由来韩和就业的机会并加强韩民族间的纽带关系，经国会批准，韩政府于2007年3月发布并实施访问就业制，具体事务由法务部主管。申请对象为居住在前苏联和中国等地的朝鲜族，对无亲戚朝鲜族采用配额制的方式控制发放签证，对在韩有亲戚的朝鲜族不受名额限制发放签证，签证为5年多次往返。访问就业制（包括雇佣许可制）的外籍劳工的就业范围主要为制造业、建筑业、农畜业、渔业和服务业。

4．其他制度

允许招聘近海渔工（因不在韩国本土作业，未归入雇佣制范围）以及通过其他途径引进部分劳务人员和特殊人才，如在韩外资企业以培训本企业员工为名来韩等，但规模较小。

（三）有关入境就业工作签证的管理规定

韩国政府根据入境就业人员的类别发给不同的工作签证。根据韩国法律规定，雇佣制下的外国劳工在和韩国雇主达成初步就业意向后，由派遣和接收机构协助劳工和雇主签订合同，韩国法务部向劳工人员发给 E-9 签证，劳工人员可在韩务工 5 年，但在务工满 3 年后应出境，以后可再次入境务工 2 年。韩国法务部向符合访问就业制规定条件的朝鲜族人员发放 H-2 签证，有效期为 5 年，在 5 年有效期内可自由进出境及在韩工作。近海渔工由水协中央会负责，由外国的派遣公司和韩水协中央会指定的韩国管理公司签订合同，此后可获批 3 年期签证，3 年期满后回国。特殊人才根据签证管理的特别规定办理。

第三节　跨境就业法律政策国际考察之启示

一、出境就业法律制度之共性

本章第一节介绍了四个劳务输出大国的出境就业法律政策的现状。此外，印度、印度尼西亚、斯里兰卡、韩国等也属于亚洲的劳务输出大国，限于篇幅，不能一一加以分析。从这些分析可以看出，这些劳动力资源丰富的发展中国家为争取赢得更大的国际劳动力市场份额，在确立专门的政府管理机构、加强境外就业市场的研究和开拓、建立有效的私营招募机制、强化对出境就业者的培训、实施有利于出境就业的便利措施和财政支持政策、注重保护出境就业者权益、制定和完善劳动力出境就业法律法规等方面有许多值得借鉴之处[31]71-79。

（一）对劳动力出境就业设立了专门的政府管理机构

菲律宾在劳工和就业部设立了海外劳工就业署、海外劳工再就业中心和海外劳工福利署三个机构，在外交部设立了海外劳务管理机构和海外劳工法律协助办公室。印度管理劳工移民的政府机构主要包括劳工部和移民保护办公室，并在外务部的驻外使领馆配有专门的劳工官员，内务部之下的警察局和移民局也承担一定的与劳工移民管理有关的事务[109]。孟加拉国成立了直属劳工部的“劳动力就业和训练局”,是政府执行海外就业政策、对出境就业人员进行管理的最高机构。同时,在其主要劳务输往国家的使领馆均设有劳务处。泰国成立了隶属于内政部劳工厅的“跨境就业管理办事处”,统一管理出境就业工作,并在境内外还设立了数个办事机构。此外,泰国还成立了由国务院事务部部长领导的“促进海外承包业务协调委员会”和由内政部部长主持的“劳动力输出促进委员会”。劳工厅还设立3个中心、4个检查站、4个驻外办事处。巴基斯坦成立了移民和海外就业局,并在国内设立了5个地区办事处,在国外设立了18个办事处。这些专门的管理机构的建立和完善对这些国家境外就业业务的稳步、健康发展起到了很好的保证作用。

(二) 加强境外就业市场的研究和开拓

菲律宾建立了专门研究机构,并向输出劳工数量较多的国家的使领馆派出研究人员,注重调查当地劳务市场状况。其次,菲律宾还利用侨民为桥梁扩大劳务输出。在印度,长期的劳务输出关系使印度与很多国家,特别是中东各国之间形成完整的移民网络,有利于其对境外劳务市场的开拓[110]。孟加拉国的劳动力就业和培训局负责收集海外劳动力市场信息,并统筹安排和促进国内、国外就业工作。泰国劳工厅的劳工市场情报中心负责了解国外劳工情况和开拓国外劳工市场。巴基斯坦政府十分重视以外交手段为本国劳工开辟国外劳务市场,例如对中东国家的许多外交活动都是以此为目的而开展的。由此可见,这些国家非常重视国际劳动力市场的开发和研究,通过政府和民间的通力合作,千方百计地扩大跨境就业规模[111]。

(三) 建立有效的私营招募机制,鼓励出境就业渠道多样化

菲律宾在实践中建立了民间机构、个人和政府机构三种并存的劳务输出渠道,但以民间和个体经营这种私营劳务输出机构为主。菲律宾政府建立了一整套制度以规范私营劳务输出机构的资格申请、招募安置、服务收费、合同签署等行为,并规定了相应的奖惩办法。这些制度包括营业许可证制度、交纳担保金制度、在登记地以内进行经营活动制度、招募派出计划须经核实批准制度、对经营机构现场检查制度等。在奖惩方面,对优秀者登报公布名单、颁发奖品或奖金,以资鼓励和提高其信誉;对于不合格经营者,则给予勒令限期停业整顿甚至判刑入狱等处罚。

印度为了防范招募机构欺诈打算出国就业的劳工的不良现象,注重对移民劳工征募制度的规范化。法律规定,要获得征募许可证,除了要在银行存有一定金额的保证金外,还必须具备良好的信誉、丰富的人力资源出口方面的经验、适当的办公场所以及健全的财务保证等条件[112]。

孟加拉国规定从事劳务输出业务须经政府考核批准并获得劳务出口代理证

书，其行为应接受劳工部和劳动力就业培训局的领导与控制。孟加拉国通过劳动力就业和培训局、孟加拉海外就业服务有限公司、私营劳务输出代理机构和个人等多个渠道对外输出劳务。

泰国各经纪公司组成了出国劳工经纪公司合作社，相当于是一个行业协会，以便进行管理。巴基斯坦的劳务输出公司必须经过注册登记，获得授权方可开展招募活动。

（四）重视对出境就业者的培训

菲律宾政府历来重视对外派劳工的就业培训。所有出国务工人员，都要参加由劳务人员所在实体单位或招募机构举办的出国前免费学习班，学习方案均由海外就业署审查和批准。在中长期培训方面，政府根据国外不同岗位的要求，常年开办各种培训班。菲前总统阿罗约曾在一次国际会议上说，对人力资源的培训是该国最大的"商业秘密"。

孟加拉国劳动力就业和培训局下属 16 个培训中心专门从事对出境就业人员的教育培训，所有派往国外的人员离境前必须接受至少 15 天的培训。劳务出口代理商也必须经过培训考核合格，才能获批代理证书。

泰国出国劳工一般在劳工厅管辖下的培训所进行专门培训。

巴基斯坦劳工登记出国时，海外劳工基金会派代表与移民和海外就业局代表一起，通过放映电影、幻灯和音像资料以及散发书面材料等方式，向劳工介绍有关国家情况。

由此可见，各国都很重视对出境就业人员的培训，以便提供符合国际劳动力市场需要的高素质人才[113]。

（五）实施有利于出境就业的便利措施和财政支持政策

菲律宾政府部门十分注重提高工作效率，并简化劳务人员出国手续。在每年圣诞期间，所有机场均为回国度假劳工提供免费市内交通服务。政府还建立了专门医院，在体检和治病方面为海外劳工和家属提供优惠服务。在财政支持本国劳务输出方面，菲律宾政府专门设立了 4 个海外工人基金。此外，政府还实施了福利援助计划，福利基金是由向雇佣出国劳工的外国雇主和本国承包商征收的费用组成。

泰国对出国劳工给予财政资助，如免征出国劳工的出国税，提供低息信贷扶助出国劳工家属，设立用以救助在国外生活无着的劳工的出国劳工基金（向经纪公司筹集资金），提供资金扶助回国劳工自谋职业。

巴基斯坦成立海外劳工基金会以帮助解决海外工人及其留在国内的家属所遇

到的困难。具体包括出面为海外劳工在国内的住房、子女教育、社会保障、投资信息和其他福利方面谋利益。

印度实施"印裔卡"和双重国籍政策也是出于为其境外就业人员提供方便的考虑[114]。

(六) 注重保护出境就业者权益

菲律宾建立了全方位保护海外劳工权益的政府服务管理机构。劳动和就业部依据东道国的劳动和社会保障法律制度,分析判断菲律宾海外工人是否得到公正待遇。外交部的国内机构或国外使领馆有保护出境就业者权益的义务。政府规定只向承认和保护菲律宾劳工权利的国家派遣劳工[115]。这些国家必须是劳工保护的多边或双边协定的签字国,并制定了保护外国劳工利益的相关法律。另外,针对女性劳工有特殊保护规定。

印度的"移民保护办公室"只有在核查雇佣合同的内容及条件并确认在工资、工作条件、有关旅费、膳宿及医疗等方面印度工人不被剥削之后,才会颁发出境许可证[116]。

孟加拉国要求外国雇主与劳务人员的合同必须包括保障劳工权益的必备条款,且一般要以孟加拉国劳动法规定为准。

泰国政府针对经纪公司的欺诈行为,大力加以整顿,改善出境就业环节。为保护在外劳工利益,泰国移民和海外就业局还在国外设立了18个办事处。

(七) 制定和完善劳动力出境就业法律法规

为确保境外就业工作持久、稳步、有序、健康地发展,各劳务输出大国都制定了境外就业法律体系及执法监察配套措施,并不断进行调整、修订和完善。

菲律宾于1974年5月1日颁布了《菲律宾劳工法令》。在该法令的指导下设立了"国家海员委员会"和"海外招聘发展委员会",政府通过这些机构实现了对海外劳务输出的完全控制。1991年菲律宾出台了规范出境就业的专门性法律《海外就业规定与条例》,在此基础上修订出台的1995年《海外劳工与海外菲人法》(又称《移民工人与海外菲律宾侨民法》)是菲律宾在海外劳工派遣与管理方面的综合性法规,内容比较全面具体,具有很强的可操作性,因此一直沿用至今。2006年通过了《No.9422共和国法》,该法其实是《No.8042共和国法》的补充,只是对其做了一些细微的调整和修订。

印度1983年出台了《移民法》,该法2002年经过修订。1983年移民法是管理移民工人的最重要的政策依据,其立法宗旨是管理依约赴海外就业的印度工人,保证他们的福利和利益不受侵犯。

泰国内务部于1985年9月2日颁布了《职业介绍和出国劳工保护条例》，全面规范出境就业事务，并于2001年出台了《招募和求职者保护法》。

孟加拉国与出境就业有关的法律是1982年颁发的《移民出境法》，巴基斯坦与境外就业有关的法律是1979年颁布的《移民法》。

"徒法不足以自行"，这些国家还十分重视执法监察，如菲律宾有关法规明确规定了对执法情况的监督和对违法行为的惩处制度，并设立了代表国家行使这方面权利的专门机构或指定机构。

二、入境就业法律制度之精华

本章第二节主要考察了在外籍劳工制度方面具有代表性的发达国家和地区或是与中国公民出境就业关系密切的部分国家的入境就业制度。此外，加拿大、澳大利亚、新西兰、英国、德国、法国、俄罗斯、印度、南非等国的入境就业制度历史也很悠久且很有特色，但限于篇幅不能详述。由于历史文化传统和现实政治经济社会制度不同，各国各地区入境就业法律制度差异较大，但也不断互相借鉴修改，形成一些具有共性的制度[117]，如劳动力市场测试、职业清单、年度配额、独立工作签证、积分评估、雇主担保、外国人身份转换、促进融合等制度。

（一）劳动力市场测试制度

入境就业者是否是移入国必需紧缺的劳动者？入境就业是否会损害本国劳动者的就业权益？这些问题可以通过劳动力市场测试找到答案。劳动力市场测试或评估，又称"经济需求测试"，是要求雇主证明在其招募外籍劳工前确实无法从国内市场招到空缺岗位的满意人选，有的国家还要求雇主确保其在招募外籍劳工时不会降低国内类似岗位上其他劳动者的工资和工作条件[31]66。

劳动力市场测试制度应当宽严适度。如果过于严格，会阻碍外国劳动者入境就业，并抬高本国用工成本；如果过于宽松，会引进本国并不急需的劳动者，挤占本国国民的就业空间。该政策将引进外国人才的决定权交给了劳动力市场和雇主。

据报道，美国H-1B签证每年4月1日开始申请，其配额一般会在两个月内迅速用完，但2009年直到9月底仍有大部分没用完[118]，这与经济危机导致美国就业市场不景气有关，也说明美国实行的劳动力市场测试制度能由市场和雇主决定是否引进外国人才。只有处于用工市场第一线的雇主，对是否需要引进外国劳动者才最有发言权。因此，劳动力市场测试由本国雇主而不是政府部门进行[119]。

但为了防止本国雇主在希望使用外国廉价劳动力的利益驱使下进行虚假的劳动力市场测试，各国政府通常会制定劳动力市场测试的强制性流程和标准，并对雇主进行的劳动力市场测试是否符合流程和标准进行审核。

常规的流程和标准是要求雇主在特定的媒体上刊登了数次(如四次)招聘广告,并在劳工部门登记了空缺职位。雇主只有在证明没有从劳动力市场上招到合适的本国公民,劳工部门也没有向其推荐合适的人员,才可以雇佣外国人,并且保证此种招聘不会影响本国类似职位的工资水平[120]。但列入紧缺职业清单或是属于高层次人才可免于进行劳动力市场测试。

(二) 职业清单制度

职业清单制度是指一国主管部门根据本国劳动力市场供需状况编制的允许外国人工作的职业清单,清单所列职业表明哪些职业的劳动者是本国紧缺的。对从事职业清单上所列职业的外国人,可对其免于劳动力市场测试,因此可以提高引入外国劳动力工作的效率。外国人只有从事职业清单所列的职业才有资格申请独立类工作签证(即无需雇主的工作邀请而自行申请入境就业)。该制度可使雇主和外国人知道哪些职业是本国紧缺的,从而可以避免入境就业行为的盲目性。在职业清单基础上,有的国家又编制了紧缺职业清单[121]。从事紧缺职业清单所列职业的外国人,不仅对其免于劳动力市场测试,而且还会优先办理其工作签证。由于劳动力市场情况总是处于不断变化中,因此一般每半年或一年应对职业清单调整一次。

(三) 配额制度

出于对本国接收和吸纳外国劳动者入境就业的最大能力和限度的考虑,各国通常会规定在一定时间内本国接收外国劳动力的数量限额,此制度称作配额制度。配额的适用对象是多方面的,既可以是整个国家、某些地区,也可以是一国内的某个经济部门、特定职业,甚至可以是个别雇主或企业[122]。配额确定的依据一般是根据国内劳动力短缺状况估计得来,也有根据接收国同劳动力来源国签署的双边协议来确定的[123]。由于国内和国际劳动力市场状况不断变化会导致配额滞后于劳动力市场的实际需求,因此各国一般每隔一段时间(如1年)调整一次配额数量。配额的调整可以看作是一国外籍劳工政策宽松程度变化的晴雨表。也有国家通过征收外籍劳工税来控制入境就业人员的数量,同样能起到配额限制的效果[31]66。

(四) 独立工作签证制度

独立工作签证制度是指外国人仅凭自身技能在没有工作邀请的情况下就可以获得移入国工作签证的制度。它比以工作邀请为前提的工作签证申请,对外国人更加方便和快捷,因而对外国劳动者吸引力很大[124]。该制度一般为希望更多吸引外国人才的国家所采用,如澳大利亚、加拿大、新西兰、英国、新加坡等国都实行了该制度。独立签证制度虽然有利于更多更快地吸引入境就业者,但也存在一系列弊端,如它不需要工作邀请,因此不进行劳动力市场测试,这可能会导致本国并不需要的外国劳动者流入,或者流入的劳动者很难融入当地社会。因此,该制度往往需要积分评估以及职业清单制度加以配合,从而能达到劳动力市场测试制度所产生的效果。

(五) 积分评估制度

积分评估制度是指根据本国劳动力市场的需求,确定对申请人的能力要求、能力对应分数和通过评估需要的分数总额,并依据此标准进行审核批准的制度。这是一种比较精细的量化管理制度,反映了接收国对入境就业者的最低要求[125]。该制度为 1967 年加拿大移民条例所首创,近年来,澳大利亚、新西兰、英国、美国等国也纷纷实行此制度。

积分评估制主要适用于独立工作签证,一般情况下不适用于需要工作邀请的工作签证。因为该类签证以雇主已进行了劳动力市场测试为前提,而劳动力市场测试已经具有评估外国人是否是本国短缺的劳动力的功能,再进行积分评估制会被认为是一种重复劳动。但为了更全面客观地评估外国人是否是本国需要的入境就业者,积分评估制有用于需要邀请的工作签证的趋势。也就是说,有工作邀请仅是入境就业的一个先决和重要条件,但不是唯一条件。

评分的要素各国有所不同,一般包括从事技能性职业、年龄、英语能力、本国工作经验、本国学历、紧缺职业工作邀请、配偶的能力等。接收国会根据本国劳动力市场状况不断调整通过的分数线,一般每年调整一次。劳动力市场测试制度、配额制度和积分评估制度被认为是劳动力准入的最重要的三种制度[126]。

(六) 雇主担保(提名)制度

该制度是指获得工作签证必须以单位或雇主提名即发出工作邀请为前提,且发出工作邀请的单位或雇主应对外国人材料的真实性、外国人遵守本国法律等事项负有担保责任。澳大利亚、加拿大、新西兰设立了独立工作签证制度,但同样确立了雇主担保制度[127]。雇主担保责任一般有尽最大努力确保外国人材料的真实性、按承诺的岗位使用被担保人、培训本国员工使其逐步掌握被担保人的技能、定期报告雇佣被担保人的情况、确保被担保人的工资福利、妥善管理和服务被担保人等方面。

与雇主担保制相似的还有地方政府担保制,可以借此制度将外国人才导向本国不发达或偏远地区,如 2004 年澳大利亚设立了偏远地区州政府担保制。

与雇主担保制紧密相关的是提名制度,即提名人根据其对外国人的认识,提名其来本国或本省(州)工作的制度。提名人一般包括雇主、地方政府或行业协会等。作为提名人的雇主必须满足规定的条件，如其经营的生意需要至少一个雇员等。一般来说，强调雇主责任的国家使用雇主担保制，反之，则使用提名制。

(七) 外国人身份转换制度

外国人身份转换制度是指外国人入境后，如果符合规定的条件，可以改变其在移入国的身份的制度[128]。就入境就业法律制度来说，外国人身份转换制度是指学生签证转换为工作签证、商务旅游访问等签证转换为工作签证、工作签证转换为永久居留签证等制度。该制度有利于外国人和接收国根据情况变化灵活调整外国人的身份状况，也使接收国政府能够实现对入境外国人的动态管理[129]。

如果没有此项制度，外国人转换身份的客观需求仍然存在，可能因为没有公开和合法的转换身份的渠道而转入地下和非法，反过来会损害国家利益和社会稳定[130]。

从学生签证转换为工作签证即可看到实行外国人身份转换制度的必要性。学生签证除了原有的许可留学功能外，还被赋予了教育产业出口、吸引人才以及向工作签证转换的功能。因为留学生通过在留学地的学习和生活，对当地的政治、经济、社会和文化有较深刻的了解，语言能力得到提高，更愿意留在当地、更容易找到工作、更便于融入当地社会、更可能做出工作成绩。所以很多国家都将留学生视为吸引外国人才的后备和潜在的资源[131]。

(八) 促进融合制度

这是指通过提高入境就业者素质和提供安居服务等多方面措施，在尊重和保障其自身文化和特色的前提下，促使其融入本国社会经济文化生活的制度[132]。不同于“同化”，同化是泯灭外国人的文化和特色，使其与本民族趋同。应当在教育、就业、住房、医疗、社会服务、政治和公民参与的任何领域，实现入境就业者和当地居民的平等，从而有助于其融入当地社会。然而，制定这样的一个关于促进融合的制度是非常具有挑战性的。在很多国家和地区，劳工移民面临一系列的融合障碍，包括外来移民身份的限制，有敌意的公众态度和歧视[133]。

为了更好地实现融合，可以考虑实施以下政策：在入境就业者到达的最初时刻，给予其本人和家庭成员提供公平和平等参与劳动力市场就业的机会，因为经济融合是社会融合的一部分，也是最基本的一点；为所有的劳工移民家庭成员提供相同的教育，同时开设特殊的语言课和其他课程；给劳工移民和他们的家人提供社会保障体系，解除其后顾之忧；建立最充分的劳工移民参与政策，使其参与国家政治和社会生活[23]。

第三章　我国出境就业立法现状分析：文本与问题

本章主要运用分析和综合相结合的研究方法，并通过多种途径广泛征求实务界的意见，对出境就业方面比较重要的法律和政策文本进行逐一分析，在分析的基础上进行综合，揭示出境就业法律制度在形式和内容两个方面的主要问题。具体包括：立法层次低，缺乏权威性；因事立法、随意性强、形式散乱；主管部门设置不当，管理职责模糊不清；经营企业与为其提供配套服务的机构之间的关系没有理顺；连接经营企业、境外雇主和劳务人员三方的合同性质定位不明；经营企业与劳务人员的权利义务配置不平衡等。

“经济法的实证性，我们认为一个很重要的方面就是要对经济法的法律文本进行分析。”此处的“法律文本”不仅指有效的或失效的法律文件，也指未生效的相关立法的征求意见稿[43]14-15。本章的内容为我国跨境就业法建议稿纲要的提出奠定实证研究的基础。

第一节　我国出境就业的种类及若干法律和政策文本评析

一、我国出境就业的种类

其种类主要包括如下几种：一是通过对外劳务合作企业以外派劳务的形式出境就业；二是通过对外承包工程公司派遣到境外完成所承包项目（含项目设计、施工、安装调试、技术培训和管理等内容）的工作任务的形式出境就业；三是通过境外就业中介机构介绍的方式实现出境就业。自 2009 年 3 月 1 日起这类“境外就业中介机构”所持有的原劳动保障部门颁发的“境外就业中介机构经营许可证”已停止使用，一律改为“对外劳务合作（境外就业）经营资格证书”[134]，因此，此类出境就业也可表述为通过对外劳务合作（境外就业）企业提供服务的方式实现的出境就业；四是通过到日本、韩国进行研修的形式（日本、韩国在特定时期实行了接收外国研修生的制度以弥补国内劳动力的不足）实现的出境就业；五是通过在境外兴办企业派出管理人员、技术人员以及培训人员等方式实现的出境就业以及通过跨国企业内部转移的方式实现的出境就业；六是通过在成套设备和技术出口时到境外进行安装调试、技术指导、人员培训等方式实现的出境就业；七是通过出国留学的方式实现的出境就业；八是通过亲朋好友或媒体介绍等各种渠道自己联系出境谋职的形式实现的出境就业；九是通过持非工作类签证或偷渡等方式出境就业。其中前六类属于有组织的出境就业，后三类则基本属于个人行为[135]。

二、我国出境就业若干法律和政策文件分析

现将含草案和征求意见稿在内的部分重要的出境就业相关法律和政策文件列为表5。

表5　我国部分重要的与出境就业相关的法律和政策文件（含草案和征求意见稿）

序号	制定机关	文件名称	发布时间
1	全国人大常委会	中华人民共和国公民出境入境管理法	1985.11.22
2	国务院批准（公安部、外交部、交通部发布）	中华人民共和国公民出境入境管理法实施细则	1986.12.27 1994.7.13修正
3	全国人民代表大会	民法通则（第8章，涉外民事法律关系的法律适用）	1986.4.12
4	外经贸部、劳动部、外交部、公安部	关于外派劳务人员出国审批手续和办理护照的暂行办法	1990.12.14
5	全国人民代表大会	民事诉讼法（第四编）	1991.4.9 2007.10.28修正
6	劳动部	关于做好劳务输出、境外就业劳动管理工作的通知	1992.7.13
7	国务院办公厅	关于在外留学人员有关问题的通知	1992.8.12
8	国家教委	印发关于自费出国留学有关问题的通知	1993.7.10
9	外经贸部、国家体改委、国家经贸委	对外劳务合作管理暂行办法	1993.11.5
10	全国人大常委会	对外贸易法（第10条、28条等）	1994.5.12 2004.4.6修订

续表

序号	制定机关	文件名称	发布时间
11	外经贸部	关于实行外派劳务培训的暂行办法	1994.5.23
12	全国人大常委会	仲裁法(第7章)	1994.8.13
13	外经贸部、劳动部	关于切实加强保护外派劳务人员合法权益的通知	1994.10.25
14	交通部	关于外派劳务海员培训和《海员证》管理问题的函	1994.11.15
15	外经贸部、公安部、交通部	关于规范外派海员办证、出境管理工作的通知	1995.3.30
16	财政部、外经贸部	对外经济合作企业外派人员工资管理办法	1995.7.4
17	外经贸部、外交部、公安部	关于全面实行外派劳务培训的通知	1995.8.1
18	外经贸部	关于加强《外派劳务人员许可证》管理的通知	1995.8.18
19	外经贸部	关于我国公司在巴基斯坦开展承包劳务业务管理的通知	1995.9.20
20	外经贸部、公安部、交通部	关于《关于规范外派海员办证、出境管理工作的通知》的补充通知	1995.9.22
21	外经贸部	在韩国本土开展承包工程和研修生合作有关问题的规定	1995.11.3
22	外经贸部	关于印发《劳务输出合同主要条款内容》的通知	1996.2.13
23	外经贸部、监察部、公安部、工商总局	关于加强对外劳务合作归口管理有关问题的通知	1996.4.29
24	外经贸部、外交部	关于加强我国公司在新加坡开展劳务合作业务管理的通知	1996.5.9
25	外经贸部	关于办理赴新加坡劳务审批手续有关问题的通知	1996.6.17
26	外经贸部	对香港地区劳务合作管理办法	1996.9.5
27	外经贸部	关于在关岛、北马里亚纳联邦开展承包工程和劳务合作业务的审批管理办法	1996.9.20
28	财政部、外经贸部	关于对外经济合作企业外派人员工资管理办法的补充规定	1997.1.6

续表

序号	制定机关	文件名称	发布时间
29	外经贸部、外交部、公安部	关于印发《办理外派劳务人员出国手续的暂行规定》的通知	1997.2.1
30	外经贸部	关于进一步加强对我国公司在巴基斯坦开展承包劳务业务管理的通知	1997.6.4
31	外经贸部	关于成立塞班中国经济发展协会及有关问题的通知	1997.6.19
32	外经贸部	驻香港劳务人员审批管理办法	1998.1.24
33	外经贸部	关于颁布实施国际经济合作企业中高级经营管理人员培训制度的通知	1998.2.6
34	外经贸部	关于加强外派渔工培训有关问题的通知	1998.2.27
35	外经贸部	关于向台湾地区远洋渔轮派遣渔工劳务有关问题的紧急通知	1998.7.17
36	外经贸部、国务院港澳事务办公室	对澳门地区开展普通劳务合作管理办法(废止)	1998.7.27
37	外经贸部、外交部、公安部	关于进一步加强塞班承包劳务业务管理的通知	1998.8.14
38	外经贸部办公厅	关于国外经济合作利用对外承包劳务设计咨询项目进一步扩大出口的通知	1998.11.30
39	对外贸易经济合作部办公厅	关于转交国外经济合作项目协调职能的通知	1998.12.10
40	外经贸部	关于印发《对外承包工程、劳务合作经营许可证管理办法》的通知	1999.1.1
41	外经贸部	关于赋予国家确定的1000家重点企业对外承包劳务经营权有关事项的通知	1999.1.8
42	外经贸部	关于我国边境地区与毗邻国家开展经济技术合作有关问题的通知	1999.1.11
43	外经贸部、外交部	关于简化境外带料加工装配企业经营管理人员外派审批手续的通知	1999.3.31

续表

序号	制定机关	文件名称	发布时间
44	外经贸部	关于调整企业申请对外承包劳务经营权的资格条件及加强后期管理等问题的通知	1999.4.9
45	外经贸部	关于加强我国驻外使(领)馆经商参处(室)对对外承包工程和劳务合作业务管理的规定	1999.6.4
46	教育部、公安部、国家工商总局	自费出国留学中介服务管理规定	1999.6.17
47	中国对外承包工程商会	中国对外承包工程和劳务合作行业规范(试行)	2000.1.18
48	外经贸部	关于严格审批对外劳务合作项目的紧急通知	2000.5.17
49	外经贸部	关于向海湾国家派遣劳务应注意的几个问题的紧急通知	2000.7.24
50	国务院	关于加强出入境中介活动的通知	2000.9.11
51	外经贸部、劳动和社会保障部、国家外国专家局	中华人民共和国公民在俄罗斯联邦和俄罗斯联邦公民在中华人民共和国的短期劳务协定	2000.11.3
52	公安部、教育部、劳动和社会保障部、工商总局	关于清理整顿出入境中介机构的通知	2000.11.27
53	外经贸部	对香港特别行政区开展高级劳务合作业务的暂行管理办法	2000.12.25
54	外经贸部	中华人民共和国对外经济合作经营资格证书管理办法	2000.12.26
55	外经贸部	关于部分调整对外承包工程、劳务合作经营资格条件的通知	2001.2.8
56	外经贸部	关于整顿和规范对新加坡劳务合作市场秩序的紧急通知	2001.2.22
57	外经贸部	关于印发《中华人民共和国外派劳务人员(研修生)培训资格证书管理办法》的通知	2001.8.1
58	财政部、外经贸部	对外劳务合作备用金暂行办法	2001.11.27
59	外经贸部	《外派劳务人员培训工作管理规定》(修订稿)	2002.1.24
60	外经贸部、外交部、公安部	办理劳务人员出国手续的办法	2002.3.12

续表

序号	制定机关	文件名称	发布时间
61	外经贸部	对外劳务合作项目审查有关问题的规定	2002.3.14
62	外经贸部	派出海外劳工手续管理办法	2002.4.1
63	劳动和社会保障部、公安部、工商总局	境外就业中介管理规定	2002.5.14
64	外经贸部	关于向海湾国家派遣劳务应注意的几个问题的紧急通知	2002.7.17
65	商务部	对外劳务合作项目审查有关问题的补充通知	2003.4
66	商务部办公厅	关于做好2003年对外经济合作企业经营资格年审工作的紧急通知	2003.4.21
67	商务部、国务院港澳办和中央政府驻澳门联络办	内地对澳门特别行政区开展劳务合作暂行管理办法	2003.8.1
68	商务部、财政部	关于修改《对外劳务合作备用金暂行办法》的决定	2003.8.21
69	中国对外承包工程商会	对纳米比亚劳务合作业务协调管理暂行办法	2003.8.26
70	商务部、财政部	关于取消对外经济合作企业向外派劳务人员收取履约保证金的通知	2003.10.29
71	商务部	关于印发《外派劳务培训管理办法》的通知	2004.2.16
72	商务部、工商总局	对外劳务合作经营资格管理办法	2004.7.26
73	商务部、外交部	关于发布《对外投资国别产业导向目录》的通知	2004.7.8
74	商务部	关于加强境外劳务人员安全保障工作的通知	2004.9.2
75	商务部	关于执行《对外劳务合作经营资格管理办法》有关问题的通知	2004.9.2
76	商务部办公厅	关于进一步加强外派劳务培训管理工作有关问题的通知	2004.9.23
77	商务部	关于印发《国别投资经营障碍报告制度》的通知	2004.11.11

续表

序号	制定机关	文件名称	发布时间
78	商务部办公厅	关于边境小额贸易企业申领或换领《对外劳务合作经营资格证书》有关问题的通知	2004.12.17
79	商务部	企业申请对外承包工程经营资格的条件及须提交的材料	2004.12.27
80	商务部	关于企业申请对外劳务合作经营资格所需材料的通知	2004.12.27
81	商务部	关于对对外劳务合作经营资格核准实行网上公示的通知	2005.1.6
82	商务部办公厅	关于做好2005年对外经济合作企业《经营资格证书》年审工作的通知	2005.2.24
83	商务部、公安部	关于严禁向境外博彩色情经营场所派遣劳务人员的通知	2005.7.12
84	商部、工商总局	《对外劳务合作经营资格管理办法》补充规定	2005.8.15
85	商务部	外派海员类对外劳务合作经营资格管理规定	2005.11.23
86	商务部	对外承包工程项下外派劳务管理暂行办法	2006.1.10
87	全国人大常委会	中华人民共和国护照法	2006.4.29
88	商务部	公布《中国企业境外商务投诉服务暂行办法》	2006.8.16
89	商务部	关于印发《对外承包工程、劳务合作和设计咨询业务统计制度》的通知	2006.12.11
90	商务部	中华人民共和国商务部和大韩民国劳动部关于输韩劳务人员的谅解备忘录	2007.4.10
91	全国人大常委会	劳动合同法	2007.6.29
92	全国人大常委会	就业促进法(第13条)	2007.8.30
93	劳动和社会保障部	就业服务与就业管理规定(第22条、第23条)	2007.11.5
94	全国人大常委会	劳动争议调解仲裁法	2007.12.29
95	商务部	公布《商务部现行有效规章目录》	2008.3.6

续表

序号	制定机关	文件名称	发布时间
96	商务部	商务部关于中韩雇佣制劳务合作有关事宜的通知	2008.4.17
97	商务部	关于切实做好对外承包工程项下外派劳务管理工作的紧急通知	2008.4.25
98	商务部	关于进一步强调对外承包工程项下外派劳务工作有关问题的紧急通知	2008.6.13
99	国务院	对外承包工程管理条例	2008.7.21
100	交通运输部	中华人民共和国船员服务管理规定	2008.7.22
101	商务部	关于印发《对外承包工程业务统计制度》、《对外劳务合作和境外就业业务统计制度》的通知	2008.12.20
102	商务部	关于做好境外就业管理工作的通知	2008.12.29
103	商务部、外交部、公安部、监察部、交通运输部、国资委、工商总局	关于开展清理整顿外派劳务市场秩序专项行动的通知	2009.6.1
104	商务部条法司	对外劳务合作管理条例（征求意见稿）	2009.6.17
105	商务部、外交部	防范和处置境外劳务事件的规定	2009.6.23
106	商务部、外交部	关于建立境外劳务群体性事件预警机制的通知	2009.8.10
107	中国对外承包工程商会	对外劳务合作行业常态监督检查办法	2009.10
108	中国对外承包工程商会	对外劳务合作协调办法	2009.11
109	商务部	关于2010年全国对外投资合作工作的指导意见	2010.2.26
110	商务部	《外派海员类对外劳务合作经营资格管理规定》补充规定	2010.3.1
111	商务部	中华人民共和国商务部和大韩民国劳动部关于启动雇佣许可制劳务合作的谅解备忘录	2010.5.28

续表

序号	制定机关	文件名称	发布时间
112	商务部、外交部、公安部、工商总局	对外劳务合作不良信用记录试行办法	2010.6.25
113	商务部、外交部、公安部、工商总局	对外劳务合作服务平台建设试行办法	2010.7.1
114	国务院法制办公室	对外劳务合作管理条例(征求意见稿)	2010.8.2
115	商务部、外交部	进一步做好对外劳务合作工作的紧急通知	2010.8.24
116	商务部	关于印发《对外承包工程业务统计制度》和《对外劳务合作业务统计制度》的通知	2010.12.30
117	商务部	公布商务部现行有效规章及规范性文件目录的通知	2011.1.10
118	平安养老保险股份有限公司青岛分公司	外派劳务人员(研修生)保险合同规定	2011.1.21
119	交通运输部	中华人民共和国海员外派管理规定	2011.3.7
120	财政部、商务部	关于做好2011年对外劳务合作服务平台支持资金管理工作的通知	2011.8.25
121	全国人大常委会	中华人民共和国出境入境管理法(草案)	2011.12.31

资料来源:根据商务部、人力资源和社会保障部等网站资料整理。

出境就业方面比较重要的带有一定综合性的法律和政策文件主要有:(1)《对外劳务合作管理暂行办法》;(2)《对外承包工程管理条例》;(3)《对外承包工程项下外派劳务管理暂行办法》;(4)《中国对外承包工程和劳务合作行业规范(试行)》;(5)《对香港地区开展劳务合作管理办法》;(6)《内地对澳门特别行政区开展劳务合作暂行管理办法》;(7)《关于自费出国留学有关问题的通知》;(8)《国家留学基金资助人员派出和管理若干问题的规定》;(9)《国家公派出国留学研究生管理规定(试行)》;(10)《中华人民共和国公民出境入境管理法》及其“实施细则”等[136]。现对以上所列法律和政策文件的主要内容进行分析,以此为下文分析我国出境就业法律制度存在的主要问题及提出《跨境就业法》建议稿奠定基础。

(一)《对外劳务合作管理暂行办法》

原外经贸部、国家体改委、国家经贸委1993年11月5日出台的《对外劳务合作管理暂行办法》，是至今较早也较全面系统的有关出境就业的国务院部门规章。其基本框架包括总则、经营资格、企业经营自主权、企业责任和义务、业务管理协调和服务、奖惩和附则共 7 章，条文共 34 条。其具体内容中包括如下要点：

1．制定依据

依据《全民所有制工业企业转换经营机制条例》第 1 条制定。

2．适用范围

不仅适用于一般的对外劳务合作企业及其派出的劳务人员，也适用于对外开展工程承包以及工程咨询业务项目的外派劳务人员，但不适用于公民个人到境外自谋职业的活动（第 5 条、第 6 条）。

3．经营资格

只有具备一定条件的全民所有制工业企业才能进行对外劳务合作业务，无对外劳务合作经营权的企业可以选择有经营资格的对外劳务合作企业代理（第 7 条、第 8 条）。

4．经营自主权

企业可在境内外设立从事对外劳务合作业务的分支机构或办事处（第 11 条）。对外劳务合作企业可凭对外签订的劳务合作合同向有关主管部门办理劳务人员的出国（境）手续（第 12 条）。企业对外劳务合作的业务收入按大部分发给劳务人员、企业留取少量管理费的原则进行分配（但未规定具体的比例），明确要求实行履约保证制度（未明确是否可用保证人代替保证金）（第 14 条）。

5．对外劳务合作的原则

参照国际惯例、符合我国法律及外交和对外经济贸易政策、遵守所在国家和地区的法律并尊重当地的风俗习惯、平等互利和守约保质、促进贸易经济合作关系等几项原则（第 15 条）。

6．企业对外派劳务人员的义务

包括负责外派劳务人员的选审、培训、合法权益保护、许可证申领、出国手续办理等内容（第 15 条至第 21 条）。

7．企业接受指导和协调义务

在国外的劳务合作活动，应接受我国驻外使领馆经济商务参赞处（室）的指导和协调（第 23 条）。

8．管理、协调、服务的部门和组织

对外贸易经济合作部门是我国对外劳务合作业务的归口管理部门（第 24 条、第 25 条）。驻外使领馆经济商务参赞处（室）在所在国代表对外贸易经济合作部，负责归口管理包括对外劳务合作在内的对外经济贸易工作，保护我国企业及在外劳务人员的合法权益（第 26 条）。根据需要可以在国内外组织相关企业建立协调机构(第 27 条)。如果当地法律许可,可视情况组建商会和工会组织(第 28 条)。

通过该办法的有关"制定依据"和"经营资格"等内容的规定可以看出,由于当时我国才刚刚确立起社会主义市场经济体制,所以该文件还带有明显的计划经济体制的痕迹,但至今并未被明文废止[137]。该办法的很多内容虽然只是原则性和粗线条的规定,但毕竟初步确定了我国对外劳务合作各项制度的框架,为相关后续政策法规的出台奠定了基础。

(二)《对外承包工程管理条例》

该条例于 2008 年 7 月 21 日由国务院第 527 号令公布,自 2008 年 9 月 1 日起施行。其基本框架包括总则、对外承包工程资格、对外承包工程活动、法律责任和附则共 5 章,条文共 35 条。其具体内容中涉及出境就业管理的有如下要点:

1. 从事对外承包工程的原则

其原则之一是保障外派人员的合法权益(第 4 条)。

2. 对外承包工程外派人员中介服务机构的资格

必须取得国务院商务主管部门的行政许可,其活动必须遵守国务院商务主管部门关于外派劳务的有关规定。对外承包工程单位如果通过中介机构招用外派人员,必须选择有资质的合法经营的中介机构(第 15 条)。

3. 对外承包工程单位与外派人员有关的法定义务

应当依法与其招用的外派人员订立劳动合同(第 16 条);设立专门机构和人员负责保护外派人员的人身和财产安全,制定保护外派人员人身和财产安全的方案,对外派人员进行安全防范教育和应急知识培训(第 17 条);为外派人员购买境外人身意外伤害保险(第 18 条);及时存缴备用金,用于支付本单位拒绝承担或者无力承担的外派人员的报酬、发生突发事件时外派人员回国或者接受其他紧急救助所需费用以及应当对外派人员的损失进行赔偿所需的各项费用(第 19 条);接受中国驻工程项目所在国使领馆在外派人员保护等方面的指导(第 20 条);制定突发事件应急预案并及时、妥善处理突发事件(第 21 条)。

(三)《对外承包工程项下外派劳务管理暂行办法》

该办法是 2006 年 1 月 10 日以"商合发[2005]726 号"发布,并自发布之日起 30 天后施行。商务部在印发该办法的通知中指出了出台该文件的背景并归纳了引发当时劳务事件频发的原因。出台该文件的背景是,随着对外承包工程项下外派劳务数量不断增多,有力地保证了对外承包工程的按期完工,但由于制度不健全、管理不完善等原因,导致劳务纠纷事件频发,已发生多起在外劳务人员到我国驻当地使领馆静坐、上街游行示威甚至和当地警察发生肢体冲突等恶性事件。造成这种对外劳务事件频发的原因有:部分企业在派出对外承包工程项下劳务人员时不按制度行事,重派出,轻管理;部分单位将对外承包工程项下劳务单独分包或层层转包,或分包、转包给无合法资质的企业,造成管理责任多次转移而难以明确和落实;部分企业设法压低劳务价格,克扣拖欠工资;部分企业应急预案不周全,对劳务纠纷事件的处理措施不到位。

该办法有如下要点:

1. 界定法律关系

有关企业可以向其在境外的承包工程项目派遣各类劳务人员,但派遣工作应参照对外劳务合作的有关管理规定办理(第3条)。所派各类劳务人员受雇有关对外承包工程企业,而不是外方雇主(第2条),这里用了"受雇"和"雇主",字面上看两者可能是"雇佣关系",但该文件的本意似乎表明对外承包工程企业和外派劳务人员之间建立了劳动关系[138],这是其与一般对外劳务合作的重要区别。同时要求总包商或分包商应当直接与外派劳务人员签订《劳务派遣和雇用合同》(第6条),因此双方之间到底是何法律关系仍不明确,真正对双方关系加以明确的是《对外承包工程管理条例》第16条规定,即对外承包工程企业"应当依法与其招用的外派人员订立劳动合同"。该办法第6条同时要求总包商或分包商不得委托任何中介机构或个人招收外派劳务(第6条),该规定并不切合实际,因此已被《对外承包工程管理条例》第15条所改变。

2. 对外承包工程企业的相关责任和义务

对外承包工程项下外派劳务应由对外签约单位即总承包商自营,或由总承包商将部分工程连同其项下的外派劳务整体承包给有经营对外工程承包资质的分包商(第4条)。外派劳务不得由总承包商单独分包或转包,分包商也不得将其分包的工程及项下的外派劳务再次分包或转包(第5条)。总包商有权管理分包商所承包的工程项下的外派劳务,同时对整个工程项下的外派劳务管理负总责(第7条)。总包商和分包商都应依法缴纳对外劳务合作备用金(第8条),并使外派劳务人员的工资收入不少于项目所在地同工种人员的工资水平(第9条)。总包商和分包商还承担对外派劳务的培训以及如实告知工作内容、工资待遇等信息并教育其遵守项目所在国法律法规的义务(第10条)。

3. 项目审查

申办对外承包工程项目的投(议)标许可时,如该项目需自带劳务的,则向商务部提交的材料中应包含《对外承包工程项下外派劳务事项表》和驻外使领馆经济商务机构出具的对有关外派劳务的明确意见(第12条)。

4. 劳务纠纷处理

尽快建立健全处置外派劳务纠纷或突发事件的快速反应机制(第13条)。有关企业应建立责任追究制度,并由法定代表人负全责(第 14 条)。驻外使领馆经济商务机构应确定专人负责劳务纠纷或突发事件的受理及处置(第 15 条)。各相关部门参照商务部《关于处理境外劳务纠纷或突发事件有关问题的通知》(商合发[2003]249 号)所规定的分工及处理程序履行职责(第 17 条)。

2008 年 4 月,我国在赤道几内亚某工程项目发生严重劳资纠纷,造成劳务人员 2 死 4 伤的严重事件,加之当时工程项下劳务纠纷再度呈明显上升趋势,并引起中央领导的高度重视,在此情况下,2008 年 4 月 25 日,商务部发布了《关于切实做好对外承包工程项下外派劳务管理工作的紧急通知》(商合函[2008]11 号),要求进一步提高对做好外派劳务管理工作重要性的认识。其主要内容包括:建立起由外派劳务人员代表、企业项目现场管理人员、企业国内本部及驻外经商机构等几方共同参与的外派劳务人员对话沟通机制;杜绝低价竞标和恶性竞争行为引起的损害外派劳务人员的工资收入和合法权益的现象;企业与外派劳务人员所签的劳动合同必须依据项目所在国劳动法及我国有关法律法规的规定,并在合同中考虑汇率因素,为使外派劳务工资不缩水,应采取固定汇率。该通知还对外派劳务工作总包、分包关系和培训等环节进一步重申并提出了具体工作要求。

在上述通知发出后不久,又发生了一件影响很大的境外劳务纠纷案件,即在中国中材建设有限公司承包的坦桑尼亚扩建水泥厂项目中,企业将工程分包给没有对外承包经营资格的就业服务有限公司,由于劳资双方在工资待遇支付方式和加班费标准等方面存在分歧,最终导致 500 余名劳务人员参与罢工和抗议的恶性事件。为此,2008 年 6 月 13 日,商务部办公厅发出《关于进一步强调对外承包工程项下外派劳务工作有关问题的紧急通知》,重申不得将工程分包给不具有对外承包工程经营资格的分包商或境外机构,同时要求严格按合同约定结算和发放劳务人员工资,如存在加班情况,加班费应按照当地劳动法规定足额支付。

(四)《中国对外承包工程和劳务合作行业规范(试行)》

该文件虽是中国对外承包工程商会所制定,但 2000 年 1 月 28 日以对外贸易经济合作部办公厅的名义对相关部门和单位转发,因此其效率实际上等同于部门规范性文件。其基本框架包括总则、行为准则、奖惩、附则共 4 章,条文共 25 条。其具体内容包括如下要点:

1. 适用范围

不仅包括有经营资格的对外承包工程和劳务合作业务的企业或经济组织以及其所属单位,还包括其在国外的分支机构和代表处(第 2 条)。

2. 对外承包工程商会的职责

进行业务指导、协调、服务和监督(第 3 条)。

3. 从事对外承包工程和劳务合作业务的企业的主要行为准则

既要遵守我国的相关法律、法规,又要遵守项目所在国家、地区的法律、法规,并尊重当地的风俗习惯(第 4 条)。不得擅自变更经营范围或超范围经营,也不得对外接受挂靠(第 5 条),不得从事或协助从事非法移民、色情服务等不法活动(第 7 条)。遵守承包商会的协调规定(第 8 条、第 9 条)。全面贯彻有关质量标准,确保工程质量(第 10 条)。严格执行有关培训制度(第 11 条、第 12 条)。依法与外派劳务人员签订外派合同,保护其合法权益(第 13 条)。严格执行有关收费标准(第 14 条)。不得进行 5 类不正当的经营活动(第 15 条)。不得采取 5 种不正当竞争手段(第 16 条)。

4. 奖惩

对严格遵纪守法的企业,给予通报表彰,并建议主管部门给予奖励(第 18 条)。对违反本规范的企业,视其情节轻重和影响程度,分别给予批评、警告、记录在案、通报批评、限期改正、建议有关部门给予经济处罚、建议暂停其经营许可、建议撤销其经营许可、给予会员企业开除会籍、由司法机关追究法律责任等惩处(第 19 条)。

对外承包工程商会具有行业协会性质,作为本行业自律性组织,是联系政府主管部门和相关企业的桥梁和纽带,其作用十分重要,不可或缺。商会是由本行业的专家能手组成,熟知本行业的市场行情、法律法规和运行规则,由其通过制定规范来对本行业内的企业进行业务指导、协调、服务和监督,可大大减少政府部门的监管和服务成本,同时更契合企业需要并具有较高的效率。当然,由对外承包工程商会作为对外劳务合作企业的行业自律性组织,似乎名不副实。

(五)《对香港地区开展劳务合作管理办法》

该规章是由原对外贸易经济合作部于 1996 年 9 月 5 日出台,其基本框架包括总则、签约和收费、人员选派、履约、处罚、附则共 6 章,条文共 28 条。其具体内容包括如下要点:

1. 对香港地区劳务合作总的原则

应执行国家对外劳务合作的统一政策和规定(第 2 条)。

2. 对香港地区劳务合作的特别规定

除了由外经贸部对业务实行统一归口管理外,另规定由国务院港澳事务办公室进行政策指导(第 5 条)。对港劳务合作的经营公司名单不定期地确定,未经批准的公司不得开展此项业务(第 6 条),而普通对外劳务合作无此规定。另外,对在香港开展劳务合作实行审批制,办理劳务人员出境手续需要有外经贸部的批文(第 8 条),而一般的对外劳务合作只需凭对外签订的合同即可办理劳务人员的出国(境)手续。由此可见,对香港地区开展劳务合作强调不对香港本地劳务市场形成冲击,不应形成过度竞争。同时,按香港有关法律规定,经营公司还需要在香港注册领取牌照(第 7 条)。

3. 签约

明确对港劳务合作中存在三种合同,即经营公司与雇主直接签订劳务合作合同,经营公司与劳务人员签订合同,雇主与劳务人员签订雇佣合同(第 9 条、第 10 条、第 11 条)。但未明确经营公司与劳务人员签订的合同的性质和名称,该合同应为“外派劳务合同”或“赴境外劳务人员派遣合同”。

4. 收费

采取按月计算收取服务费方式,从社会招聘的劳务人员,每月收费不得超过港府核定劳工月底薪的 12.5%,如为在职人员且原单位仍为其保留职位的,则该单位每月可另外收取不超过港府核定月底薪的 12.5%费用,这些费用一律一次性收取(第 12 条)。

5. 人员选派、履约、处罚

其要求基本和一般的对外劳务合作相同,同时明确规定劳务人员如果在港有违法行为,应按香港法律处理,如违反了与经营公司所签订的外派劳务合同,应按内地有关规定处理(第 26 条)。

与《对香港地区开展劳务合作管理办法》相关联的另外两个文件是《驻香港劳务管理人员审批管理办法》和《对香港特别行政区开展高级劳务合作业务的暂行管理办法》。

《驻香港劳务管理人员审批管理办法》是原对外贸易经济合作部于 1998 年 1 月 24 日发布并实施的规章。其主要内容包括如何确定各经营公司驻香港劳务管理人员的指标,即该指标应以各公司输港劳务业务的业务量为主要依据。同时规定原则上每家经营公司(当时有 21 家)驻港劳务管理人员指标不少于 3 名,含经理、业务员和会计各 1 名。

《对香港特别行政区开展高级劳务合作业务的暂行管理办法》是原对外贸易经济合作部于 2000 年 12 月 25 日发布并实施的规范性文件。该文件所称的“高级劳务人员”是指大学本科以上学历或中级以上职称的内地专业技术人员。只有经外经贸部批准的经营公司才能从事输港高级劳务的业务。高级劳务在香港连续工作时间有上限限制,即一般不得超过 5 年,特殊情况下最长不得超过 6 年。另外,经营公司与香港雇主签订的劳务合作合同只有经外经贸部批准后才能生效,这是和对香港地区开展普通劳务合作明显不同之处,因为对香港地区开展普通劳务合作虽然规定实行审批制,但并未规定所签的合同经过批准才能生效。经营公司实行一次性收费制度,其收费标准为 1.5 万～3 万港币。如高级劳务需要办理延签手续,经营公司收费不得超过原所签合同确定的月工资标准的 50%,而办理转工,经营公司可以重新收费。

（六）《内地对澳门特别行政区开展劳务合作暂行管理办法》

该文件是2003年8月1日商务部、国务院港澳办和中央政府驻澳门联络办发布的《关于内地输澳劳务管理体制改革的通知》（商合发[2003]262号）附件1的内容。该文件出台前对澳劳务合作按原外经贸部和国务院港澳办联合发布的《关于印发〈对澳门地区开展普通劳务合作管理办法〉的通知》（[1998]外经贸合发第430号）和原外经贸部发布的《关于〈中澳服务有限公司对内地输澳普通劳务业务的管理办法〉的复函》（[1998]外经贸合函字第62号）执行，但实践中出现了管理层次复杂、经营公司与雇主及劳务人员几方之间的法律关系不明确、经营管理不规范、经营公司过多等问题，反映出内地输澳劳务管理体制改革势在必行。此文件的基本框架包括总则、经营公司及其职业介绍所核定、签约、审批办证程序、经营公司职责、选派、收费、附则共8章，条文共45条。其主要内容有：

1. 管理体制的主要内容

商务部对在澳门特区开展劳务合作进行归口管理；港澳办（即国务院港澳事务办公室）负责总体政策指导和协调；中联办（即中央人民政府驻澳门特别行政区联络办公室）负责联系并协助内地主管部门管理经营公司（即输澳劳务经营公司）在澳设立的职业介绍所，并指导协会（即中资[澳门]职业介绍所协会）的工作（第3条）。在澳注册的职业介绍所协会是非营利性的行业自律性组织，由每个有输澳劳务经营权的公司在澳注册的职业介绍所组成，负责内地输澳劳务人员在澳门的服务、协调、监督和管理等工作（第5条）。

2. 经营公司及其职业介绍所核定

只有经过商务部会同港澳办并征求中联办的意见后核定的公司才有对澳门特区开展劳务合作业务的资格（第7条），此类经营公司应经过商务部会同港澳办审批在澳门特区注册设立职业介绍所（第6条、第8条）[①]。

3. 签约

存在三种合同：第一种是由经营公司设在澳门的职业介绍所和澳门特区雇主签订的《提供劳务合同》（第10条）；第二种是内地劳务人员和澳门特区雇主签订的《劳动合同》，该合同中与劳务人员合法权益相关的内容应与《提供劳务合同》一致（第12条）；第三种是经营公司与拟选派的内地劳务人员签订的《赴澳门特别行政区劳务派遣合同》，其内容应以其职业介绍所与澳门特区雇主签订的《提供劳务合

---

① 而根据《对香港地区开展劳务合作管理办法》第7条的规定，开展输港劳务业务的经营公司也需要在香港注册领取牌照，因此，在澳门特区注册设立职业介绍所和在香港注册领取牌照这两种制度具有相似性和可比性。

同》为依据(第 11 条)。其中前 2 种合同的标准范本由内地主管部门和澳门特区政府商定(第 13 条),第 3 种合同的标准范本由商务部提供[139]。

4. 审批办证程序

商务部审核有关材料,对合格的项目出具《对香港、澳门特别行政区劳务合作项目审批表》(第 14 条)。项目申请被批准后,经营公司将拟派往澳门的劳务人员的相关材料报送港澳办审核,对审核合格的人员,港澳办出具《赴澳劳务人员审核意见》(第 15 条)。另外,该办法对劳务人员的替换、原合同期满后的续期、劳务人员的转工等所需的程序性问题都有具体规定。

5. 经营公司的主要职责

经营公司应督促其在澳职业介绍所及其管理人员严格履行各项职责(第 21 条);协助劳务人员与雇主签订《劳动合同》(第 22 条);其在澳职业介绍所应为所派劳务人员办理工作时间以外在澳的医疗及人身意外伤害保险,保费由劳务人员和经营公司分别承担一半(第 23 条、第 38 条);负责办理劳务人员的赴澳《通行证》和签注,并督促其在澳职业介绍所及时为劳务人员办理《通行证》的换发、补发,签注延期,免税本等手续(第 24 条),等等。

6. 劳务人员的选派

除了和普通对外劳务合作基本相同的一般性规定外,还明确规定赴澳劳务人员在派出时应年满 18 岁,原则上不超过 55 岁,而且在澳门连续工作时间不超过 6 年(第 33 条)。

7. 收费制度

经营公司可在派出前向劳务人员一次性收取数额不超过劳务合同工资总额 12.5%的服务费(第 36 条)①。同时可向劳务人员一次性收取履约保证金,其数额不超过 3000 元人民币,并在劳务人员履约完毕或因劳务人员无责任的情形而返回内地并上交《通行证》后的 1 个月内全额予以退还(第 37 条)②。

特别值得一提的是,不同于对港劳务合作有两个文件,即《对香港地区开展劳务合作管理办法》和《对香港特别行政区开展高级劳务合作业务的暂行管理办法》,此处的《内地对澳门特别行政区开展劳务合作暂行管理办法》不仅适用于对澳普通劳务合作,也可适用于对澳技术劳务合作或者高级劳务合作③。这正是由于后一

① 而对港劳务合作收取的服务费虽然比例也是 12.5%,但却不是以劳务合同中规定的工资数额为计算依据,而以港府核定的劳工月底薪为计算依据,并不得超过之。

② 关于取消履约保证金的收取及其处理问题,参见前引《商务部办公厅关于贯彻落实内地输澳劳务管理体制改革(有关问题)的紧急通知》的相关内容。

③ 参见前引《商务部办公厅关于贯彻落实内地输澳劳务管理体制改革(有关问题)的紧急通知》的相关内容。

法律文件出台时间在后,立法指导思想和具体技术进一步完善的表现,这也完全符合本书的一个主旨思想,即通过整合,逐步使性质相同或相似的法律文件由分散琐碎走向集中统一,以利于学法、守法、执法和后续立法。

(七)《关于自费出国留学有关问题的通知》

该通知由原国家教育委员会于 1993 年 7 月 10 日发布,自 1993 年 8 月 10 日起施行[①],并要求"本通知作为内部文件掌握执行,不在报刊上公开刊登",这是我国当时政策法规不够公开透明的一个典型体现。该通知体现了党和国家"支持留学、鼓励回国、来去自由"的出国留学政策方针,但由于当时我国高校中存在公费生和自费生并存的情况,所以在他们自费出国留学时采取区别对待的办法,即中等学校毕业生、在校自费大学生和自费大学毕业生申请自费出国留学,可直接到公安机关办理手续,而大专以上的公费在校学生和公费培养的具有大专以上学历人员只有在国内服务一定年限或偿还高等教育培养费后才可申请自费出国留学[②]。该通知并未直接对自费出国留学人员学成后在境外就业采取鼓励或限制措施,但对他们的学成后回国就业却有明确规定,即"国家鼓励自费出国留学人员学成后回国工作,要求用人单位将他们与公费留学回国人员同样对待,并为他们提供必要的工作和生活条件"。

(八)《国家留学基金资助人员派出和管理若干问题的规定》

该规定是 1996 年出台的在公费留学管理方面内容比较全面的一个文件,其中与出境就业有关的规定主要有两点。第一点是其中第 8 条"留学人员若干违约情况的处理"中列举的第 3 种情形,即对"从事协议规定以外的工作"[③](也即变留学为出境就业)的留学人员,一般给予批评并令其改正。如仍不改正,应按违约处理,要求其作出经济赔偿。第二点是其中第 12 条规定的对待违约人员的态度,应该"如同对所有留学人员一样",同样应执行国家的有关政策,同样应给予关心和爱护。由此可见,国家对变公费留学为出境就业的人员持宽容态度,只要其承担了违约责任并进行了经济赔偿,就不再追究其他责任。这反映了那个时期管理部门对此种行为的态度:一方面从国家财政角度来看要求经济赔偿体现了社会公平,另一方面他们的出境就业行为于自身有利但也未对国家利益造成损害。

---

① 在该通知出台的同时还发布了《对执行〈关于自费出国留学有关问题的通知〉的说明》。

② 在全面实行高等教育收费制的情形下,该规定已不具有现实意义。

③ 这里的"协议"是指留学人员出国前与国家留学基金委签订的《资助出国留学协议书》。

(九)《国家公派出国留学研究生管理规定(试行)》

该规定是 2007 年 7 月 16 日由教育部和财政部出台的文件,与出境就业问题有关的内容有:除了在职人员以外的公派研究生原则上应与推选单位签订意(定)向就业协议后方可派出(第 7 条);公派研究生应按期回国(第 32 条)并按与国内有关单位的定(意)向协议或国家有关就业政策和规定就业(第 33 条);公派研究生回国后应在国内连续服务至少两年(第 36 条);未按规定期限回国超过 3 个月以上或未完成两年的回国服务期应视为全部违约,应赔偿全部留学基金资助费用,同时必须支付全部资助费用30%的违约金(第37 条)。由此可见,此文件在对待公派留学人员出境就业的态度上已发生一定变化,管理部门已充分认识到公派研究生是宝贵的人才资源,对这类高端人才的出境就业,应采取"奖入限出"的政策导向。

(十)《中华人民共和国公民出境入境管理法》及其"实施细则"

该法是 1985 年 11 月 22 日由第六届全国人民代表大会常务委员会第十三次会议通过并于 1986 年 2 月 1 日起施行;该"实施细则"是 1986 年 12 月 3 日由国务院批准公布并于公布之日起实施。其中与出境就业有关的内容主要有:公民因公务出境的护照由外事部门颁发,公民因私事出境(如自费留学和就业)的护照由公安部或者公安部门颁发,海员因执行任务出境所用的海员证由港务监督部门颁发(《中华人民共和国出境入境管理法》第 12 条);出境就业,在向户口所在地的市、县公安局出入境管理部门提出申请时,须提交聘请、雇用单位或者雇主的聘用、雇用证明("实施细则"第 4 条);出境定居必须到当地公安派出所(或者户籍办公室)注销户口,如果是短期出境须办理临时外出的户口登记("实施细则"第 7 条)。

该法律及其实施细则存在的一个重要问题是出境手续不够简化,如公民因私事出境所需的护照应在户口所在地的市、县公安局出入境管理部门一次性申办,但为方便我国公民出境就业等活动,提高办事效率,并无必要每次出境都需经当地公安部门审批同时领取出境登记卡。又如短期出境(如出境就业)办理临时外出的户口登记似乎也无必要。《中华人民共和国出境入境管理法(草案)》已对此类规定作出改变。

三、我国出境就业相关立法的征求意见稿评析

此类征求意见稿主要包括《对外劳务合作管理条例(征求意见稿)》(商务部起草稿)、《对外劳务合作管理条例(征求意见稿)》(国务院法制办公室起草稿)和《中华人民共和国出境入境管理法(草案)》等。

（一）《对外劳务合作管理条例（征求意见稿）》（商务部起草稿）

该征求意见稿是商务部在2009年6月17日通过其官方网站对外公布并征求意见的，分为总则、经营资格、外派劳务活动、外派劳务培训、外派劳务人员、境外就业服务活动、促进和服务、监管和协调、法律责任、附则，共10章80条。此征求意见稿起草的背景是当时正处于2008年底全球金融危机爆发、加剧和扩散之时，境外雇主解约、拖欠工资等现象屡屡发生，境外劳务纠纷和突发事件存在蔓延势头。总体来看，该征求意见稿内容比较全面、系统，具有一定的现实针对性，但部分内容和条文在实务界和学术界分歧较大，现对网上所征询的意见、建议和笔者的实际访谈调研的记录进行归纳整理，以便对我国出境就业立法的制度构建提供参考。

1. 对本条例征求意见稿内容的总体评价

出台条例的初衷是好的，是为了促进对外劳务合作的健康发展，意见稿的内容也比较细致、全面。但征求意见稿对劳务人员自身应承担的义务等条款规定过于简单，而对对外劳务合作企业的管理过于严厉苛刻，罚款条款过多过细。纵观本意见稿，给人的印象是更多地强调保护劳务人员的权益而漠视经营公司的利益，对经营企业的监管过多而扶持不足。我国的对外劳务合作企业的竞争对手不仅仅是来自国内的同行，更为强大的竞争对手来自国际上的菲律宾、越南、巴西等国，这些国家也纷纷要在国际劳务市场分得一杯羹。对外劳务合作企业还很弱小，羽翼未丰，也需要保护，需要国家保驾护航而不是在其前进的道路上设置障碍。该条例生效后可能又要重演《劳动合同法》实施时所引发的巨大震荡和争议的局面。

也有学者指出，不应对企业和公民具有的宪法上经济自由的权利进行过多的限制，不要对公民去国外工作这件事设置过高的门槛。从长远来看，应该积极鼓励对外劳务合作事业的发展，不能因为几起涉外劳务事件的发生就因噎废食，用过于严厉的条款来约束企业，这既违反了市场规律，也不符合依法治国的精神。

2. 对第1条立法目的①的意见

虽然提出要保护境外务工人员和对外劳务合作企业的合法权益，但纵观整个条例条文，很少有保护外派企业的内容，很多是规定禁止和不准的。市场化的东西太少，行政约束的东西太多。保护劳务人员的合法利益很好，但约束劳务人员遵守合约和所在国法律的具体规定和惩罚措施却基本没有。也有人提出保护对象应加上“外派劳务培训机构”。

---

① 第1条内容：为规范对外劳务合作，保护境外务工人员和对外劳务合作企业的合法权益，加强对外劳务合作的监督管理，促进对外劳务合作健康发展，制定本条例。

3. 对第 2 条、第 3 条所界定的相关概念[①]的意见

为了使语言更通顺，应将第 2 条“从事对外劳务合作的企业，称为对外劳务合作企业”改为“从事对外劳务合作经营活动的企业，称为对外劳务合作企业”。即加上“经营活动”几个字。同样，第 3 条对“外派劳务企业”和“境外就业服务企业”的定义，也应加上“经营活动”字样。既然对“对外劳务合作”、“对外劳务合作企业”、“外派劳务”、“外派劳务企业”、“境外就业服务”、“境外就业服务企业”等概念都进行了明确定义，那也应当对本条例的另外一对概念“外派劳务培训”和“外派劳务培训机构”进行定义，建议在第 3 条与第 4 条之间增加 1 条规定：“本条例所称外派劳务培训，是指外派劳务企业拟派出的各类劳务人员(包括劳务性质的研修生等)在出境前应接受的适应性培训。本条例所称的外派劳务培训机构是指经核准的具有外派劳务培训资格的单位”[②]。建议取消第 3 条中的“协助其依法履约”字样，因为依法履约是签约主体双方的责任和义务，第三方并无协助的义务。另外，由于涉及法律责任承担问题，所以，应在此处将外派劳务企业和境外就业服务企业提供的劳务服务是派遣性质还是中介性质定性清楚。

4. 对第 4 条对主管部门的设置及其职责规定[③]的意见

对外劳务合作管理涉及方方面面，除了商务主管部门外，还需公安、工商、人力资源和社会保障、外事等部门的密切配合。目前，对外劳务输出市场中介泛滥，无资质的企业、机构甚至个人都在从事劳务输出，他们在相当程度上成了对外劳务合作市场的主体，已经严重干扰了有资质的合法的对外劳务合作企业的正常经营活动。商务主管部门表面上是管了对外劳务合作企业，但实际上对市场上的非法中介和混乱局面几乎是无能为力的。近几年来，边境口岸虽然与时俱进地放宽了公民出入国境的条件要求，满足了公民出入境的便利需要，但同时也给非法中介组织派遣劳务以可乘之机。

建议商务部在条例出台前，展开多层次的深入调研，充分考虑市场的实际情

---

① 第 2 条内容：本条例所称对外劳务合作，是指中国企业组织或协助中国公民赴境外为境外雇主工作并取得劳动报酬的活动，分为外派劳务和境外就业服务。从事对外劳务合作的企业，称为对外劳务合作企业。第 3 条内容：外派劳务是指中国企业受境外有权招收外籍劳务的企业或机构委托，按照约定有组织地招收、选拔、派出中国公民赴境外务工并协助其依法履约的活动。从事外派劳务的企业称为外派劳务企业。境外就业服务是指中国企业为中国公民自行赴境外务工提供咨询服务的活动。从事境外就业服务的企业称为境外就业服务企业。境外务工人员是指通过对外劳务合作赴境外工作的中国公民，分为外派劳务人员和境外就业人员。

② 此建议参考了原对外贸易经济合作部 2002 年 1 月 24 日发布的《外派劳务人员培训工作管理规定》(修订稿)(对外贸易经济合作部令 2002 年第 1 号)第 2 条、第 3 条的内容。

③ 第 4 条内容：国务院商务主管部门和各有关部门在各自职责范围内负责指导监督全国对外劳务合作工作。

况，密切与公安、工商、人社、外事等部门的沟通联系，对劳务人员的出境进行有效管理（比如：劳务人员出境需提交有关商务主管部门或有资质的经营公司核发的劳务出境证明），以堵塞非法中介组织派遣劳务的出境渠道，从而为有资质的对外劳务合作企业合法经营提供良好的外部环境。总之，如何加强各级商务部门和公安、工商、人社、外事等部门在对外劳务合作管理方面的协调配合，以便合理分工、明确责任，这是需要深入调研分析并切实加以解决的问题。

5. 对第 6 条设置两类经营资格规定①的意见

对此，有两种意见，第一种意见是原则上同意本条所规定的对外劳务合作经营资格可分为两类，但认为“两类经营资格不得同时持有”并无道理，应当规定“两类经营资格必须经过政府主管部门分别核准”或“凭一种资格，只能从事一种活动”。第二种意见是不同意将对外劳务合作经营资格分为两类，认为外派劳务和境外就业服务应被视为基本相同的业务，如果考虑到历史因素而设置两种资质②，在实际操作中会产生种种弊端。

从征求意见稿看，似乎将外派劳务企业定性为受《劳动合同法》约束的“劳务派遣”企业，基本上要承担“用人单位”的义务；将境外就业服务企业定性为一种社会中介组织，为公民个人“自行赴境外务工”服务。但实际上不少所谓的“境外就业服务企业”也在变相从事外派劳务业务却很难被有关部门区分和查处。而在现阶段，由于我国对外劳务人员整体素质不高，一方面他们可能无法将这两类经营企业区分开；另一方面只要他们在境外的权益没有得到保障，甚至只要其在国外的所得没有达到自己的期望值，都有可能引发各类涉外纠纷，而国外的相关部门是不会管我们是以何种名义、何种方式将务工人员派遣出境的，即是说，国内这种两类经营资格的划分对国外雇主并无多少实际意义。也有人认为，境外就业服务企业和移民、留学、涉外婚介等因私出入境服务机构非常相似，容易混淆。因此，不少网民建议

---

① 第 6 条内容：对外劳务合作实行行政许可。从事对外劳务合作的企业应当取得对外劳务合作经营资格。对外劳务合作经营资格分为外派劳务经营资格和境外就业服务经营资格。两类经营资格不得同时持有。

② 根据 2002 年 5 月 14 日公布《境外就业中介管理规定》规定，“境外就业中介”是指为中国公民境外就业或者为境外雇主在中国境内招聘中国公民到境外就业提供相关服务的活动。经批准，从事该项活动的机构为境外就业中介机构。境外就业活动的归口管理部门是劳动保障部门。而根据商务部 2008 年 12 月 29 日“关于做好境外就业管理工作的通知”（商合发[2008]525 号）规定，境外就业管理职责划归商务部，按照“统一政策，统一管理”的原则，境外就业和外派劳务统称为对外劳务合作。该通知同时要求，持有 2008 年 7 月 1 日之后仍有效的由劳动保障部门颁发的“境外就业中介机构经营许可证”的境外就业中介机构，在选择缴纳了开办两类企业要求有所不同的备用金后，可申请换领有效期为 3 年的“对外劳务合作（外派劳务）经营资格证书”或“对外劳务合作（境外就业）经营资格证书”。

只设置一种资质，就是一种类似"中介"性质的特殊的对外劳务合作，认为从长远来看，这有利于涉外劳务纠纷的处理，减轻国家在出现劳务纠纷时"包办一切"的负担，也可以避免或减少一些外交纠纷的发生。

6. 对第 7 条申请外派劳务经营资格应当具备条件规定[①]的意见

对此存在两种相反的意见。一种意见认为该条规定的申办条件相对来说有宽松动向，符合"走出去"政策，值得提倡。只要是合法的、有兴趣的、有能力的相关企业，都应该允许申请经营许可证。同时认为第 7 条(也包括第 8 条)中的"法律法规规定的其他条件"应该明确具体，如是否仍然指商务部现行的有关规定。另一种意见认为，对申请外派劳务经营资格条件放宽，不合国情。我国的对外劳务合作企业数量已经饱和，如果数量继续增多，势必造成对内因争夺劳务市场而恶性竞争，对外却让利给外国雇主或同行竞争者。同时如果申请条件放宽，会造成外派企业良莠不齐，不便于管理。因此建议提高准入门槛，控制企业数量，维护市场平衡。另外，应根据不同的地区制定不同的政策，如偏远地区、贫困地区应当相应降低缴纳备用金的标准。

7. 对第 9 条申请对外劳务合作经营资格程序规定和第 10 条县级以上人民政府及其商务主管部门监管职责规定[②]的意见

第 9 条(也包括第 32 条)关于对外劳务合作经营资格及外派劳务培训机构资格的申报，应增加"先向县级人民政府及其商务主管部门提出申请并提交相关资料，由县级商务主管部门初审并决定是否转报省级商务主管部门"的规定。至少要规定省级商务主管部门批准前，应通过某种方式征询县级人民政府或其商务主管部门的意见。因为条例第 10 条规定了县级以上人民政府及其商务主管部门监管职责，第 59 条和第 62 条规定了县级以上人民政府制定本地区对外劳务合作管理办法和处理本地区外派劳务企业境外劳务事件的职责，而县级以上

---

① 第 7 条内容：企业申请外派劳务经营资格，应当具备下列条件：(一)具有企业法人营业执照；(二)具有固定的、与开展外派劳务相适应的经营场所；(三)具有一定数量的与开展外派劳务相适应的经营管理人员；(四)具有健全的经营管理制度；(五)具有足额缴纳外派劳务备用金的能力；(六)企业及企业法定代表人 3 年内没有重大违约行为和重大违法记录；(七)法律法规规定的其他条件。

② 第 9 条内容：企业申请对外劳务合作经营资格，应当向所在地省级商务主管部门提出申请并提交相关材料。省级商务主管部门应当自收到企业申请材料之日起 30 日内进行审查，做出批准或者不予批准的决定。予以批准的，由省级商务主管部门颁发外派劳务经营资格证书或境外就业服务经营资格证书；不予批准的，书面通知申请人并说明理由。第 10 条内容：县级以上人民政府及其商务主管部门以及行业组织在工作中发现对外劳务合作企业不再具备相关条件的，应当通知省级商务主管部门责令其限期整改；逾期仍达不到相关条件的，由省级商务主管部门吊销其经营资格证书。

人民政府及其商务主管部门如果不掌握这些企业和机构的申报信息,就很难履行上述职责。

8. 对第12条签署《外派劳务合作合同》应征求驻外使领馆意见规定①的意见

首先,认为"签订合同前应当征求外派劳务人员境外工作目的地中国驻外使领馆意见"的规定不具有可操作性。具体理由及修改意见有:

第一,每个项目、每个批次都要征求我国驻外使领馆意见并无必要,比如针对长期合作的同一客户在不同时间分批选派劳务人员的情况,又如与日方外派劳务合作合同几乎是千篇一律。可修改为:签订合同前,按照国务院商务主管部门相关文件规定②,对应征求驻外使领馆意见的项目,外派劳务企业必须征求意见。这样就避免了对一些成熟市场、成熟项目也征求意见的问题,减轻了各方工作量,也与以前的规定不冲突。

第二,该规定对海员劳务外派业务无法操作,因为海员工作岗位在船上,无固定居所,具有分散、流动的特性,加上很多船东根据国际惯例用其国外注册的公司名称与中国劳务公司签署合同,这都使对海员的劳务派遣征求中国驻外使领馆的意见实施难度大,审查时间长,建议对海员劳务外派业务按已颁布的"船员条例"和国家海事局的"船员服务机构管理规定"执行,即由海员行业主管部门审批,或改为向劳务公司所属省商务机构备案即可。

其次,应将第12条和14条中的"10日"和"15日"两个时间修改为"3日"和"5日"以提高效率,超时不答复即可视作默认。最后,由于现实中大量劳务合作合同内容涉及的相关劳动报酬标准等内容,均远远低于境外雇主所在国家或者地区的法定标准,因此建议本条增加第二款内容,即"外派劳务合作合同的条款应符合中国和雇主所在国家或者地区的法律规定"或"劳务合作合同中有关劳务人员劳动待遇、劳动条件等内容不得违反境外雇主所在国家或者地区的法律规定"。也可把这种规定纳入本条例第13条关于《外派劳务合作合同》主要条款的规定里。

---

① 第12条内容:外派劳务企业开展外派劳务活动,应当与境外有权招收外籍劳务人员的企业或机构签署《外派劳务合作合同》,签订合同前应当征求外派劳务人员境外工作目的地中国驻外使领馆意见。使领馆应当在收到征求意见函之日起10日内,就境外雇主有关情况、当地外派劳务业务发展环境等事项回复意见。

② 指原外经贸部关于印发《对外劳务合作项目审查有关规定》的通知(外经贸合发[2002]137号文)规定的范围,具体指:1. 经营公司首次自行签约进入某国(地区)市场开展对外劳务合作业务;2. 经营公司所签合同派出劳务人员数量较多或向服务行业派出女性(标准由外经贸主管部门自行掌握);3. 其他需我驻外使领馆经商机构确认的事项。

9. 对第 15 条有关签订《外派劳务合同》和《雇佣合同》或《劳动合同》规定[①]的意见

应明确规定外派劳务人员和对外劳务合作企业签订的《外派劳务合同》到底属于什么性质的合同。

从近几年的实践来看,对外派劳务人员和对外劳务合作企业因合同发生的纠纷,有的人民法院以《合同法》裁决,有的以《劳动合同法》裁决。而最高人民法院曾就山东省高院和黑龙江省高院的请示批复,认为上述合同属于平等民事主体之间的商事合同,应以《合同法》裁决。但自《劳动合同法》实施以来,各地人民法院以劳动关系受理此类案件的情况越来越普遍。具体到赴日本研修生业务来看,研修生赴日本后,与雇主有相应的劳动合同(待遇书),其工资(津贴)由雇主直接支付给研修生,由此可见,研修生派遣合同应是受《合同法》所调整的居间合同,而不是劳动合同性质。至于海员劳务外派这一块业务,由于各国现行的法律法规规定不一致,建议规定免除劳务人员与雇主直接签订《雇佣合同》或《劳动合同》的要求[140]。

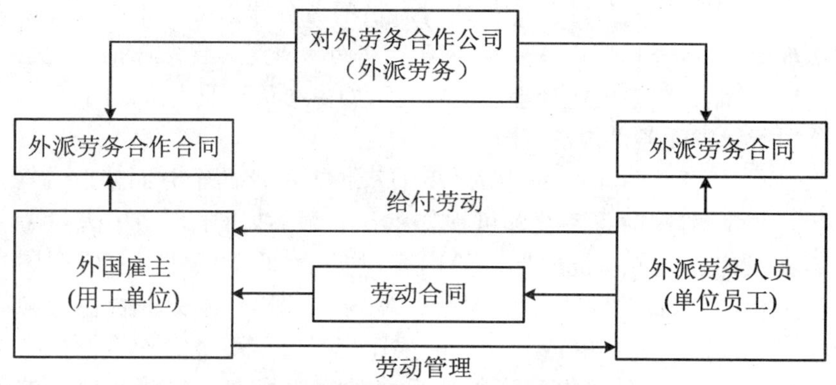

图 3　我国外派劳务活动关系简图

(根据商务部《对外劳务合作管理条例》征求意见稿绘制)

10. 对第 16 条有关外派劳务企业跨省招收劳务人员规定[②]的意见

对此有两种意见。第一种意见认为现在是劳动力资源全国大流通,如:安徽籍在江苏省工作,河南籍在北京工作等等,天南海北哪儿都有。如果青岛的外派劳务公司派外地户口劳务人员都要去其户籍所在地备案的话,会极大增加成本支出。

---

① 第 15 条内容:外派劳务企业应当直接与外派劳务人员签订《外派劳务合同》,并协助外派劳务人员与境外雇主签订《雇佣合同》或《劳动合同》,上述合同中的主要条款内容应与《外派劳务合作合同》保持一致。

② 第 16 条内容:外派劳务企业跨省招收劳务人员,应当向劳务人员户籍所在地省级商务主管部门备案。

建议改为："应当向劳务人员工作地的省级商务主管部门备案。并按商合发[2008]343号文件执行"[①]或"按照第三章第十四条规定在外派劳务企业注册地商务主管部门备案。"

第二种意见认为，应增加劳务人员户籍所在地县级商务主管部门出具同意函（如江苏做法）和备案的规定。只有实行户籍所在地县级商务主管部门备案制度，使其掌握本地外派劳务人员详细信息，才能在境外劳务事件发生后，方便劳务人员户籍所在地县级以上人民政府配合处置。建议改为："外派劳务企业招收劳务人员，应当在劳务人员户籍所在地县级商务主管部门出具同意函后向省级商务主管部门备案。"

11. 对第17条关于为劳务人员办理境外务工手续规定[②]的意见

建议增加对外派劳务人员申请护照的管理。应当先由劳务人员户籍所在地县级以上商务主管部门对外派劳务人员或外派劳务合作项目进行审查确认，公安机关凭此确认书再决定是否办理护照[③]。

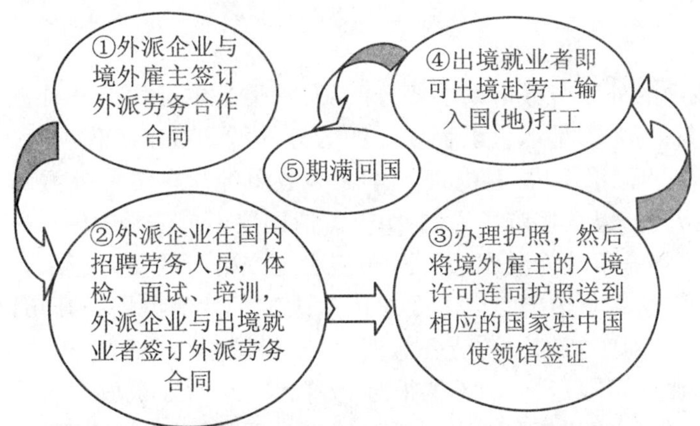

图4　我国外派劳务人员出境就业手续办理流程图

（根据商务部《对外劳务合作管理条例》征求意见稿绘制）

---

① 指2008年9月5日商务部、外交部、公安部、工商总局发布的《关于实行外派劳务招收备案制的通知》（商合发[2008]343号）。

② 第17条内容：外派劳务企业向境外派出劳务人员，应当保证为劳务人员办妥出入境、境外居留、工作许可等合法手续，不得以商务、旅游、留学等名义为劳务人员办理境外务工手续。

③ 根据1986年12月3日发布的《中华人民共和国公民出境入境管理法实施细则》第4条规定，出境就业办理护照时，须提交聘请、雇用单位或者雇主的聘用、雇用证明；根据2006年4月29日发布的《中华人民共和国护照法》第6条规定，公民申请普通护照，应当提交本人的居民身份证、户口簿、近期免冠照片以及申请事由的相关材料，并未明确要求提交有关部门的确认书。因此该意见是否符合现行《护照法》值得商榷。

12. 对第 20 条关于外派劳务企业报送材料和报告情况规定[①]的意见

对此有两种意见。第一种意见认为要求“向中国驻外使领馆报告在当地外派劳务人员情况”并无必要，而且对流动、分散的海员劳务来说可操作性不强。例如，报告哪些情况？如何报告？建议修改为：“在驻外使领馆需要时，及时报告当地劳务人员的情况；在发生突发事件时，向驻外使领馆及时报告情况并接受其指导。”第二种意见认为可删除“向中国驻外使领馆报告在当地派出劳务人员的情况”的内容，因为地方商务主管部门按现行要求每月需要向商务部报送材料，现要求商务部主管部门每月向各有关驻外使领馆通报即可，这样即规范又节省了很多企业与政府重复工作的成本和时间。

13. 对第 22 条有关外派劳务企业收费规定[②]的意见

来自经营公司的工作人员对此条规定意见较大。

第一，认为“外派劳务企业可向外派劳务人员收取不超过其合同工资总额 10%的服务费”的规定很不可取。很多意见指出，外派劳务企业向劳务人员收取的服务费在 20 世纪 90 年代时是合同工资总额 25%，现已下降到 12.5%，而各种成本却不断上升。

目前，我国的外派劳务市场主要分两类，一类是单纯的劳务外派，如派往日本的研修生业务；另一类是承包工程项下的劳务外派。对于工程项下的劳务派遣收取 10%的服务费似乎不成问题；而对于大多数单纯从事劳务外派的企业，将会在经营上陷入困境。以日本市场为例，由于派遣国家不单纯是中国，还有其他几个国家，因此，该市场竞争较为激烈；另外，即使雇主严格履约支付报酬，仍不时发生劳务人员逃逸、非法滞留情况。以上两个因素决定了日本市场的开拓以及维持费用居高不下。又如对于新加坡的劳务派遣，由于该国中介公司也要收取一定的服务费用，所以若服务费限定为 10%就很难有盈利空间而导致放弃合作。另外，劳务外派企业对所派遣的劳务人员需要跟踪管理直至其回国，并出面协调解决所有在境外发生的违法、工伤、纠纷等事件，即使在正常工作情况下每年也要对劳务人员的工作及生活情况至少巡访一次，所以，仅有 10%的服务费远远不能抵补上述管理所产生的费用。

总之，企业“走出去”开发客户、维护客户的成本是非常高昂的，这样的收费标准在各项成本日益高涨的今天会使企业因无利可图而放弃经营。因此，收取工资

---

① 第 20 条内容：外派劳务企业应当按月向注册地省级商务主管部门报送统计材料，并向中国驻外使领馆报告在当地派出劳务人员的情况。

② 第 22 条内容：外派劳务企业可向外派劳务人员收取不超过其合同工资总额 10%的服务费，并开具税务发票，不得以其他名义向外派劳务人员收取或要求外派劳务人员向其他任何企业、机构或个人另行支付费用。国务院商务主管部门可对收费限额和期限做出规定。

总额 10%的服务费明显太低，仍按原有标准 12.5%收取较适当。

第二，关于服务费的项目和内容的规定。条例没有明确 10%服务费的项目和内容是什么，建议规定服务费不含报名费、培训费、考试费、体检费、护照费、签证费、公证费、申请工作许可支付的律师费、国内差旅费、国际往返机票费等费用。这些费用除外方雇主明确由其提供的以外，均应由劳务人员承担[①]。如不加以明确规定，将会引起劳务人员对企业收费的误解而导致纠纷。

第三，关于开具税务发票问题。税法对此已有规定，建议按已有法律法规执行。对于允许外派劳务企业收取的各项代收代缴费用，建议能参照旅游业使其享受扣除代收代缴费用后的差额纳税政策。另外，如需按劳务人员在外实际工作时间退还部分服务费，则应允许扣除外派劳务企业已就该部分服务费所上交的税(费)。

14. 对第 23 条关于确保境外雇主投保规定[②]的意见

雇主是否为外派劳务人员投保合同期内的医疗和人身意外伤害保险，要根据雇主企业所在国劳工法有无强制性规定而定，我国外派企业无法确保。建议规定外派劳务企业在不能"确保境外雇主在外投保医疗和人身意外伤害保险"的情况下，应自行在国内投保不低于 20 万人民币保险金额的医疗和人身意外伤害保险。同时，雇主企业所在国劳工法对投保如有刚性规定，外派劳务企业应当在合同中明示雇主为劳务人员投保合同期内的医疗和人身意外保险要符合当地标准。

15. 对第 24 条(包括第 37 条、第 45 条)关于禁止要求外派劳务人员提供动产或不动产担保和外派劳务人员应当购买履约保证保险规定[③]的意见

经营企业对该部分内容反对意见较为强烈，理由是：

第一，购买履约保证保险不具有可行性。"履约保证保险"一是买不到，二是约束力不大，三是理赔困难。目前从试点实施履约保证保险的省市来看，保险公司积极性不高，而且不少省市履约保证保险实际上没有一家保险公司(包括平安保险)

---

① 根据财外字(97)8 号文即《对外经济合作企业外派人员工资管理办法的补充规定》(其中第 10 条根据财企[2003]278 号文即《财政部、商务部关于取消对外经济合作企业向外派劳务人员收取履约证金的通知》规定自 2004 年 1 月 1 日已失效)规定，劳务人员办理出境手续杂费，即劳务人员的护照费、签证费、体检费、培训费、交通费等应由劳务人员另行按实承担。

② 第 23 条内容：外派劳务企业应当确保境外雇主已为外派劳务人员投保合同期内的医疗和人身意外伤害保险。

③ 第 24 条内容：禁止外派劳务企业超标准收费，禁止要求外派劳务人员提供动产或不动产担保。第 37 条内容：外派劳务培训机构不得委托或授权任何单位、企业或个人开展培训，不得要求外派劳务人员提供动产或不动产担保。第 24 条中的担保用"禁止"，第 37 条中的担保用"不得"，应该统一。第 45 条内容：外派劳务人员应当购买履约保证保险。

愿意承保，要求劳务人员投保实际上无法操作。另外，外派劳务人员一旦购买履约保证保险，就可能放松了对严守合同的自我要求和约束，导致违约概率增大。目前，我国的国内保险尚存在举证难和理赔难的问题，何况发生在境外的劳务事件，举证将会难上加难。保险公司如不能顺利理赔，就很难解决劳务纠纷，最终可能只是增加了保险公司的收益，对外派劳务公司意义不大。

第二，外派劳务人员违约风险很大。如在日本、韩国等发达国家，频频出现我国外派劳务人员脱岗逃跑事件，导致外派劳务企业的业务大受影响。目前外派劳务企业面临双重风险，劳务人员违约，境外雇主向外派劳务企业索赔；境外雇主违约，劳务人员也向外派劳务企业索赔。在没有履约保证金的情况下，同时禁止要求外派劳务人员提供动产或不动产担保，企业拿什么约束劳务人员，劳务人员违约成本几乎是零，单纯一纸合同又如何制约其违约行为，如果劳务人员出现违法违规行为时，又如何妥善处理劳务纠纷和突发事件，虽然本条例第 73 条规定劳务人员违法或违约要依法承担相应的责任，但实际上因存在法院判决执行难等问题，使劳务人员承担相应责任成了一句空话。

第三，禁止要求外派劳务人员提供动产或不动产担保违背了基本的法律原理。根据《立法法》的精神和宗旨，条例不应和国家的法律相抵触，但是本《条例》中明确规定对外劳务合作企业不得向外派劳务人员收取履约保证金和要求其提供动产或不动产担保，与《合同法》这部法律中的某些条款内容不符合。向劳务人员收取履约保证金或要求其提供一定形式的担保是合同法赋予合同当事双方的权利和义务，旨在公平公正地约束当事人双方都认真履行合同。

虽然劳务人员属于弱势群体，值得国家和社会去关注和同情，但是在某些案件中，劳务人员非法滞留、惹是生非等不遵纪守法的事件时有发生。如果没有一定的约束，尤其是经济约束，就难以确保劳务人员能很好地履行合同规定的义务，所有的风险将都由外派劳务企业承担，难以维护外派劳务市场的秩序。

为减轻劳务人员负担，劳务人员可以采取通过信贷等方式提供履约担保。如果劳务人员无主观意愿去违法违规，提供任何形式（包括不动产）担保都不会对劳务人员构成负担。

从长期实践来看，采取适当形式的担保，对保证合同的履行、维护当事人的诚信意识具有积极作用。合同中约定担保条款，符合合同的意思自治原则，政府不宜以公权力进行干预，而应该加以规范[141]。本条例在如何规范劳务人员行为方面没有切实有效的措施，为规范劳务人员履约行为，建议恢复履约保证金制度或允许提供其他形式的担保。

16. 对第 26 条有关备用金使用情形规定[①]的意见

主要有两点意见。第一，建议将第三项修改为："处置境外劳务纠纷或突发事件时需支付的应由外派劳务企业支付的款项"，因为如果是劳务人员个人责任或者蓄意闹事造成的劳务纠纷或突发事件，就不应该执行外派劳务企业的备用金。第二，建议将第六项修改为："省级商务主管部门依据有关规定和合同认为应当由外派劳务企业支付的其他款项"。实践证明，各地主管部门的政策水平差异较大，很容易出现"歪嘴和尚乱念经"的事，特别是在我国现阶段法律不健全的状况下更易产生主管部门在执法中的随意性。因此加入"依据有关规定和合同"的限定，使之减少了弹性和随意性，增加了法规的刚性及执法的严谨和准确度。

17. 对第 28 条关于外派劳务人员未经培训不得赴境外务工规定[②]的意见

认为第 28 条以及本条例的第四章"外派劳务培训"不适用于海员劳务外派业务。外派劳务人员包括在境外陆地工作人员和在境外船舶上提供服务的外派船员。本《条例》对陆地外派劳务人员及外派劳务企业权利、义务和责任做出详细规定，将对规范陆地劳务外派，促进陆地劳务外派发展发挥积极作用。外派海员具有一定的特殊性，他们和陆地外派劳务具有很大区别。陆地外派工作人员在外派前可能并未参加相关培训，对境外的法律、人文、礼仪等并不了解，外派前的集中培训有利于他们在国外的工作和生活。而外派海员在成为一名合格的国际船员前，必须在国家海事部门认可的培训机构参加学习或培训半年至四年时间，熟悉并掌握与职业有关的专业理论知识、国内外法律法规、国际公约、企业规章制度和外国语言、风俗礼仪、工作安全等知识并持有符合规定和要求的、被国际海事组织认可的相关适任证书。外派海员一般相对稳定在同一个境外船东所属船舶上工作，可能是境外船东的长期雇员，"外派海员"甚至成为其一种长期谋生的职业。

基于以上外派海员与境外陆上外派劳务人员的区别，本条例第 4 章第 28 条关于"外派劳务培训"的规定可不适用于外派海员业务[③]，同时建议外派海员培训应由经国家海事局按有关公约规定审批的海员培训机构组织进行，并允许在社会上

---

① 第 26 条内容：外派劳务企业应当向省级商务主管部门指定账户存缴一定数量的备用金，由省级商务主管部门在下列情况下决定使用：(一)外派劳务企业超标准收费且不予退还的；(二)外派劳务企业应退还劳务人员的费用且不予退还的；(三)处置境外劳务纠纷或突发事件时需支付的款项；(四)外派劳务企业因违法违规被处以的罚款；(五)经生效法律文件确定的应由外派劳务企业承担的对外派劳务人员的债务；(六)省级商务主管部门认为应当由外派劳务企业支付的其他款项。外派劳务企业应在备用金使用后的 30 日内补齐差额。

② 第 28 条内容：外派劳务人员应当接受必要的培训，未经培训不得赴境外务工。

③ 见交通部 1994 年 11 月 15 日的《关于外派劳务海员培训和〈海员证〉管理问题的函》(交函安监[1994]556 号)和交通运输部 2011 年 3 月 7 日发布的《中华人民共和国海员外派管理规定》(交通运输部令 2011 年第 3 号)。

招选经过培训并持有有效证书的海员。

18. 对第29条有关外派劳务培训机构须经认定规定[①]的意见

主要有以下几个方面的意见和建议。

第一，通过认定制度的改革提高外派劳务培训机构的质量。目前很多地区外派劳务规模不大，每年培训机构通过培训劳务人员获得的收益不足以支付运行费用，因此不少“外派劳务培训机构”不能独立存在，只能和当地职业培训学校或其他的培训机构联合，甚至同一机构两块牌子。针对外派劳务培训机构质量不高的现状，对其审批应严格把关，不能批得太多太乱。培训机构数量可由当地商务主管部门或外经企业协会根据本地区年度外派劳务数量的实际情况确定，避免由于培训机构过多产生教学管理人员和培训场地等资源浪费和培训质量的低下。而且对其应有年审制度，不合格的要取缔。经营企业如果不具备培训条件的也不可自行培训，否则将使培训流于形式。

第二，在条例中进一步明确培训机构的性质。如是否具有法人资格，是公办的还是民办的，是公益和非营利性的还是经营和营利性的。如果是公办的，那么发生境外劳务纠纷后政府应承担责任；如果是民办的公益和非营利性的，根据《民办教育促进法》，按教育培训内容不同，应分别由教育或劳动部门许可和管理；如果是民办的经营和营利性的，则由工商部门管理。因此，条例应规定商务主管部门与教育、劳动、工商部门在对培训机构的管理上如何衔接配合。

第三，建议将第29条(包括第30条)中的“单位”改成“机构”。

19. 对第30条外派劳务企业只能通过外派劳务培训机构招收外派劳务人员和外派劳务企业可以申请取得外派劳务培训机构资格规定[②]的意见

主要有以下几个方面的意见和建议。第一，明确外派劳务培训机构和外派劳务基地的关系。商务部、对外承包工程商会、各省市商务部门近年来一直在推广外派劳务基地，基地有选人、培训等功能，现在规定外派劳务培训机构是外派劳务人员招收的唯一渠道，这将外派劳务基地置于何种地位？因此，应对原各级商务部门确定的外派劳务基地的地位及职责进一步明确。

第二，对外派劳务提供报名服务和咨询的中介机构进行定位。该条规定实际上大大压缩了近几年来在外派劳务活动中发挥了重大和积极作用的外派劳务咨询和报名服务机构的存在空间。虽然这些中介机构的确存在了很多违规违法现象，

---

① 第29条内容：外派劳务培训由省级商务主管部门认定的外派劳务培训机构组织实施。未经认定的任何企业、单位和个人不得开展外派劳务培训。

② 第30条内容：外派劳务企业应当通过外派劳务培训机构招收外派劳务人员，不得委托其他企业、单位和个人招收或自行在社会上直接招选。外派劳务企业可以申请取得外派劳务培训机构资格。

但多数是由超范围经营和有关部门监管不到位造成的,应通过加强监管来解决,不宜全面取缔。应规定允许这类中介机构和培训机构共存,但不允许其从事外派劳务,只能进行咨询和报名服务,以解决外派公司招募劳务人员困难的问题。

第三,设立为外派劳务企业提供配套服务的官方专门机构。在取消非法中介的同时成立一个国家认可的机构来为经营公司提供服务是很有必要的,应做出明确具体规定,以便操作①。要保证派出劳务人员的素质,并做到收费合理、培训达标、出境后出现问题解决有力,需要借助政府之力。

第四,建议将外派劳务企业与培训机构合二为一作为未来发展目标。培训除了进行一些基本法律法规的培训外,不同的国家、不同的项目有不同的技能和语言等不同要求,必须根据国别、客户需求进行有针对性的培训,强制性要求必须统一到培训机构进行培训,不利于外派劳务活动的发展。如果外派劳务企业与培训机构分为两家的话,培训机构不从事外派劳务活动,不了解境外雇主对劳务人员的素质要求,这种脱节可能会导致培训出来的劳务人员不能满足境外雇主的实际需求,从而降低培训的意义。

因此建议将外派劳务企业与培训机构合二为一,从而提高培训的针对性和外派劳务人员在国际市场上的竞争力。可规定外派劳务企业必须具备培训的条件和能力,赋予其培训的责任和义务,并明确规定"谁签约,谁培训",不需要再另外设立培训机构。

现在外派劳务企业依规定可同时具有招人、培训、派出、管理的职能,这是不能改变的。因为对外签约的是外派劳务企业,出现问题是由其承担责任的。如果把整个业务中的某一环节硬性规定由其他机构来进行,那么出现问题却完全由外派劳务企业承担责任是不合理的。

第五,应明确规定外派劳务企业可以自行在社会上直接招选劳务人员。培训机构和自身拥有员工的企业不同,没有生源,如规定外派劳务企业必须通过培训机构招收劳务人员,那培训机构又通过什么渠道招生呢?如果让它通过中介公司或介绍人招生,无疑又增加了一道收费门槛。这种招聘环节的增加,说到底只是在现在的劳务人员招选环节上又加了一个机构,难免会增加劳务人员的出国经济负担。同时,培训机构很难满足外派劳务企业对劳务人员的需求。如对日研修生派遣业务中研修生有一百多个工种,通常是外派劳务企业与派出工厂合作,由外派劳务企业委托生产企业招聘选派人员,无需通过培训机构进行。另外,技能培训是社会化的行为,不是一家外派劳务培训机构所能包揽的,培训机构不是万金油,不可能对

① 该意见似乎被商务部2010年7月1日发布的《对外劳务合作服务平台建设试行办法》所采纳。

各种类型人才都有充分储备，对于一些特殊的、高端的人才或工种应当允许外派劳务企业自行招工，这样才能更有利于外派劳务事业的健康发展。

建议规定："外派劳务企业可自行在社会上招收外派劳务人员，也可通过外派劳务培训机构招选"，或规定"外派劳务企业应优先在外派劳务培训机构招收外派劳务人员，也可以通过其他方式直接招聘"。

第六，明确规定外派劳务企业与培训机构成功对接的具体细则。在确认外派劳务企业与培训机构并存和分立制度的前提下，如何保证培训机构能招选到满足外派劳务企业需求的人员、外派劳务企业能从培训机构招到合适的人员并解决好各自的利益分配问题需制定实施细则。同时对以下问题给出明确规定：外派劳务企业跨省招收外派劳务人员，是否要通过当地外派劳务培训机构招收[①]，外派劳务企业通过外派劳务培训机构招收外派劳务人员是否要向其支付费用。

第七，明确培训收费和奖励制度。过去培训工作都是由省级的商会和协会负责，由于这些社会团体没有收费权力，工作难以开展。建议具体规定劳务培训收费标准，并允许各地区根据不同情况按一定比例浮动，这符合市场经济规律的要求。另外培训机构培训出的劳务人员是有差别的，对去不同国家进行不同项目的劳务人员培训要求是不同的。因此，国家在制定培训收费制度时，建议针对不同国家、不同项目及岗位实行有差别的培训收费。另外，国家对包括国内的就业培训等多方面的社会公益事业都有专项资金扶植，建议对外派劳务培训也给予相应的资金支持和鼓励。例如，可以规定外派劳务培训机构每培训出一名合格的劳务人员，可以从国家得到一定金额的扶持资金补助等等。

第八，将外派劳务培训机构作为招收劳务人员的唯一合法平台的制度安排可行。持这种意见的人士认为，担心培训机构不能满足招人需求只是个借口，招人的渠道不应被对外劳务合作企业所独家垄断；反对的人除了担心之外，主要是涉及自身利益问题。当然实际操作起来要求培训机构及时掌握招工信息、外派劳务企业与培训机构双方密切配合才行。只有将外派劳务培训机构作为招收劳务人员的唯一合法平台才能从根本上取剔黑中介，这一条要坚持，不能变。

第九，关于备用金问题。按商合发[2004]63 号文《外派劳务培训管理办法》规定，经营公司（即外派劳务企业）就有对劳务人员的培训权[②]，而根据此征求意见稿第 29 条和本条规定，经营公司要另行成立培训机构才能进行培训。成立培训机构需要足额交纳备用金，这等于一个同时设立培训机构的经营公司需要交纳双份备

① 见本征求意见稿第 16 条内容：外派劳务企业跨省招收劳务人员，应当向劳务人员户籍所在地省级商务主管部门备案。

②《外派劳务培训管理办法》第 4 条规定：经营公司对外派劳务人员的培训可采取自行组织培训或委托相关培训机构培训的方式进行。

用金,加大了经营公司的负担,是否合适。条例出台后许多外派劳务公司为了经营利益考虑必然要申请培训资格,建议已具备一种资格再申请另一资格可适当放宽条件。

第十,技术性问题修改。建议将第 30 条第 1 款移至第 14 条与第 15 条之间,作为独立的一个条文,同时将第 30 条第 2 款作为第 29 条第 2 款。

20. 对第 33 条关于外派劳务培训机构招收人员应当具备何种条件规定[①]的意见

第一,是否必须招收"年龄满 18 周岁的中国公民"。劳务培训是对外劳务合作制度的重要部分,应把长期、中期、短期以及订单培训结合起来。为了调动培训机构的积极性和长期建设,可以允许招收不满 18 周岁的公民,例如,招收 16 岁的学员,学习 2 年后,就是 18 岁了,派出国也是可以的。鉴于对外承包工程公司派出的人员众多而且集中,易发生纠纷,建议规定对外承包工程公司在外派前,必须对外派劳务人员进行三个月左右时间的公司集训,这样便于劳务人员和公司相互了解,同时提高劳务人员素质,有利于后期管理。

第二,本条第 4 项规定"没有在境外务工违反所在国(地区)法律、法规的行为",但实际上外派劳务企业很难了解其以前在境外的具体情况,只有全面建立了"对外劳务合作不良信用记录"制度[②]的情况下,外派劳务企业才有可能了解这方面的信息。

第三,外派劳务培训机构能否确保向外派劳务企业所提供的劳务人员信息真实可靠。该征求意见稿对此缺少约束和法律责任条款[③],建议增加针对外派劳务培训机构未认真核实劳务人员信息或提供虚假的劳务人员信息的罚则。

---

① 第 33 条内容:外派劳务培训机构应当招收具备以下条件的人员:(一)年龄满 18 周岁的中国公民;(二)身体健康状况良好;(三)没有中国法律法规规定的限制出境情形;(四)没有在境外务工违反所在国(地区)法律、法规的行为。

② 见商务部、外交部、公安部、工商总局 2010 年 6 月 25 日的《关于印送〈对外劳务合作不良信用记录试行办法〉的函》(商合函[2010]462 号)的有关规定。

③ 本征求意见稿关于合法的外派劳务培训机构的法律责任主要包括第 70 条和第 71 条的规定。第 70 条内容:外派劳务培训机构出现下列情形之一的,由省级商务主管部门没收违法所得,并吊销其培训资格证书,并可处 50 万元以上 100 万元以下罚款:(一)委托或授权任何单位、企业或个人开展培训;(二)向培训人员超标准收费或要求提供动产、不动产形式的担保;(三)滥发外派劳务培训合格证;(四)发布虚假广告,欺骗或误导培训人员。第 71 条内容:外派劳务培训机构出现下列情形之一的,由省级商务主管部门视情节给予警告或责令停业,并可处 10 万元以上 20 万元以下罚款:(一)未在外派劳务人员与外派劳务企业签订的《外派劳务合同》上盖章见证的;(二)未将被招收劳务人员基本情况报注册地省级商务主管部门备案的。(对第 71 条有人建议将其取消,其理由见下文对第 36 条意见的分析。)

21. 对第 35 条有关外派劳务培训机构颁发培训合格证书规定[1]的意见

培训、发证集于培训机构一家，相当于会计、出纳一人担当。培训不到位、流于形式是导致劳务人员在境外违规的一个重要原因，而培训和考试合二为一又是导致培训走过场的制度诱因，而且出了问题，外派劳务企业和培训机构之间责任难以认定。建议实行“教考分离”制度，行前教育由外派劳务企业或培训机构负责，而组织考试和合格证发放由专门的考试中心负责。

22. 对第 36 条关于外派劳务培训机构应当盖章见证和报送备案规定[2]的意见

第一，《外派劳务合同》是外派劳务企业与劳务人员之间签订的关于双方权利、义务的协议，作为其依据的《外派劳务合作合同》在项目审查过程中需经驻外使(领)馆和商务主管部门审阅通过。《外派劳务合同》上已经加盖了外派劳务企业的合同章，培训机构作为合格证的颁发单位和合同之外的第三方，要求其在《外派劳务合同》上盖章见证似乎并无必要，特别是如果外派劳务企业同时又是培训机构，如此自己给自己盖章见证就更无必要了，而且对此处罚相对严重，建议取消该规定。

第二，由于外派劳务企业负有直接的管理并保护劳务人员权益的责任，因此其对“被招收劳务人员基本情况”应当十分清楚，可由其在上报注册地商务主管部门有关材料时一并上报更有效率，建议取消由外派劳务培训机构上报的规定。

23. 对第 54 条国家设立对外劳务合作专项资金规定[3]的意见

对国家设立专项资金和配套资金非常赞成，但该资金给谁使用、怎么使用应加以明确，建议对资金的扶持对象和项目、申请资格和流程等作出明确规定，希望在该条加上“并对劳务合作企业进行直接补助”。

24. 对第 58 条关于多部门会同建立工作机制规定[4]的意见

对外劳务合作管理涉及多个政府部门：商务部门作为主管部门，负责经营机构的经营资格证书的颁发并履行对整个行业的促进、监管、服务和协调等职责；隶属于外交部门的驻外使领馆提供必要的领事保护；工商部门负责中介机构营业执照的发放和对无照经营的查处；公安部门负责出境入境手续的办理；交通运输部门负

---

① 第 35 条内容：外派劳务培训机构对培训合格的人员颁发外派劳务培训合格证，合格证有效期 3 年。

② 第 36 条内容：外派劳务培训机构应当协助外派劳务人员与外派劳务企业签订《外派劳务合同》，并盖章见证。外派劳务培训机构应当于盖章见证日后 10 日内将被招收劳务人员基本情况报培训机构注册地省级商务主管部门备案。

③ 第 54 条内容：国家设立对外劳务合作专项资金，各地设立配套资金，促进对外劳务合作发展。

④ 第 58 条内容：国务院商务主管部门会同国务院有关部门建立全国对外劳务合作工作机制，制定对外劳务合作发展规划，建立统计制度，加强宏观指导和调控。

责海员外派劳务的管理。

目前,对外劳务合作市场中介泛滥,无资质的企业、机构和个人相当活跃,甚至成了对外劳务合作市场的主体,对有资质的、合法的对外劳务合作企业的正常经营和生存空间形成严重冲击。相关数据显示,外派劳务纠纷或影响较大的外派劳务纠纷中有 40%是劳务人员守法和守约意识淡薄引起的,有 50%是无外派劳务资质的中介非法经营造成的,只有 10%是极少数有资质的外派劳务企业违规经营造成的。所有的无外派劳务资质的中介公司都是由地方工商行政部门发给其营业执照并超范围经营,大胆、大量招收缺少法律意识和出国务工常识的外派劳务人员派往国外,引起国外劳务纠纷。外派劳务市场混乱的另外一个重要原因是近年来公安部门放宽了办理护照的限制。公安出入境管理部门为了满足公民出入境便利需要,放宽了出入境的条件要求,也就给非法中介组织派遣劳务有可乘之机。

对外劳务合作管理是一项系统工程,涉及多个职能部门,需要分段分类管理。我国不少法律如《产品质量法》、《食品安全法》等都设计了分段管理制度,如《产品质量法》规定,对假冒伪劣产品的监管,在生产领域和流通领域分别由质监部门和工商部门负责。因此,应明确规定商务、工商、劳动、公安、外事等各有关部门监督管理的职责,否则"商务主管部门和其他有关部门"中的有关部门将形同虚设。商务主管部门表面上是管了对外劳务合作企业,但似乎"只管君子不管小人",对市场上的混乱局面和非法中介却无能为力。要坚持"谁许可、谁管理、谁查处"的原则。征求意见稿中应增加规定工商行政部门负有监督查处其所颁发营业执照的职业中介机构超出核准业务范围经营的责任①;同时规定公安部门和外办部门应根据商务部门签发的招收备案表和劳务出境证明进行出入境手续的办理,以从源头上堵塞无资质的中介组织外派劳务的出境渠道;外办应将办理的劳务签证报给省级商务部门备案以方便其对劳务人员的管理。商务部在条例出台前,应充分调研市场的实际情况,加强与公安、工商、外事等部门的联系沟通,对劳务人员的出境就业进行有效管理,为有资质的对外劳务合作企业的经营活动提供良好的外部环境。

25. 对第 59 条有关县级以上人民政府制定本地区对外劳务合作管理办法规定②的意见

规定县级政府即可制定管理办法似有不妥,不仅会导致各地政策五花八门、各自为政,而且可能会导致不少加重外派劳务人员负担的管理措施出台,因而阻碍外派劳

---

① 见原劳动和社会保障部 2007 年 11 月 5 日颁发的《就业服务与就业管理规定》第 60 条规定:设立外商投资职业中介机构以及职业中介机构从事境外就业中介服务的,按照有关规定执行。

② 第 59 条内容:县级以上人民政府应制定本地区对外劳务合作管理办法,建立本地区有关部门参加的工作机制,落实部门责任,按照本地区经济社会发展和对外开放总体部署,统筹规划,合理调控。

务事业的发展。建议由省级商务主管部门统一制定本地区的对外劳务合作管理办法。

26. 对第 64 条有关非法经营和培训的处罚规定[①]的意见

第一,应将该条中的"外派劳务培训机构资格"去掉。因为即使取得外派劳务培训机构资格(未同时取得对外劳务合作经营资格),只有权力从事外派劳务培训,并不能直接从事对外劳务合作业务。从第 64 条现行规定来看,似乎取得外派劳务培训机构资格后从事对外劳务合作活动就不属于"擅自"而是合法的,这显然是错误的。

第二,根据 2004 年 9 月 2 日商务部《关于执行〈对外劳务合作经营资格管理办法〉有关问题的通知》第二部分第 4 条规定,对外劳务合作企业(即经营公司)根据《合同法》的规定,与受托企业或单位签订《委托招收外派劳务人员协议》并向其出具《授权书》后,可委托其代为招收劳务人员。该《通知》对"受托企业或单位"并未规定其必须"取得对外劳务合作经营资格、外派劳务培训机构资格"。由此可见,按商务部现行有效的规定,没有"取得对外劳务合作经营资格、外派劳务培训机构资格"的"受托企业或单位"可以受托招收和提供劳务人员,实际上这也是一种"对外劳务合作活动",且不会被认定为"擅自从事"。因此可以说在如何对待劳务中介机构问题上本条规定与商务部现行有效的规定相矛盾,建议在本《条例》中对劳务中介机构问题作出明确规定。

第三,本条前段部分已规定对"个人"进行罚款,后面的"主要责任人"就属于重复了。应改为"并对该企业、机构的主要责任人处 10 万元以上 20 万元以下的罚款,有违法所得的,没收违法所得。"

第四,本征求意见稿第 64、65 条规定"由省级商务主管部门予以制止"在实践中很难行得通,因一个省级行政区范围内的违法中介和个人数量较多,省级商务主管部门将无暇顾及。"县级以上人民政府授权部门"应明确,否则可能会互相推诿。如地方人力资源和社会保障、工商、公安等部门可能认为这些无资格企业、机构和个人是商务部门管理的对象,与己无关(目前状况基本就是如此)。

所以,如果由商务部门管理,必须赋予县级以上商务主管部门行政执法权、处罚权。可仿照劳动保障部门设置劳动执法机构的体制,在商务部门的省厅、地局和县局分别设置对外劳务合作监察总队、监察支队、监察大队。或将查处职责赋予公安部门,因为非法外派劳务中介机构一般持有民政部门颁发的社会力量组织机构证或工商部门颁发的营业执照,只有公安部门给予罚款并以非法经营罪追究其法

① 第 64 条内容:未取得对外劳务合作经营资格、外派劳务培训机构资格,擅自从事对外劳务合作活动的企业、机构和个人,由省级商务主管部门予以制止,由县级以上人民政府授权部门处 100 万元以上 200 万元以下的罚款,并对其主要责任人处 10 万元以上 20 万元以下的罚款,有违法所得的,没收违法所得。构成犯罪的,依法追究刑事责任。

律责任,才能够具有强大威慑力,从根本上消除非法外派劳务中介。

第五,本条的“依法追究刑事责任”是否可以明确是非法经营罪(现在刑法第225条的所列条款不明确)或组织他人偷越国(边)境罪?如不行,可在以后刑法修改时加以补充完善。

第六,本条(包括本条至第70条)应依据“民事补偿、赔偿优先原则”,规定先补偿、赔偿劳务人员再缴纳罚款,以体现“以人为本”精神。其他法律如《食品安全法》等也作了类似规定。

27. 对第67条有关对外劳务合作企业在特定情形下需要承担法律责任规定[①]的意见

第一,本条(直至第71条)处罚不分明,且总体看处罚偏重。应设置违规行为的处罚级别,比如警告、限期整改、没收违法所得、罚款、吊销许可证和营业执照等。如果是小的失误,经警告后及时改正则并无罚款必要。如果不是有意的,或仅因工作上的失误造成违规,动辄罚款20万、50万或100万也显得太重了。罚款太多不可行,中国的外经企业本来就是对外经济发展中的一个弱项,如果罚款太多,则不利于其发展。立法的出发点应该是有利于促进对外劳务合作事业的健康发展和走出去战略的实现,而不是对稍有过错的企业就采取一棍子打死的做法。不容许经营公司有丝毫差错,否则就将面临“灭顶之灾”,这是极其不合常理的做法。

第二,建议取消本条第5项。规定处罚条款要有依据,不要矫枉过正。税法已有相关规定,应按税法规定执行,不要让条例和国家法律相冲突。

28. 对第73条有关外派劳务人员依法承担责任规定[②]的意见

第一,虽然劳务人员属于弱势群体,值得国家和社会去关注和同情,但从对外劳务合作业务所产生的许多劳务纠纷来看,除经营企业的问题之外,因劳务人员自身不遵纪守法,非法滞留、过度维权以及不合理利益诉求等原因而发生不良后果的情况也不在少数。同时由于存在法院执行难等问题,使劳务人员承担相应责任成了一句空话。引导和约束外派劳务人员在外期间严格守法履约,依法维权,对于发

---

① 第67条内容:对外劳务合作企业出现下列情形之一的,由省级商务主管部门没收违法所得,并吊销其对外劳务合作经营资格,并可处50万元以上100万元以下罚款:(一)未按本条例规定签订有关合同;(二)向境外务工人员超标准收费;(三)外派劳务企业未为外派劳务人员办理境外合法工作准证、居留资格,导致其在境外非法务工;(四)外派劳务企业要求提供动产、不动产形式的担保;(五)外派劳务企业未向外派劳务人员开具正式税务发票;(六)外派劳务企业拒绝承担处理境外劳务纠纷或突发事件的责任;(七)境外就业服务企业代境外就业人员直接与境外雇主签约。

② 第73条内容:外派劳务人员出现下列情形,应当依法承担相应责任:(一)违反合同约定;(二)违反中国法律法规;(三)违反务工所在地法律法规;(四)无正当理由脱离工作岗位。

展我国对外劳务派遣事业以及提高我国国际形象至关重要。本条虽规定外派劳务人员违约后需承担相应责任,但到底需承担什么责任,没有明确,再加上本条例中明确规定对外劳务合作企业"不得收取履约保证金和要求提供担保",即使外派劳务人员违约了,外派劳务企业和商务部门也很难对其采取约束的对策。条例应当对劳务人员必须承担的责任和义务以及经济上的后果作出更加明确而具体的刚性规定。如对违法和违约的劳务人员,由商务部门撤销其外派劳务培训合格证,3 年内不得再被外派务工,对情节严重者,由公安部门追究责任,这样才会更加有利于纠纷的解决和对外劳务合作事业的稳定发展,也才能使外派劳务企业与其外派劳务人员保持权利、责任和义务的平衡。

第二,建议在本条中增加第 5 章的第 44 条内容,即外派劳务人员不得采取隐瞒、欺骗和提供虚假材料等手段出境务工,否则必须承担相应的法律责任。

29. 对第 75 条有关禁止从事对外劳务合作规定[①]的意见

第一,三资企业选派人员返回其境外的本部工作如何界定?是否算"直接在中国境内招收外派劳务人员"?建议对以上问题作出规定,以便有法可依。

第二,"中国自然人不得从事对外劳务合作",应改为"未取得对外劳务合作经营资格的任何企业、机构和个人,不得从事对外劳务合作"。

第三,建议增加"如果劳务人员自行通过无合法外派劳务资质的单位和个人办理出境务工手续,应自行承担风险和责任"等方面内容的条款。

30. 对第 76 条有关外派劳务企业不得接受境外自然人委托规定[②]的意见

家教、保姆等行业有可能是境外个人直接委托招聘,并有其合理性,建议对境外个人自用劳务人员可放开以上限制并加以逐步规范。外派海员业务按已颁布的"船员条例"和国家海事局的"船员服务机构管理规定"等规定实施[③]。另外应明确规定"劳务性质的外派研修生适用本条例。"

31. 对第 77 条有关对港澳台劳务合作参照本条例执行规定[④]的意见

对香港、澳门开展劳务合作应在 CEPA(Closer Economic Partnership Arrangement)的总体框架下开展,很多政策和做法应与对其他国家开展劳务合作

---

① 第 75 条内容:境外企业、机构、自然人不得直接在中国境内招收外派劳务人员。外国驻华代表机构不得从事对外劳务合作。中国自然人不得从事对外劳务合作。

② 第 76 条内容:境外企业或机构在华委托招收赴境外务工人员,属外派劳务活动。外派劳务企业不得接受境外自然人委托,开展外派劳务活动。

③ 交通运输部已于 2011 年 3 月 7 日出台了《中华人民共和国海员外派管理规定》。

④ 第 77 条内容:中国企业组织或协助内地公民赴香港特别行政区、澳门特别行政区和台湾地区开展劳务合作,参照本条例的规定执行。

有所不同[①]。建议国家商务主管部门根据新的实际情况,另行制定相关政策规定,原则是实行更加灵活的管理机制,密切内地与港、澳、台的劳动力市场互补合作关系,携手共同发展。

(二)《对外劳务合作管理条例(征求意见稿)》(国务院法制办公室起草稿)

该征求意见稿是国务院法制办公室 2010 年 8 月 2 日通过其官方网站对外公布并征求意见的,分为总则、对外劳务合作企业及其责任、服务和管理、法律责任、附则等 5 章 48 条。和商务部 2009 年 6 月 17 日通过其官方网站对外公布的征求意见稿以及其他现行有效的规定相比,具有明显变化的要点有以下几个方面。

1. 对"对外劳务合作"进行了重新定义[②]

按照新的定义,"对外劳务合作"不再像现行规定那样包括"外派劳务"和"境外就业"两个方面。如果该定义获得立法确认,将会使对外劳务合作行业重新洗牌,因为目前分别持有"对外劳务合作(外派劳务)经营资格证书"和"对外劳务合作(境外就业)经营资格证书"的两类对外劳务合作企业并存的局面将消失,而只存在单一类型的对外劳务合作企业。征求意见稿第 43 条虽然明确指出"中国公民个人到境外务工、就业"和"境内企业(含外商投资企业等在境内注册成立的企业)外派本单位员工赴境外母、子公司工作"不适用本条例,但对这两种情形适用何种法律、如何规范管理却并未给出明确规定。

2. 对对外劳务合作行业规范管理的理念发生重大变化

首先,第 3 条明确规定"国家统筹协调国内就业促进和对外劳务合作发展"[③],将对外劳务合作看作是国内就业市场的自然延伸,是就业工作的一部分,而目前的

---

① 目前,对港澳台劳务合作的法律文件主要有:1996 年 9 月 5 日外经贸部的《对香港地区劳务合作管理办法》、1998 年 7 月 17 日外经贸部的《关于向台湾地区远洋渔轮派遣渔工劳务有关问题的紧急通知》、2000 年 12 月 25 日外经贸部的《对香港特别行政区开展高级劳务合作业务的暂行管理办法》、2003 年 8 月 1 日商务部、国务院港澳办和中央政府驻澳门联络办的《内地对澳门特别行政区开展劳务合作暂行管理办法》等。

② 见该征求意见稿第 2 条和第 43 条规定。第 2 条内容:本条例所称对外劳务合作,是指中国的企业与境外企业或者机构签订劳务合作合同,按照合同约定组织和协助中国公民赴境外工作的活动。第 43 条内容:中国公民个人到境外务工、就业不适用本条例。境内企业(含外商投资企业)外派与本单位订立劳动合同的员工赴境外母公司或者子公司工作,不适用本条例。

③ 第 3 条内容:对外劳务合作是国内劳动力就业在境外市场的延伸,国家统筹协调国内就业促进和对外劳务合作发展。县级以上人民政府应当根据实际情况,将促进对外劳务合作纳入促进就业的相关规划。

思维方式更偏向于把对外劳务合作当作一类商务活动，由商务部门主管并将劳动和社会保障部门排除在外就是这种思维方式的明证。

其次，第6条明确地将人力资源和社会保障部门列为对外劳务合作的服务和管理部门之一①，而现行有效的众多涉及对外劳务合作行业规范管理的文件都是由商务部门单独或联合其他有关部门发布实施的，基本上将主管就业工作的人力资源和社会保障部门排除在外。

3. 对外劳务合作企业的设立条件和设立程序发生重大变化

首先，第8条提高了对外劳务合作企业的准入门槛②，主要表现在规定注册资本不低于600万元人民币，而且省、自治区、直辖市人民政府可以制定更加严格的条件。2004年7月26日的《对外劳务合作经营资格管理办法》第5条规定的注册资本是"不低于500万元人民币，中西部地区企业不低于300万元人民币"。商务部的征求意见稿则没有对注册资本直接作出规定。

其次，第9条大大简化了设立对外劳务合作企业的审批程序③，明确规定企业可以直接向所在地省、自治区、直辖市人民政府工商行政管理部门申请登记。而按现行规定和商务部的征求意见稿，申请从事对外劳务合作业务，必须是已经注册的企业先向商务部门履行行政许可手续，在得到审批获得"经营资格证书"后还需办理工商登记手续。

---

① 第6条内容：国务院商务、工商行政管理、人力资源社会保障、外交、公安、交通运输以及其他有关部门依照本条例规定，在各自职责范围内负责全国对外劳务合作的服务和管理工作。县级以上地方人民政府依照本条例的规定，负责本行政区域内对外劳务合作的服务和管理工作。

② 第8条内容：从事对外劳务合作的企业应当具备下列条件：(一)具有企业法人资格；(二)注册资本不低于600万元人民币；(三)具有健全的组织机构，管理人员中至少5人具有人力资源管理经验并取得国家颁发的相应资质证书；(四)有健全的内部管理制度和突发事件应急处置制度；(五)足额缴纳了对外劳务合作备用金；(六)有良好的商业信誉，最近3年内没有重大违约行为和重大违法记录。省、自治区、直辖市人民政府可以根据本地区实际情况，制定严于前款规定的条件。

③ 第9条内容：拟从事对外劳务合作的企业，应当依法向注册地省、自治区、直辖市人民政府工商行政管理部门申请登记，申请时应当提交申请书和符合本条例第八条规定条件的证明材料。省、自治区、直辖市人民政府工商行政管理部门应当自收到完备的申请材料之日起20日内进行审查，对符合本条例规定条件的，予以登记，并在其经营范围中标明对外劳务合作业务；不予登记的，应当书面通知申请人并说明理由。省、自治区、直辖市人民政府工商行政管理部门登记后，应当通知同级商务主管部门，由商务主管部门将对外劳务合作企业名单向社会公布，并报国务院商务主管部门备案。

4. 对对外劳务合作企业与劳务人员的法律关系进行明确定位

第 13 条和 14 条规定①,对外劳务合作企业"或者直接与劳务人员订立劳动合同",如果没有订立劳动合同,"应当与劳务人员订立服务合同"。根据此规定,对外劳务合作企业视不同情况,既可以与劳务人员建立劳动关系,也可与劳务人员建立基于服务中介关系的民事关系。而按现行规定和商务部的征求意见稿,双方之间绝大多数情况下签订外派劳务合同,至于外派劳务合同究竟是劳动合同性质还是民事合同性质,理论界和实务界一直存在分歧[142]。当然,本征求意见稿允许对外劳务合作企业有权选择与劳务人员签订劳动合同或服务合同的灵活规定,可能会导致对外劳务合作企业纷纷选择与劳务人员签订服务合同,这样可减轻签订劳动合同需要承担用人单位责任带来的较大风险。

5. 对劳务人员的培训问题做了较为灵活宽松的规定

第 17 条②仅要求对外劳务合作企业保证对劳务人员进行一系列培训,至于在什么机构培训,本企业是否有权培训等问题没有做出硬性规定。而商务部的征求意见稿规定只能在依法设立的外派劳务培训机构进行培训,外派劳务企业如果没有申请取得外派劳务培训机构资格,也无权培训,此种刚性规定曾引起较多的反对意见。而国务院征求意见稿对培训问题这种灵活宽松的规定是否会弱化劳务培训工作,有待进一步研究。

6. 加强了对外劳务合作协调机制的权威性和代表性

第 24 条规定国务院建立全国对外劳务合作工作协调机制,且应有工会组织

---

① 第 13 条内容:对外劳务合作企业应当根据不同情况,或者直接与劳务人员订立劳动合同,或者协助落实劳务人员与境外雇主订立劳动合同。对外劳务合作企业与直接劳务人员订立劳动合同的,劳动合同应当载明境外工作期限、工作内容以及对外劳务合作企业对劳务人员在境外工作期间的服务和管理责任等内容。劳务人员与境外雇主订立劳动合同的,对外劳务合作企业应当审查劳动合同内容,发现劳动合同内容不符合所在国家或者地区的法律规定或者不符合劳务合作合同约定的,应当要求境外雇主及时予以纠正。第 14 条内容:对外劳务合作企业未与劳务人员订立劳动合同的,应当与劳务人员订立服务合同。服务合同除应当载明服务项目、服务费用及收费方式、境外工作期间的管理和服务责任以及境外发生紧急情况时对劳务人员的协助、救助责任等事项外,还应当载明劳务合作合同中与劳务人员权益保障相关的事项。对外劳务合作企业与劳务人员订立服务合同前,应当向劳务人员出示其劳务合作合同,明确、详尽地解释合同条款,并充分提示境外务工可能存在的风险。

② 第 17 条内容:对外劳务合作企业应当按照国家有关规定,在劳务人员出境前,保证劳务人员接受岗位技能以及安全防范知识、境外相关法律法规、风俗习惯等方面的培训。

参加[①]，可见该工作协调机制是以国务院名义建立因而权威性强，同时工会的参与使其具有更大的代表性和对劳务人员的维权职能。而商务部的征求意见稿第58条仅要求国务院商务主管部门会同有关部门建立全国对外劳务合作工作机制，至于该工作机制是否是以国务院名义建立并不明确，也未要求有工会组织的参与。

7. 明确要求建立对外劳务合作服务平台

第28条规定县级以上地方人民政府应当根据本地区情况建立对外劳务合作服务平台，而且劳务人员的招收应当通过服务平台进行[②]。目前的现状是不少地方只建有"对外劳务合作行业劳务基地"，商务部的征求意见稿第52条也仅规定国家建立"外派劳务信息平台"，该平台只提供"政策指导和信息服务"，并无招收劳务人员的职能。可见提出建立"对外劳务合作服务平台"是目前的一种制度上的创新[③]。但国务院征求意见稿并未对"对外劳务合作服务平台"和已经存在的"对外劳务合作行业劳务基地"以及培训机构是何关系作出明确规定。

8. 明确公安部门在对外劳务合作管理中的职责

第31条规定公安部门负责对对外劳务合作领域的犯罪行为进行打击[④]，而商务部的征求意见稿第64条等处只是规定"由县级以上人民政府授权部门"进行罚款、没收违法所得、追究刑事责任，但并未明确到底是何部门，这就可能引起有关部门互相推诿、打击不力或各地做法不统一的情况发生。

9. 明确要求建立对外劳务合作不良信用记录制度

第34条规定商务部等部门指导建立对外劳务合作不良信用记录制度[⑤]，而商

---

① 第24条内容：国务院建立全国对外劳务合作工作协调机制，研究对外劳务合作中的重大问题，协调推动全国对外劳务合作的发展。全国对外劳务工作协调机制由国务院商务主管部门牵头，有关部门以及工会组织参加。省、自治区、直辖市人民政府根据对外劳务发展的需要，建立对外劳务合作工作协调机制，协调解决本行政区域对外劳务合作中的重大问题。

② 第28条内容：县级以上地方人民政府应当根据本地区劳务人员的规模等情况，利用现有人力资源市场的就业服务平台，建立对外劳务合作服务平台，无偿为对外劳务合作企业和劳务人员提供服务。对外劳务合作企业应当通过服务平台招收劳务人员。

③ 可参见商务部、外交部、公安部、工商总局于2010年7月1日发布的《对外劳务合作服务平台建设试行办法》。

④ 第31条内容：公安部门依法加强对劳务人员出入境的管理，打击对外劳务合作领域的犯罪行为。

⑤ 第34条内容：国务院商务主管部门会同国务院有关部门指导建立对外劳务合作不良信用记录制度，记录并公布境内外企业、单位和个人违法开展对外劳务合作和侵害劳务人员合法权益的行为。对存在不良信用记录的对外劳务合作企业，有关部门应当实施重点监督检查。对因非法出境、非法居留、非法就业被遣返回国的劳务人员，自其被遣返回国之日起6个月至3年内不予签发护照。

务部的征求意见稿第63条仅规定建立“对外劳务合作诚信体系”,显然上述第34条的规定更加具体明确[①]。但不良信用记录如何征集?从驻外使领馆征集自不用说,但是否包括从法院、律师事务所等机构和个人征集对外劳务合作企业与劳务人员的诉讼、仲裁信息作为不良信用记录的来源渠道?对此可进一步作出规定。另外,对因“三非”原因被遣返回国的劳务人员在一定期限内不予签发护照的规定实际上是我国《护照法》第14条第2项内容的重述。

10. 有关法律责任的规定更加科学合理

如第36条规定的“由工商行政管理部门依照《无照经营查处取缔办法》的规定予以查处取缔”,注意了不同法律制度之间的衔接,是立法技巧的体现。第39条规定的“责令改正,退还押金或者解除担保”,也是商务部的征求意见稿中所没有出现的规定,体现了法律责任体系的多样性和针对性。另外,规定的罚款数额普遍有所降低,更加合理和符合实际。

(三)《中华人民共和国出境入境管理法(草案)》

该草案已经通过十一届全国人大常委会第二十四次会议初次审议,并于2011年12月31日在中国人大网(www.npc.gov.cn)公布,向社会公开征集意见。草案的基本框架包括总则、中国公民出境入境、外国人入境出境、外国人停留居留、交通运输工具出境入境边防检查、调查和遣返、法律责任、附则,共八章90条,其中与出境就业法律问题有关的内容主要是“采取对等措施”(第7条),即外国政府在对中国公民签发签证、办理出境入境手续等方面有特别限制性规定的,中国政府可以采取对等措施。

除了上述综合性较强的法律和政策文本外,商务部等部委还单独或联合发布了大量的专门性的政策文件,内容涉及外派劳务培训、劳务人员权益保护、对外劳务合作信息统计、对外劳务合作平台建设、相关合同、出国手续、境外就业市场秩序整顿、工资待遇、备用金管理、保险、不良信用记录、管理部门、企业资格条件、中外双方劳务合作协定、国别措施等方面规定,这里不再一一赘述。

① 参见商务部、外交部、公安部、工商总局2010年6月25日发布的《对外劳务合作不良信用记录试行办法》。

第二节　我国出境就业法律制度形式上的问题

一、对出境就业的多种形式缺乏全面系统的规定

正如前文所述，我国出境就业的形式除了对外承包工程带出劳务和对外劳务合作派出劳务外，还存在包括跨国公司内部员工转移方式、出国留学生留在当地方式、亲朋好友或媒体介绍方式甚至偷渡方式等多种途径和形式实现的出境就业，其中有的是有组织的出境就业行为，有的是个人行为。而目前已经出台的法律和政策文件仅就对外承包工程带出劳务和对外劳务合作派出劳务作出规范，即使是未来拟出台的行政法规[①]也将公民个人到境外务工、就业以及境内企业外派与本单位存在劳动合同关系的员工赴境外母公司或者子公司工作排除在调整范围之外，未对这类出境就业行为如何调整作出相应规定。虽然这类出境就业行为一般法律关系并不复杂，或存在就业者责任自负的因素较大，但仍应在法律上作出原则性规定，以使出境就业法律制度趋于系统化并进一步完善。

二、立法层次低，缺乏权威性

我国目前在出境就业关系调整方面没有专门的法律，只是对其中某些特定环节的调整规定散见于相关的法律中。如 1985 年 11 月 22 日公布《中华人民共和国公民出境入境管理法》第 8 条规定有 5 类人员不能被批准出境（就业）。其《实施细则》第 4 条规定出境自费留学，须提交必需的经济保证证明和接受方入学许可证件；出境就业，须提交境外用人单位或者雇主的雇用、聘用证明。1994 年 5 月 12 日通过并于 2004 年 4 月 6 日修订的《中华人民共和国对外贸易法》第 10 条规定，从事对外劳务合作或者对外工程承包的单位，应当具备国务院规定的相应的资质或者资格。2006 年 4 月 29 日颁布的《中华人民共和国护照法》第 14 条规定，因非法就业被遣返回国的，自被遣返回国之日起六个月至三年以内不予签发护照。2010 年 10 月 28 日公布的《中华人民共和国涉外民事关系法律适用法》第 43 条规定了

① 见《对外劳务合作管理条例》（国务院法制办征求意见稿）第 43 条规定。

涉外劳动合同的法律适用规则[1]。1997年3月14日发布并经多次修订的《中华人民共和国刑法》规定了与出境就业相关的犯罪行为的法律责任[2]。

另外,与调整出境就业相关的行政法规只有一部,即2008年7月21日国务院出台的《对外承包工程管理条例》,该条例将"保障外派人员的合法权益"作为从事对外承包工程基本原则之一并规定了具体制度。

除此之外,出台大量的部门规章或政策性文件(见本章第1节的表5)来调整出境就业活动。由于立法层次低下,导致其法律效力低,缺乏权威性。

三、政策文件内容重复与空白同时并存

内容上存在重复的文件已有不少,如1994年外经贸部、劳动部发布的《关于切实加强保护外派劳务人员合法权益的通知》、2002年外经贸部发布的《保护境外劳工合法权益的通知》和2004年商务部发布的《关于加强境外劳务人员安全保障工作的通知》;又如2003年商务部发布的《关于处理境外劳务纠纷或突发事件有关问题的通知》、2009年发布的《防范和处置境外劳务事件的规定》。这些文件即使从名称上看也是重复的。

此外,还存在大量的相同或相似的内容出现在不同的政策文件中的现象。如关于境外劳务事件的防范和处理问题分别出现在2009年的《关于开展清理整顿外派劳务市场秩序专项行动的通知》的第3部分的第3条、2009年的《关于建立境外劳务群体性事件预警机制的通知》、2009年的《防范和处置境外劳务事件的规定》和2010年的《进一步做好对外劳务合作工作的紧急通知》第4条等处。

立法的空白之处也有不少。如虽然明文规定劳务人员不需要缴纳押金和保证金而代之以参加履约保证保险,但履约保证保险制度在不少省市并未实行,也未制定实施办法。此外,关于公民个人出境就业和境内企业外派与本单位存在劳动合同关系的员工赴境外关联公司工作的概括性、原则性规定至今还是空白。

---

① 该法第43条规定:劳动合同,适用劳动者工作地法律;难以确定劳动者工作地的,适用用人单位主营业地法律。劳务派遣,可以适用劳务派出地法律。

② 如《中华人民共和国刑法》第319条规定:以劳务输出、经贸往来或者其他名义,弄虚作假,骗取护照、签证等出境证件,为组织他人偷越国(边)境使用的,处三年以下有期徒刑,并处罚金;情节严重的,处三年以上十年以下有期徒刑,并处罚金。单位犯前款罪的,对单位判处罚金,并对其直接负责的主管人员和其他直接责任人员,依照前款的规定处罚。第322条规定:违反国(边)境管理法规,偷越国(边)境,情节严重的,处一年以下有期徒刑、拘役或者管制,并处罚金。

四、因事立法，随意性强，形式散乱

立法缺乏规划，因事立法。一事一议和“头痛医头脚痛医脚”的现象屡见不鲜。商务主管部门制定的不少文件是以通知形式下发的，往往是因为某国或某地区出现了重大劳务事件或市场情况发生较大变化而临时制定并仓促下发的。如1996年5月9日的《关于加强我国公司在新加坡开展劳务合作业务管理的通知》和2001年2月22日《关于整顿和规范对新加坡劳务合作市场秩序的紧急通知》。又如针对当时发生的严重劳务纠纷，2008年4月25日发布了《关于切实做好对外承包工程项下外派劳务管理工作的紧急通知》和2008年6月13日发布了《关于进一步强调对外承包工程项下外派劳务工作有关问题的紧急通知》。发布这些文件事先既无规划，制定时又缺乏充分调研和长远考虑，随意性很强。这些文件下发后短期内可能会很有实效，但经不起时间考验，也使得出境就业法律文件体系在形式上显得散乱。

第三节　我国出境就业法律制度内容上的问题

一、主管部门设置不当，管理职责模糊不清

我国目前商务部门作为对外劳务合作和对外承包工程的主管部门，负责经营机构的经营资格证书审批颁发，并履行对整个行业的促进、服务、监管和协调等职责；隶属于外交部门的驻外使领馆和其经商处(室)提供必要的领事保护和境外劳务人员权益保护；工商部门负责经营机构营业执照的发放和对无照经营的查处；交通运输部门负责海员外派劳务的管理；公安部门负责出境入境手续的办理；地方政府负责协调解决与当地有关的境外劳务纠纷突发事件；对外承包工程商会作为行业协会负有对其成员进行依法督促、指导、协调和服务等权利和义务[143]。这种管理机制表面上看覆盖中央和地方，国家机关和社会团体共同参与；横跨各部门，各司其职，各负其责；贯通国内外，环环相扣，结构严密[144]。但是在具体事务的处理上，还是存在各部门职责不清、管理脱节、相互推诿的情况，造成劳务人员在境外因合法权益受到侵害而求助无门的事件时有发生[145]。此种由商务部门作为对外劳

务合作主管部门的管理体制的出现有其历史原因①[146]。

我国对外劳务合作管理的部门利益之争由来已久,其中主要是原外经贸部(现商务部)与原劳动部(现人力资源和社会保障部)的职责之争。我国对外开放以来,这两个部门就一直在争取对外劳务输出的主管地位。国务院曾就此进行过多次协调②,对两部门的职责分工做了划分:劳动部(人力资源和社会保障部)主管公民个人境外就业,外经贸部(商务部)主管对外劳务合作。如劳动部 1992 年 11 月 14 日公布了《境外就业服务机构管理规定》,劳动和社会保障部、公安部、国家工商行政管理总局 2002 年 5 月 14 日发布了《境外就业中介管理规定》,这些都是其履行公民境外就业管理职责的体现。即使是对对外劳务合作业务,由于涉及劳务人员劳动权益的保护,也由劳动部门归口管理。如 1994 年 10 月 25 日对外贸易经济合作部、劳动部发布的《关于切实加强保护外派劳务人员合法权益的通知》第 6 条规定:在劳务人员合法权益保护方面,外派劳务企业必须接受劳动行政部门的管理和监督。说明此时这两个管理部门还具有比较良好的合作态度。

但这种把对外劳务输出人为地一分为二的做法,严重影响行政的效率和效果③[144]29。这从 1996 年 4 月 29 日外经贸部、监察部、公安部、工商总局发布的《关于加强对外劳务合作归口管理有关问题的通知》中可以看出端倪④。该通知为了撇清和劳动部主管的“公民个人出境就业”的关系,甚至在业务名称上作了改变,即

① 由于我国的对外劳务合作是从上个世纪七十年代开始的援外项目、对外承包工程里衍生出来的,而当时只有国有单位才从事这类业务,其中的外派劳务人员持因公护照出境并实行集体管理,属于公务出国的商务活动,其劳动权益保护问题并不突出,因此归外经贸部门(现在的商务部门的前身)负责管理。目前的对外劳务合作业务已经完全市场化,如果继续沿用以往将其作为公务性质的商务活动进行管理的思维方式,显然已经不适应当前形势发展的需要。

② 关于协调的结果,可参阅原劳动部与 1992 年 7 月 13 日发布的《关于做好劳务输出、境外就业劳动管理工作的通知》中披露的“国务院办公厅的协调意见”。其协调意见主要包括:根据“三定”方案的规定,对外劳务合作由外经贸部归口管理;劳务输出中维护劳务人员合法权益的有关工作,由劳动部归口管理;公民自谋出路去境外就业属于个人出境谋生性质,不能视为劳务合作,这方面的工作由劳动部归口负责,应注意不要与公安机关依法审批出境就业的职责发生矛盾。

③ 由两个部门分别管理的做法并没有解决主管部门职责不清的弊端,反而造成了两部门各自为政的局面。在一些关系国家整体利益、需要两部门通力合作的事务上,两家不但没有形成合力,反而出现事前不商量、事中不合作、事后不通报的现象。这种互不往来、互不相帮,甚至互相掣肘的情况,对提高行政工作效率十分不利。

④ 该通知规定:除公民个人出境自谋职业外,无论是通过何种渠道、持何种护照的外派劳务人员(含劳务性质的研修生),都是我国对外劳务合作的组成部分,不得以任何理由(包括持照种类)将其界定为因私劳务或民间劳务,并据此逃避国家对外劳务合作的统一管理;为规范管理,今后对向国(境)外派遣劳务人员统称“对外劳务合作”,不再使用“劳务输出”或其他表述。

不再使用“劳务输出”一词而统称为“对外劳务合作”，并一直沿用至今。

2008年12月29日商务部发布《关于做好境外就业管理工作的通知》后，上述两家分别主管一部分出境就业工作的局面结束了。该通知透露，根据国务院办公厅文件的规定，境外就业管理职责划归商务部。按照“统一政策，统一管理”的原则，外派劳务和境外就业统称为对外劳务合作（此时的“对外劳务合作”含义已和以前有所不同，在此之前它仅指外派劳务）。该通知同时要求，持有2008年7月1日之后仍有效的由劳动保障部门颁发的“境外就业中介机构经营许可证”的境外就业中介机构，在选择缴纳了开办两类企业要求有所不同的备用金后，可申请换领有效期为3年的“对外劳务合作（外派劳务）经营资格证书”或“对外劳务合作（境外就业）经营资格证书”。

自此以后，人力资源和社会保障部门不仅失去了对“公民个人出境就业”的主管职权，而且似乎也不再承担归口管理劳务输出中维护劳务人员合法权益的职责了。这从2009年6月1日商务部等7部委联合发布的《关于开展清理整顿外派劳务市场秩序专项行动的通知》中可以看出。该通知要求，按国务院批准从2009年6月10日至8月31日在全国开展“清理整顿外派劳务市场秩序专项行动”。参与的7个部委中①，却没有负责劳动力市场执法的人力资源和社会保障部门。

目前由商务部门主管对外劳务合作，似乎是将对外劳务合作主要作为一项对外经贸活动，而忽略了这一活动的人权性质和人身性质。为了更好地保护外派劳务人员的合法权益，必须理顺对外劳务合作的政府管理体制。由商务部门主管外派劳务的体制值得反思，毕竟商务和劳务性质不同。从各国对外劳务输出的管理体制来看，几乎所有国家都是由政府劳工部门（人力资源主管部门）负责主管②，因为劳务输出的主要性质是劳动力或人力资源的跨境流动，也可以说是一种跨境就业行为，其中就业者权益保护问题显得尤为重要。

---

① 这七个部委分别是：商务部、外交部、公安部、监察部、交通运输部、国资委、国家工商总局。

② 我国曾和国外政府签订了数个双边劳务合作协议，如在2000年11月3日签订了《中华人民共和国政府和俄罗斯联邦政府关于中华人民共和国公民在俄罗斯联邦和俄罗斯联邦公民在中华人民共和国的短期劳务协定》，在2007年4月10日签订了《中华人民共和国商务部和大韩民国劳动部关于输韩劳务人员的谅解备忘录》，在2010年5月28日签订了《中华人民共和国商务部和大韩民国劳动部关于启动雇佣许可制劳务合作的谅解备忘录》。这些协议的外方政府代表机关一般是劳动管理部门，而我方却是商务主管部门。对商务主管部门能否代表我国政府在该类劳务合作协议上签字，曾一度引起外方不解与疑虑。

二、经营企业与为其提供配套服务的机构之间的关系没有理顺

这里的经营企业指对外承包工程企业和对外劳务合作企业，为其提供配套服务的机构主要指对外劳务合作行业劳务基地、外派劳务培训机构、对外劳务合作服务平台等。按2006年1月10日商务部出台的《对外承包工程项下外派劳务管理暂行办法》第3条规定，对外承包工程企业可以向其在境外承揽的工程项目直接派遣各类劳务人员，但应参照对外劳务合作的有关规定进行管理。2008年7月21日出台的《对外承包工程管理条例》第15条规定，对外承包工程企业也可以通过依法取得许可并合法经营的中介机构招用外派人员。但此处的"中介机构"是专指对外劳务合作公司还是指一般的职业介绍机构，并不明确。而对外劳务合作行业劳务基地、外派劳务培训机构、对外劳务合作服务平台相互之间以及它们和对外劳务合作企业之间的关系问题，目前并未明确界定。2010年7月1日由商务部等4部委联合发布的《对外劳务合作服务平台建设试行办法》第4条规定，服务平台是集对外劳务合作服务、促进、保障、规范和管理为一体的政府公共服务机构。第3条规定，外派企业通过服务平台招收劳务人员，不得委托招收劳务人员。第10条规定，服务平台对劳务人员进行出国前的适应性培训。总之，按该办法规定，服务平台是向外派企业提供劳务人员的唯一平台，而且有进行培训的资格，那么对外劳务合作企业能否自行招聘劳务人员？能否自行对劳务人员进行培训？服务平台的培训能否替代外派劳务培训机构的培训而使其消失？对外劳务合作行业劳务基地还是否有其存在的必要？同时，在各地的对外劳务合作行业劳务基地、外派劳务培训机构已初具规模的情况下，再另起炉灶由财政资金资助设立服务平台是否有必要①？等等，这些问题都没有得到明确解决。

三、连接经营企业、境外雇主和劳务人员的合同性质定位不明

《对外承包工程项下外派劳务管理暂行办法》第6条规定，总包商或分包商须直接与外派劳务人员签订《劳务派遣和雇用合同》，该合同的名称极易让人产生误解，使人很难确定其是民事合同还是劳动合同。因此，《对外承包工程管理条例》第

---

① 参见2011年8月25日财政部、商务部发布的《关于做好2011年对外劳务合作服务平台支持资金管理工作的通知》。

16条明确规定对外承包工程企业作为用人单位与其招用的外派人员订立劳动合同[147]。而在对外劳务合作业务中，按现行规定，如果是外派劳务，则由对外劳务合作（外派劳务）企业与境外雇主签订《外派劳务合作合同》，外派劳务企业与劳务人员签订《外派劳务合同》，境外雇主与劳务人员签订《雇佣（劳动）合同》；如果是境外就业，则由对外劳务合作（境外就业）企业与境外就业人员签订《境外就业服务合同》，并协助境外就业人员与外方雇主签订《雇佣（劳动）合同》。这里的《外派劳务合同》是劳动合同还是民事合同？如果是劳动合同，则外派劳务企业将承担用人单位的责任，如果是中介性质的民事合同，则外派劳务企业承担的责任相对较轻。而现行法律文件对于《外派劳务合同》如何定性并无明确规定①，导致实践和理论上分歧较大。如果将《外派劳务合同》定性为中介性质的民事合同，则它和境外就业服务合同很难区分；如果将它定性为劳动合同，则它和境外雇主与劳务人员签订的雇佣（劳动）合同彼此并存，一个劳动行为同时产生两个劳动关系在理论上也很难解释清楚[148]。

四、经营企业与劳务人员的权利义务配置不平衡

主要表现在将正规合法的外派劳务经营企业不适当地置于国内普通的用人单位的地位而赋予其太多的责任和义务，相反，对外派劳务人员缺乏有效的法律约束[149]。如在2003年10月29日《财政部、商务部关于取消对外经济合作企业向外派劳务人员收取履约保证金的通知》（财企[2003]278号）中规定经营企业不得再向外派劳务人员收取履约保证金，也不得要求其提供其他任何形式的抵押、担保，而是要求由外派劳务人员投保“履约保证保险”，实践证明这种“保险”不切实际至今也很难推行。而法律也未规定对劳务人员违约行为的其他有效约束措施。

适用于国内普通的用人单位和劳动者的《劳动合同法》，依据用人单位一般处于强势地位而劳动者一般处于弱势地位的劳动法原理[150]，赋予用人单位较多义务和劳动者较多权利，如在其第9条中规定用人单位招用劳动者，不得要求劳动者提供担保或者以其他名义向其收取财物，也不得扣押其居民身份证和其他证件；在其第25条中规定除了出资培训约定服务期和存在竞业限制条款两种情形之外，用人单位不得与劳动者约定由其承担违约金。这类规定虽然也遭到反对，但毕竟符合我国国情和倾斜保护弱者的法理[151]。而外派劳务经营企业究竟应该定性为用人单位还是中介组织至今在理论界、实务界和法律条文上都不明确，即使将其视为用

① 1994年10月25日对外贸易经济合作部、劳动部发布的《关于切实加强保护外派劳务人员合法权益的通知》第1条规定，外派劳务企业应按照《中华人民共和国劳动法》等有关法律、法规，与劳务人员签订劳动合同。

人单位，但毕竟外派劳务业务比国内普通的用人单位所经营的业务具有更大的违约风险，这是由其涉外性和法律关系较复杂所导致的。如在日本、韩国等发达国家，频频出现我国外派劳务人员脱岗逃跑事件，导致外派劳务企业的业务大受影响。目前外派劳务企业面临双重风险，劳务人员违约，境外雇主向外派劳务企业索赔；境外雇主违约，劳务人员也向外派劳务企业索赔。在没有履约保证金的情况下，同时禁止要求外派劳务人员提供动产或不动产担保。如此一来，劳务人员违约成本几乎是零，单靠一纸合同很难制约其违约行为[152]。即使用人单位通过法律途径由法院判决其依法承担相应的责任，但实际上因存在法院判决执行难等问题，要求劳务人员承担相应责任成了一句空话。

第四章　我国入境就业立法现状分析：文本与问题

上一章运用分析和综合相结合的研究方法，对我国出境就业立法的文本和不足进行了实证研究。本章继续运用上一章的研究方法，对入境就业方面比较重要的法律和政策文本进行逐一分析，在此基础上揭示了入境就业法律制度在形式和内容两个方面的主要问题，具体包括：缺少效力层次较高和统一调整的基本法律制度；法律文件内容过时、简单粗放、缺乏透明性；立法目的表述不当，为管理而管理；外国人在中国就业与外国专家在中国工作关系不清；外国人入境就业手续繁琐；未能吸收发达国家有关外国人就业法中长期以来形成的制度精华等。本章的内容同样为我国跨境就业法建议稿纲要的提出奠定了实证研究的基础。

第一节　我国入境就业的种类及若干法律和政策文本评析

一、我国入境就业的种类

其种类主要包括如下几种：一是通过外国专业人才来华工作中介机构介绍等途径并持有外国专家局签发的外国专家证的方式实现的入境就业；二是通过我国用人单位聘用并获得外国专家证、外国人就业证或台、港、澳人员就业证的方式实现的入境就业；三是通过来中国大陆留学的途径实现的入境就业；四是通过跨国公司内部员工调配的方式实现的入境就业；五是通过在我国境内设立的外商投资企业（含中外合资经营企业、中外合作经营企业、外资企业等）招聘外方员工的形式实现的入境就业；六是通过非法入境、非法居留等非法方式实现的入境就业。

二、我国入境就业若干法律和政策文件分析

现将含草案和征求意见稿在内的部分重要的入境就业相关法律和政策文件列入表 6。

表 6　我国部分重要的与入境就业相关的法律和政策文件(含草案和征求意见稿)

序号	制定机关	文件名称	发布时间
1	全国人民代表大会	刑法(第 35 条,第 6 章第 3 节,第 415 条等)	1979.7.1 1997.3.14 修订 2011.2.25 最新修正
2	全国人民代表大会	刑事诉讼法(第 16、17 条)	1979.7.1 1996.3.17 修正 2012.3.14 修正
3	国务院	护照签证条例(已废止)	1980.5.13
4	全国人民代表大会	国籍法	1980.9.10
5	国务院批准(外国专家局、教育部下达试行)	外国文教专家工作试行条例	1980.10.29
6	全国人民代表大会	宪法(第 32 条对外国人的保护,第 50 条华侨、归侨保护)	1982.12.4 2004.3.14 修正
7	国务院外国专家局	关于外国文教专家亲属来华探亲的规定	1982.3.16
8	国务院	关于引进国外人才工作的暂行规定	1983.9.26
9	财政部、国务院科技领导小组办公室	关于引进国外人才经费开支渠道和管理办法的暂行规定	1984.3.8
10	全国人大常委会	中华人民共和国外国人入境出境管理法	1985.11.22
11	全国人民代表大会	民法通则(第 8 章,涉外民事法律关系的法律适用)	1986.4.12
12	国务院批准(公安部、外交部、交通部发布)	中华人民共和国外国人入境出境管理法实施细则	1986.12.27 1994.7.13 修订 2010.4.24 修订
13	国家外国专家局	印发《关于提高聘用外国文教专家效益的意见》的通知	1987.4.3
14	劳动人事部、公安部	关于未取得居留证件的外国人和来中国留学的外国人在中国就业的若干规定(已废止)	1987.10.5

续表

序号	制定机关	文件名称	发布时间
15	全国人民代表大会	行政诉讼法(第10章)	1989.4.4
16	全国人大常委会	归侨侨眷权益保护法	1990.9.7 2000.10.31修订
17	国家外国专家局	对外国专家奖励办法	1990.10.26
18	国家外国专家局	关于设立"友谊奖"的暂行规定	1991.6.20
19	国家教委、国家外国专家局	高等学校聘请外国文教专家和外籍教师的规定	1991.10.4
20	公安部	依法处理非法入境、非法居留的外国人的通知	1992.4.6
21	国家外国专家局、公安部、外交部	关于实行《聘请外国文教专家单位资格认可办法》的通知	1992.6.12
22	国家外国专家局、财政部、国家外汇管理局	关于外国文教专家实行新的标准合同的通知	1992.7.14
23	最高法院、最高检察院、公安部、外交部、司法部、财政部	关于强制外国人出境的执行办法的规定	1992.7.31
24	公安部、国家教委、外交部	关于妥善解决外国留学生在华非法居留问题的通知	1992.12.21
25	劳动部	关于境外人员入境就业工作几点具体意见的通知	1993.5.15
26	国家外国专家局	外国文教专家聘用合同争议仲裁暂行规定	1993.5.24
27	国家外国专家局	外国文教专家聘用合同管理暂行办法(已废止)	1993.5.24
28	国家外国专家局	关于对介绍外国文教专家来华工作的境外组织和境内中介机构管理的暂行办法	1993.6.15
29	国家外国专家局	介绍外国文教专家来华工作的境外组织资格认可	1993.10.1
30	国家外国专家局、财政部	关于调整外国老专家的工资和和解决其特殊问题的通知	1994.1.1
31	国家外国专家局	关于使用《外国专家证明书》的通知(已废止)	1994.2.17
32	劳动部	台湾和香港、澳门居民在内地就业管理规定(已废止)	1994.2.21

续表

序号	制定机关	文件名称	发布时间
33	国家外国专家局、财政部、铁道部、国家外汇管理局、国家计委价格管理司	关于实行《外国专家证》的通知	1994.4.29
34	公安部	关于公安机关出入境管理部门对三资企业内的外国人管理的意见	1994.5.23
35	劳动部、外经贸部	关于印发《外商投资企业劳动管理规定》的通知	1994.8.11
36	公安部、劳动部、外交部	关于制止外国人在华非法就业的通知	1994.10.31
37	国家外国专家局	关于加强境外渠道派遣的外国文教专家合同管理的通知	1994.11.21
38	人事部专家司	关于回国（来华）定居专家工作有关问题的通知	1995.3.27
39	国家教育委员会	关于开办外籍人员子女学校的暂行管理办法	1995.4.5
40	国家工商行政管理总局	关于严禁发布有关移民广告的通知（失效）	1995.7.20
41	公安部	关于坚决制止非法从事招徕移民活动的通知	1995.8.9
42	外专局、国家工商行政管理总局	外国专业人才来华工作中介机构管理暂行办法	1995.8.25
43	劳动部、公安部、外交部、外经贸部	外国人在中国就业管理规定	1996.1.22
44	国家外国专家局、国家教委	关于颁布《学校及其他教育机构聘请外籍专业人员管理办法》的通知	1996.1.29
45	国家外国专家局	关于印发《外商投资企业外国专家管理办法》的通知	1996.9.1
46	劳动部办公厅	关于做好台港澳人员和外国人在中国内地就业管理工作有关问题的通知	1996.11.4
47	国家外国专家局	《聘请外国专家确认件》管理办法	1997.4.1
48	国家外国专家局	关于实行《外国文教专家职业介绍证明》的通知	1997.7.30

续表

序号	制定机关	文件名称	发布时间
49	国家外国专家局、财政部	外国文教专家工资和生活待遇管理办法	1997.9.1
50	劳动和社会保障部办公厅	关于加强外国人在中国就业管理工作有关问题的通知	1998.12.7
51	国家外国专家局、国家经贸委	关于加强企业聘请外国专家工作的通知	1999.7.19
52	教育部	中小学接受外国学生管理暂行办法	1999.7.21
53	教育部、外交部、公安部	高等学校接受外国留学生管理规定	2000.1.31
54	国家外国专家局	介绍外国文教专家的境外组织中介工作管理办法	2000.3.28
55	国务院	关于加强出入境中介活动管理的通知	2000.9.11
56	公安部、国家工商总局	因私出入境中介活动管理办法	2001.6.6
57	教育部国际合作与交流司	关于中国政府奖学金的管理规定	2001.7.30
58	人事部、教育部、科技部、公安部、财政部	关于鼓励海外留学人员以多种形式为国服务的若干意见	2001.8.19
59	国家工商行政管理总局	关于中国公民因私出入境中介活动广告管理的通知	2001.8.29
60	国家外国专家局	关于印发《引进人才专家经费管理实施细则》(暂行)的通知	2001.12.7
61	国务院办公厅转发(公安部、外交部等)	关于为外国籍高层次人才和投资者提供入境及居留便利的规定	2002.4.29
62	江苏省劳动与社会保障厅	关于进一步加强江苏省入境就业管理工作有关问题的通知	2002.7.2
63	教育部	高等学校境外办学暂行管理办法	2003.2.1
64	国家外国专家局	关于落实《关于为外国籍高层次人才和投资者提供入境及居留便利的规定》相关问题的通知	2003.5.26
65	国家外国专家局	突发公共卫生事件期间外国专家工作应急办法	2003.6.10

续表

序号	制定机关	文件名称	发布时间
66	全国人大常委会	中华人民共和国行政许可法	2003.8.27
67	人事部、商务部、工商行政管理总局	中外合资人才中介机构管理暂行规定	2003.9.4
68	国家外国专家局办公室、外交部领事司	关于使用和管理《外国专家来华工作许可证》的通知	2004.8.8
69	国务院批准(公安部、外交部发布)	外国人在中国永久居留审批管理办法	2004.8.15
70	国家外国专家局	关于印发《外国专家来华工作许可办理规定》等的通知(聘请外国专家单位资格认可办理规定、介绍外国文教专家来华工作的境外组织资格认可办理规定)	2004.9.30
71	国家外国专家局	关于公布国家外国专家局行政许可项目申请表格、行政许可证书式样、行政许可受理情况通知单及行政许可网站的通知	2005.5.24
72	劳动和社会保障部	台湾香港澳门居民在内地就业管理规定	2005.6.14
73	全国人大常委会	治安管理处罚法(第10条、第61条、第62条)	2005.8.28
74	劳动和社会保障办公厅	关于外国人在中国就业持职业资格证书有关问题的函	2005.9.13
75	全国人大常委会	中华人民共和国护照法	2006.4.29
76	安徽省委办公厅、安徽省人民政府办公厅	关于引进海外高层次留学人才的意见	2006.4.29
77	国家外国专家局	关于印发《关于完善在华工作外国专家医疗保障制度的意见》的通知	2006.5.11
78	国家外国专家局	外国专家在华工作突发事件应急预案	2006.8.25
79	人事部等	关于建立海外高层次留学人才回国工作绿色通道的意见	2007.3.30

续表

序号	制定机关	文件名称	发布时间
80	国家外国专家局	关于规范在华任职外国文教专家和外籍专业人员“转聘”和“兼职”等问题的意见	2007.5.14
81	国家外国专家局	关于进一步加强外国专家管理工作的通知	2007.12.14
82	全国人大常委会	劳动争议调解仲裁法	2007.12.29
83	国家外国专家局	关于印发《外国文教专家聘用合同管理办法》的通知	2008.3.10
84	国家外国专家局	关于启用新版《外国专家证》的通知	2008.4.7
85	国家外国专家局	外国专家来华工作证件管理系统使用规定(暂行)	2008.5.9
86	国家外国专家局	《外国专家证(经济技术类)》办理程序	2008.8.20
87	中组部等	关于为海外高层次引进人才提供相应工作条件的若干规定	2008.12.19
88	中央人才工作协调小组(中共中央办公厅转发)	关于实施海外高层次人才引进计划的意见	2008.12.23
89	国家外国专家局	关于公布试行《普通外国文教专家及专业人员在华工作工资参考线》的通告	2009.6
90	安徽省委办公厅、安徽省人民政府办公厅	关于加强引进海外高层次人才工作的实施意见	2009.11.6
91	国家外国专家局	关于进一步规范外国文教专家聘请活动的意见	2010.9.3
92	教育部	关于印发《留学中国计划》的通知	2010.9.21
93	全国大会常委会	中华人民共和国社会保险法(第97条)	2010.10.28
94	全国人大常委会	涉外民事关系法律适用法(第41条、第43条等)	2010.10.28
95	人力资源和社会保障部办公厅	关于涉外劳动人事争议处理有关问题的函	2010.11.30
96	国家外国专家局	关于做好外国专家劳动人事争议仲裁工作的通知	2011.1.18
97	人力资源和社会保障部	外国专家来华工作条例(列入工作规划)	2011.1

续表

序号	制定机关	文件名称	发布时间
98	人力资源和社会保障部	外国人在中国工作管理条例(列入工作规划)	2011.1
99	人力资源和社会保障部	在中国境内就业的外国人参加社会保险暂行办法	2011.9.6
100	全国人大常委会	中华人民共和国出境入境管理法(草案)	2011.12.31

资料来源：根据商务部、人力资源和社会保障部等网站资料整理。

入境就业方面比较重要的带有一定综合性的法律和政策文件主要有：(1)《国务院关于引进国外人才工作的暂行规定》；(2)《中华人民共和国外国人入境出境管理法》及其"实施细则"；(3)《外商投资企业劳动管理规定》；(4)《外国人在中国就业管理规定》；(5)《外国专家来华工作许可办理规定》；(6)《高等学校接受外国留学生管理规定》；(7)《关于建立海外高层次留学人才回国工作绿色通道的意见》；(8)《中央人才工作协调小组关于实施海外高层次人才引进计划的意见》；(9)《在中国境内就业的外国人参加社会保险暂行办法》；(10)《关于做好外国专家劳动人事争议仲裁工作的通知》等。现对以上所列法律和政策文件的主要内容进行分析，以此为下文分析我国入境就业法律制度存在的主要问题及提出《跨境就业法》建议稿奠定基础。

(一)《国务院关于引进国外人才工作的暂行规定》

该文件是1983年9月26日国务院颁发的，共有29个条文，包括如下10个方面的内容：(1)引进的范围和重点；(2)计划管理；(3)对外联系；(4)确定人选的工作程序；(5)经费；(6)充分发挥来华专家的作用；(7)生活待遇；(8)保密和安全；(9)出入境手续；(10)其他。值得一提的是，在颁发该文的通知中要求不要在报刊上登出本文件，注意对外保密；不要在广播和报刊上宣传我国的引进国外人才的活动。现将该规定的主要内容分析如下：

1. 引进范围和重点

首先明确了"引进人才"的含义，既包括聘请国外专家来我国长期或短期参加各项建设，也包括安排外籍专家或华侨来华定居以参加我国建设，即这些人才既可以是来我国定居的，也可以是不定居的。在引进其他外籍人才的同时，重点是引进华侨和外籍华人。这些人才可以广泛分布在我国的各个领域，包括生产建设、科教文化、金融商贸以及政法行政等部门。特别值得一提的是，规定不仅要求引进生产技术和经营管理方面的"各种专家"，而且包括"高级技工"。引进人才工作必须保证质量、围绕重点、加强领导，对引进的人才提供良好服务，并一律允许来去自由。

在管理体制方面，由当时的劳动人事部负责办理来华定居专家的审批、工作安排、对外联系、经费开支、生活接待等各项工作；由当时的劳动人事部、国家科委、国务院办公厅外国专家局负责对归口范围内的人才引进工作进行检查督促。

2. 计划管理

分国家重点项目的引进人才计划和国务院各部门和各省、市、自治区主管项目的引进人才计划，以及各基层企事业单位的引进人才计划三个方面，不同的计划由不同部门提出并履行相应的审批手续。虽然实行计划审批，但审批权限已经实现了分散和下放。引进人才的计划被批准后，应分别通过国家科委、外国专家局、劳动人事部汇总后统一通知我有关使领馆。

3. 对外联系

首先，要防止多头联系，对外联系渠道应当统一协调，如可以统一由外国专家局或国家科委通知我驻外使领馆去物色、邀聘。其次，要充分发挥群众团体和民间往来的渠道对外联系人选，也应通过对外访问考察、科技交流合作、商务谈判和举办国际会议等方式，收集国外专门人才的线索和资料（但明确规定不要专门组团出国调查）。另外，外国专家局和国家科委要建立国家一级的国外人才资源总库，向各用人单位开展咨询服务和推荐人选工作。

4. 确定人选的工作程序

主要分两个阶段，首先是人选的物色。用人单位要通过对外联系渠道和同行专家对每个聘请对象进行了解，掌握其经历、水平、专长、能否胜任工作、要求待遇及健康状况等方面情况，择优确定人选后再报有关部门审批。其次是手续办理，包括：通知有关使领馆办理签证，由用人单位向专家发出聘书，专家办理各项来华手续，试工作一段时间，签订正式聘用合同，向主管部门报送到职通知书等。

5. 经费来源

首先，国家财政每年拨出专项费用，主要用于引进国外人才的活动经费、重点资助费、突出贡献奖励费等。其次，原则上由用人单位支付聘请人才所需的费用。另外，如果是依托项目聘请的人才，从项目费用中开支。

6. 充分发挥来华专家的作用

首先要明确责任、严格履约；其次对引进的人才要做到充分相信、赋予权责、虚心学习、团结友好、注重奖励等。

7. 生活待遇

工资收入方面要保证不低于其本人在国外的实际水平，可重金聘请起关键作用的急用人才。在华期间食、住、行等方面费用由用人单位负担并按月付给一定的生活补助。家属照顾方面，对自费随同来华的家属，要给予方便和适当补助。住房条件改善方面，原则上由用人单位负责解决，既可以利用条件较好的饭店、宾馆接待来华的专家,也可对现有的房舍进行改建和修缮后利用。来华专家子女入托、入学方面,各级政府和教育部门要优先照顾,妥善解决。

8. 保密和安全

首先,引进人才不可违反人才来源地的法律法规。其次,对引进人才工作不要作公开宣传。第三,要求引进人才为我方保守机密。第四,不得对外泄露引进国外人才的工作部署、各类人才的资料和引进渠道等内部机密。

9. 出入境手续

放宽来华专家出入境签证的条件并简化手续。适当延长外籍专家国内居留证的一次有效期限并给有些人永久居留权。可以办理长期有效的多次出入境签证以便利经常来华的专家。

由此可见,《国务院关于引进国外人才工作的暂行规定》确立了引进国外人才活动,规定了10个方面的制度,具体是:文件本身不公开对外宣传、重点引进、国内多部门分别归口管理与计划报批、对外实行单头联系及多渠道收集信息相结合、严格合同及程序管理、专项经费支持与单位自筹经费相结合、充分发挥来华专家的作用、提供多方面生活优惠待遇、加强引进国外人才工作的保密和安全管理、简化出入境和居留手续等。该文件虽然产生于计划经济时期,留有计划经济的烙印,但它所确立的以上制度,为以后类似制度的制定提供了基本框架,对以后的引进国外人才工作产生了深远影响。它是我国较早的、至今效力层次最高的、涉及内容较全面的综合性的引进国外人才工作的纲领性文件。它在简化外国专家出入境和居留手续的规定方面,其力度并不逊色于此后所出台的同类政策,即使和同时期国际上其他发达国家比较先进的技术移民法相比,也可以相提并论[6]473。当然,该规定囿于历史条件限制,计划色彩较浓,特别是要求对文件本身保密的规定已和今天的法制理念相去甚远。

(二)《中华人民共和国外国人入境出境管理法》及其"实施细则"

该法是1985年11月22日第六届全国人民代表大会常务委员会第十三会议通过的,共分8章35个条文。其中与入境就业有关的规定有:在中国境内的外国人的合法权益受中国政府保护(第4条);中国政府出入境管理中奉行对等原则(第6条);持有应聘或者受雇证明来中国工作的外国人申请签证的前提条件(第8条);特定的外国人经批准可获得长期居留或者永久居留资格(第14条);来华留学生未经允许不得在中国就业(第19条)。

《中华人民共和国外国人入境出境管理法实施细则》是1986年12月27日公安部、外交部发布并于1994年7月13日和2010年4月24日国务院批准两次修订,共8章57条。其中与入境就业有关的规定有:对未经批准私自谋职的外国人,给予终止其任职或者就业，处 1000 元以下的罚款，情节严重的并处限期出境的处罚；对私自雇用外国人的雇主，给予终止其雇用行为，处 5000 元以上 5 万元以下的罚款，责令其承担遣送该外国人全部费用的处罚（第 44 条）。该法律重申了保护外国人合法权益的宪法规定，并明确规定了对等原则，这对入境就业的规范来说是其可取之处。

而从其第 8 条规定来看，该法只设立了雇主提名型或雇主担保型工作签证制度，不允许独立工作签证的存在。所谓雇主提名型工作签证，是指外国人申请到东道国工作之前，必须先取得东道国雇主的工作邀请方可办理工作签证；所谓独立工作签证，是指外国人申请到东道国工作之前，不需要东道国雇主的工作邀请，也不需要通过雇主申请，而是直接向移民或出入境管理部门申请批准工作签证。许多发达国家在吸纳外国人就业制度中建立了以雇主担保或提名型工作签证为主、以独立工作签证为辅的制度。实践已经证明，独立工作签证制度虽然存在一定问题，但在更多更好地地吸纳外国人就业方面效果明显。

至于第 19 条有关对来华留学生在中国就业的限制反映了我国并未将本应成为海外高层次人才重要来源的留学生看作是巨大的外国人才储备，也与其他很多发达国家允许国外留学生在毕业后的一定期限内凭雇主邀请可以不需离境直接申请工作签证形成明显差别。虽然 1987 年 10 月 5 日劳动人事部、公安部在《关于未取得居留证件的外国人和来中国留学的外国人在中国就业的若干规定》中对来华留学生在中国就业的限制有所放松，规定未取得居留证件的和来中国留学的外国人符合法定条件的，经劳动人事部门批准可以获得就业许可，但该文件已随着 1996 年 5 月 1 日《外国人在中国就业管理规定》的实施而失效。

另外，实施细则第 44 条规定的处罚措施总体来看力度偏低，因为该条并未提到刑事责任承担问题。至于“情节严重的”可并处限期出境处罚的规定也很难操作，因为实施细则对“情节严重”如何界定并未加以明确。

（三）《外商投资企业劳动管理规定》

该文件是劳动部、外经贸部于 1994 年 8 月 11 日出台，共 36 个条文。其中与入境就业相关的内容是：企业原则上应在我国境内招聘中方职工；确需招聘外国人及台湾、香港、澳门地区人员的，必须按规定经当地劳动行政部门批准、办理就业证等有关手续后方可进行（第 6 条）。由此可见，该规定十分注重保护我国劳动者的就业机会；但“确需”不明确，未加任何限定，弹性太大。

（四）《外国人在中国就业管理规定》

该规定是劳动部、公安部、外交部、对外贸易经济合作部于 1996 年 1 月 22 日发布，包括总则、就业许可、申请与审批、劳动管理、罚则、附则共6章37条。该规定是到目前为止我国调整外国人在中国就业法律关系方面最全面、最重要的法律文件，现将该规定的主要内容分析如下：

1. 明确“外国人在中国就业”的概念

是指在中国没有定居权的外国人（非泛指任何外国人）在中国境内从事社会劳动并获取劳动报酬的就业行为（第2条）。特别值得一提的是，这里的“外国人”并未将外国普通劳动者和“外国专家”截然区分开，而是将两者包括在内，只是根据我国引进国外人才的特殊需要对外籍专业技术和管理人员等高层次人才（如目前持有“外国专家证”的外国人）在同一部法律文件中做出特别规定。这也正是本书所主张的立法模式。同时，这里的“外国人在中国就业”立法问题正是本书所指的入境就业立法问题的主要方面。另外，劳动部及有些地方性相关文件已直接使用“入境就业”一词①。

2. 规定了聘雇外国人的岗位要求

这些岗位应同时具备“有特殊需要”、“国内暂缺适当人选”、“不违反国家有关规定”②的条件（第6条）。但如何界定“有特殊需要”并无明确规定，如何证明“国内暂缺适当人选”，也无衡量标准。这种简单粗放的规定必然导致有关部门在审批时带有很大的主观随意性，或导致懒惰式管理方式滋生。这种状况一方面不利于保护国内劳动者的就业权益，另一方面也不利于我国引进急需紧缺的国外人才。因此，确立我国的职业清单和紧缺职业清单制度以及劳动力市场测试制度，进行精细化管理非常必要，但这同时也对目前的管理水平提出很大的挑战。

3. 规定了外国人在中国就业必须具备的条件

其中工作邀请是入境就业的必备的条件之一，即到中国就业须“有确定的聘用单位”（第7条）。但从2002年国务院下发了国办[2002]32号文③后，不少地方对持商务“F”字签证、旅游“L”字签证的外国人，只要是法人代表、董事会成员、具备国外的高级学历以上证书等情况，就可以直接办理“外国人就业证”，再到公安部转为“Z”字职业签证和办理居留证件，即“入境改签”。

与此同时，“外国人就业许可证”和“外国人就业证”“两证并办”的情况较多，这

---

① 如劳部发[1993]43号文件的名称为“关于境外人员入境就业工作几点具体意见的通知”、苏劳社就管[2002]45号文件的名称为“关于进一步加强江苏省入境就业管理工作有关问题的通知”、浙劳社就[2008]91号文件的名称为“浙江省劳动和社会保障厅关于严格执行外国人持职业签证入境就业规定的通知”等。

② 公安部1994年的通知（公发[1994]17号）中曾规定，不得雇用外国人从事服务员、礼仪小姐及其他一般性劳务。

③ 该文件全称为《关于给外国籍高层次人才和投资者提供入境居留便利的规定》。

就规避了我驻外使领馆签发职业签证等重要监管环节，容易出现疏漏。这种现象使上述第 7 条的规定流于形式，但如果严格按该条执行，即不允许“独立工作签证制度”或“入境改签”的存在，又会使入境就业制度陷入过度僵化的状况，这是进一步立法时需要考虑的重要问题之一。

“具有从事其工作所必须的专业技能和相应的工作经历”也是必备的条件之一(第 7 条)，但专业技能最简单的衡量方式是持有职业资格证书，而我国目前很少和其他国家实施职业资格证书互认制度，外国人由于语言障碍也很难获得我国的职业资格证书，这就把一批我国需要的国外劳动者挡在国门之外。

4. 留学生、职业签证家属等人员不得就业及入境就业手续办理的规定

除非特殊情况，持 F、L、C、G 字签证者[①](即未取得居留证件的外国人)、来华留学生及持职业签证外国人的随行家属不得在中国就业(第 8 条)。这里对来华留学生在中国就业的限制，加大了他们来中国就业的成本，与其他很多发达国家允许留学生毕业后不需返回来源国而直接在留学国申请一定期限的职业签证形成了较大反差。

另外，一般情况下，外国人需要持职业签证、外国人就业证、外国人居留证件，“三证齐全”方可在中国境内就业(第 8 条)，程序较为繁琐。同时，规定的第 9 条和第 10 条还规定只有特定范围内的人员才可免办就业许可证和就业证或免办许可证。

现将外国人在中国就业办理手续的流程用图 5 表示。

5. 行业主管部门批准和劳动行政部门核准制度

用人单位聘用外国人，须向其行业主管部门(与劳动行政主管部门同级)提出申请(第 11 条)。经行业主管部门批准后，用人单位应持申请表到劳动行政部门办理核准手续。核准的依据是行业主管部门的意见和劳动力市场的需求状况(第 12 条)。

6. 劳动行政部门批准制度

指无需行业主管部门批准，直接到劳动行政部门发证机关提出申请和办理就

① 根据《中华人民共和国外国人入境出境管理法实施细则》第 4 条规定，F 字签证发给应邀来中国访问、考察、讲学、经商、进行科技文化交流及短期进修、实习等活动不超过 6 个月的人员；L 字签证发给来中国旅游、探亲或者因其他私人事务入境的人员，其中 9 人以上组团来中国旅游的，可以发给团体签证；C 字签证发给执行乘务、航空、航运任务的国际列车乘务员、国际航空器机组人员及国际航行船舶的海员及其随行家属；G 字签证发给经中国过境的人员。另外，D 字签证发给来中国定居的人员；Z 字签证发给来中国任职或者就业的人员及其随行家属；X 字签证发给来中国留学、进修、实习 6 个月以上的人员；J－1 字签证发给来中国常驻的外国记者，J－2 字签证发给临时来中国采访的外国记者。

业许可手续,包括两种情况:一种是中央级用人单位、无行业主管部门的用人单位聘用外国人,另一种是外商投资企业聘雇外国人(第13条)。这种规定带来的结果是,除中央级用人单位、无行业主管部门的用人单位和外商投资企业外,其他绝大多数单位聘用外国人将增加行业主管部门批准这一程序,这会导致这些可能更需要引进外国人才的单位增加了引进外国人才的成本,从而产生逆向引导外国人才流向的现象,即越是急需引进外国人才的单位因为引才成本的提高而越是难以引进。

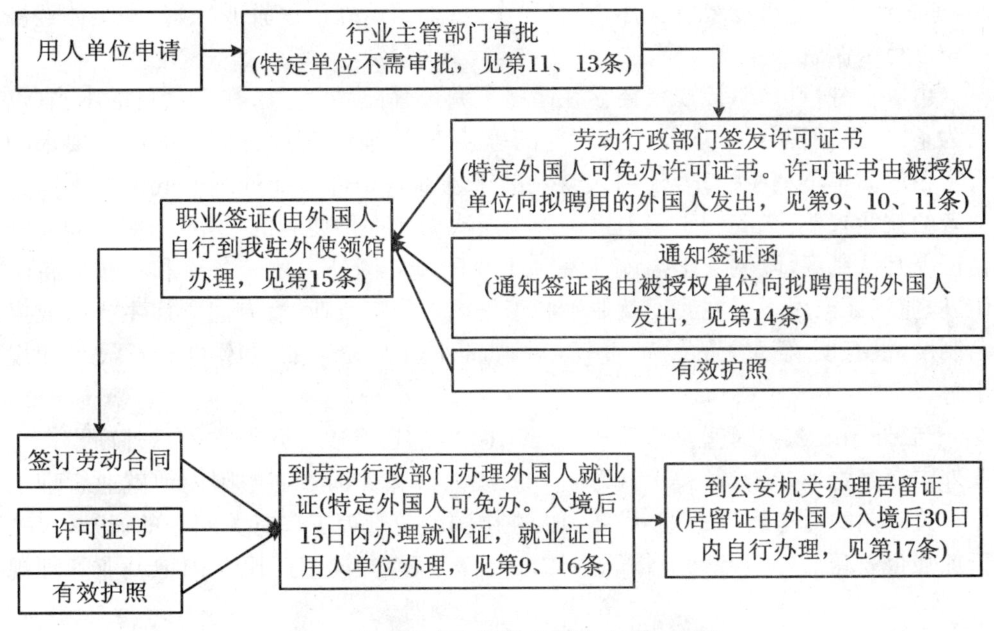

图5　外国人在中国就业手续办理流程图

(依据《外国人在中国就业管理规定》绘制)

7. 关于合同期限及合同续签的规定

被聘用的外国人与用人单位签订的劳动合同的期限最长不得超过5年。劳动合同期满后,履行审批手续可以续订,并办理就业证、居留证件延期手续(第18、19、20条)。而我国现行《劳动合同法》的立法目的之一是要鼓励用人单位和劳动者双方建立长期的或无固定期限的劳动合同,以扭转长期以来我国劳动合同短期化、劳动关系不稳定的不良现象,且明确规定已连续订立二次劳动合同,不论其合同期限长短,再次签订劳动合同时,如果劳动者没有主动提出签订有固定期限的劳动合同,就必须签订无固定期限的劳动合同①。而入境就业立法关于用人单位和

① 见2007年6月29日出台的《中华人民共和国劳动合同法》第14条的规定。

外国人之间的劳动合同期限长短规定的考量，不能仅限于如何维护劳动关系的稳定，还必须考虑维护我国劳动者的就业权益以及我国经济社会对长期接受外国人就业及居留的承受能力。因此，进一步立法时关于外国人与用人单位签订的劳动合同的期限规定也是需要重点考虑的问题之一。

8. 对聘雇外国人工作的主体的限制性规定

明确禁止个体经济组织和公民个人聘用外国人(第34条)。而现实情况是，有些个体经济组织的规模并不小于个人独资企业，既然对个人独资企业无招聘的限制，那么作为平等市场经济主体，对公民个人(如需请外语家教或保姆)和个体经济组织进行限制就并无充分理由。

由以上分析可知，该规定还存在诸多不完善、待改进之处，如立法目的不当(仅是为了"加强管理")，管理外国人就业的思路不清，有关聘雇外国人的岗位要求的规定粗放简单不利于操作，外国人就业的市场准入条件未能处理好既保护本国劳动者的就业权益，又有利于为引进国外高层次人才提供便利的关系，未明确职业资格证书互认制度，限制留学生就业不利于我国建立国外人才储备库和科技后备队伍，职业签证家属不得在我国就业不利于外国人稳定就业，没有建立雇主担保或提名制度，没有明确雇主的管理责任，对聘雇外国人工作的主体的不当限制性规定等。

与《外国人在中国就业管理规定》密切关联的还有以下几个文件：《外商投资企业外国专家管理办法》、《关于做好台、港、澳人员和外国人在中国内地就业管理工作有关问题的通知》、《关于加强外国人在中国就业管理工作有关问题的通知》、《关于加强企业聘请外国专家工作的通知》、《台湾、香港、澳门居民在内地就业管理规定》等。

《外商投资企业外国专家管理办法》是1996年9月1日由国家外国专家局颁发的。值得一提的是，该办法主要内容包括两部分，即"外国专家来华管理"和"外国专家工作管理"。从理论分析来看，前一部分是出入境法的内容，主要涉及我国对入境就业者的选择；后一部分是劳动法的内容，主要涉及入境就业者在我国的融入，其中重点是劳动关系的调整。这是本书关于跨境就业法(特别是其中的入境就业法)是出入境法和劳动法有机整合观点的一个很好的例证。另外，该办法中提到的"聘请外国专家确认件"，其功能应等同于"外国专家来华工作许可证"。

《关于做好台、港、澳人员和外国人在中国内地就业管理工作有关问题的通知》是1996年11月4日劳动部办公厅颁发。该通知明确规定，外国人和台、港、澳人员在中国内地投资，不视为就业，不需办理就业审批手续。在外商投资企业和台、港、澳投资企业中担任总经理、副总经理职务的外国人和台、港、澳人员入境后都应办理就业证，但入境前是否要办理就业许可证要求有所不同，外国人要求办理就业许可证，而台、港、澳人员入境前免办就业审批手续。

《关于加强外国人在中国就业管理工作有关问题的通知》是 1998 年 12 月 7 日由劳动与社会保障部办公厅颁发。通知规定，来中国投资的外籍投资者是否要办理就业证取决于其是否参与企业经营管理。不直接参与企业经营管理的，无需职业签证；凡直接参与企业经营管理的，按《规定》办理有关职业签证等手续。但通知并未明确如何衡量“直接参与企业经营管理”。该通知还就其他特定情况下就业手续的办理作出规定。另外，通知中还在两处直接使用了“入境就业”一词。

《关于加强企业聘请外国专家工作的通知》是 1999 年 7 月 19 日国家外国专家局、国家经贸委颁发。该通知主要规定了外国专家局对项目的优先立项和对外国专家的优惠和奖励等政策。

《台湾、香港、澳门居民在内地就业管理规定》是 2005 年 6 月 14 日由劳动和社会保障部颁布的规章[①]。1994 年 2 月 21 日劳动部曾颁布了《台湾和香港、澳门居民在内地就业的管理规定》，但随着香港和澳门陆续回归祖国以及 2003 年《内地与香港关于建立更紧密经贸关系的安排》（简称 CEPA 协议）的签订，1994 年的规定已不能适应形势发展的需要。在此背景下，劳动和社会保障部在 2005 年对此规定进行了修订，以便为台、港、澳居民在内地就业提供更多便利。

修改的主要内容包括：

(1) 调整了制定规章的目的和宗旨

原规定第 1 条在表述目的和宗旨时将“加强对台湾和香港、澳门居民在内地就业的管理”放在首位，将“保护应聘受雇者和用人单位的合法权益”放在第二位。新规定将二者次序作了调整，把“权益保护”放在首位，“就业管理”放在第二位，并更准确地将保护对象微调为“台湾居民、香港和澳门居民中的中国公民（简称台、港、澳人员）”。同时，依据劳动法关于用人单位处于强势一方的原理，未将用人单位的权益保护和就业人员的权益保护相提并论。

(2) 放宽了台、港、澳人员在内地就业的条件限制

原规定第 9 条规定的限制条件有“从事的岗位是用人单位有特殊需要，且内地暂缺适当人选”、“公开招聘三周以上，仍招聘不到所需人员”等，新规定里不再提出这些限制条件。

(3) 扩大台、港、澳居民在内地就业的空间

原规定虽然允许台、港、澳居民被个体工商户等各类经济实体聘用，但并未规定他们可以自己从事个体经营。而新规定允许香港、澳门人员（不含台湾人员）在

① 它的出台，废止了原劳动部 1994 年 2 月 21 日颁布的《台湾和香港、澳门居民在内地就业管理规定》。

内地从事个体经营。

(4) 简化了台、港、澳人员在内地就业的手续

将就业审批权限统一下放到地(市)级劳动保障部门,并取消了原规定中有关台、港、澳人员就业证实行年检制度和续聘审批制度等。

(5) 明确了台、港、澳人员在社会保险方面享有与内地居民同等的待遇

原规定并未直接规定台、港、澳人员的社会保险权益,而新规定第11条明确规定需要"按照《社会保险费征缴暂行条例》的规定缴纳社会保险费"。

由以上分析可知,台、港、澳人员在内地就业几乎与内地居民享有平等的权利,内地给予台港澳同胞就业的条件相比外国人在我国的就业条件更加宽松。

(五)《外国专家来华工作许可办理规定》

该规定是2004年9月30日由外国专家局颁发[①]。其主要内容包括:

(1)申请"外国专家来华工作许可"的外国专家在身体健康、无犯罪记录的前提下须符合以下5个条件之一。条件1:执行有关协议、协定和合同,应聘来华工作的专业技术或管理人员;条件2:应聘从事文教类工作的专业人员;条件3:来华担任企业副总经理以上职务或同类型管理工作的高级专业技术或管理人员;条件4:经批准的境外专家组织或人才中介机构常驻中国的代表;条件5:应聘在中国从事经济技术等领域工作,具有特殊专长、中国紧缺的专业技术或管理人员。上述条件2、条件3类外国专家应具有大学学士以上学位和5年以上相关工作经历,语言教师应具有2年以上相关工作经历。

此处采取列举式方法规定外国专家的条件或类别,列举式的弊端不仅是很难列举全面,而且随意性较大,如本规定所列举的5项条件和《〈聘请外国专家确认件〉管理办法》所列举的5项条件就不完全相同。前者中的"来华担任企业副总经理以上职务的高级专业技术或管理人员"后者中没有;而后者中的"应聘来华在外商投资企业工作的外籍专业技术人员和管理人员"前者中也没有。建议对外国专家所必须具备的条件既采取概括式规定(如可规定:外国专家是指符合专家资格条件,根据我国社会主义建设事业发展需要来华从事长期或短期工作的各类专业技术人员和管理人员)又对重要方面进行列举。

从以上5个条件看,我国规定的外国专家条件比较宽松,5个条件中只有2个条件规定了必须具备大学学士以上学位和一定的工作经验。另外,规定并未将高级技工型人才作为外国专家的类别或条件之一,应是有待完善之处。

---

① 该规定的颁发,废止了依据1996年国家外国专家局办公室、外交部领事司《关于使用和管理＜聘请外国专家确认件＞的通知》确立的聘请外国专家确认件制度。

(2) 申请许可需提交的材料。包括申请表、最高学历证书或专业资格证明复印件、个人简历、健康证明书、聘用合同等。由此可见，我国要求的外国专家来华许可申请材料比较宽松，其中以聘用合同为主要内容，未要求提供以前雇主的证明信、汉语水平证明、来华工作计划、资产方面的材料等。对学历证明，并未要求提供所有高等教育的成绩单、学历学位证书和专业资格证明的公证件，仅要求提供最高学历和资格证书的复印件即可。

(3) 许可证的办理程序和期限。向外国专家局提出申请的主体是用人单位而不是外国人本人。具体办理程序和期限如图 6 所示。

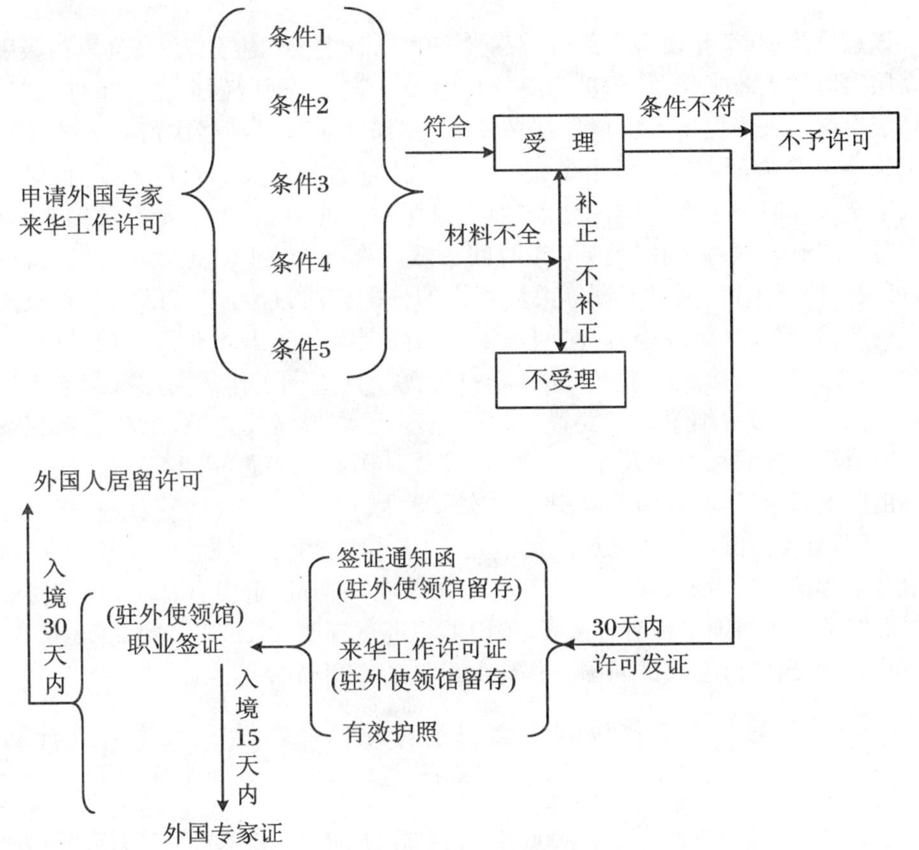

图 6　外国专家来华工作手续办理流程图

(依据《外国专家来华工作许可办理规定》绘制)

(六)《高等学校接受外国留学生管理规定》

该规定是 2000 年 1 月 31 日由教育部、外交部和公安部联合发布。其中与入境就业有关的规定有：将高等学校接受外国留学生的目的定位为增进我国与其他国家人民之间的了解、友谊和促进高等学校的国际交流、合作(第 1 条),未将"有助于吸纳外国高层次人才"作为其潜在的目的之一。规定外国留学生在校学习期间虽然可以按规定参加勤工助学,但不得就业、经商,或从事其他经营性活动(第 36 条)。外国留学生在毕业、结业或肄业、退学后,必须在规定的时间内出境(第 49 条)。由此可见,该规定对留学生的假期兼职、实习工作等未作明确规定,并严防外国留学生在华学习活动演变为就业行为,不利于我国像其他很多发达国家那样通过招收外国留学生的途径而大量吸收优质的国外人力资源。

(七)《关于建立海外高层次留学人才回国工作绿色通道的意见》

该意见是 2007 年由人事部等部门发布的[①],其主要内容分为"高度重视吸引海外高层次留学人才工作"、"积极为海外高层次留学人才回国创造良好条件"、"积极为高层次留学人才提供入出境及居留便利"、"加强对吸引高层次留学人才工作的组织领导"4 个方面,共有 25 个条文。其中与入境就业有关的规定主要有:海外高层次留学人才回国工作,可不受出国前户口所在地的限制,也不受人员编制数额、工资总额限制。其每年在国内工作时间一般应在九个月以上(第 5 条)。待遇方面,可实行协议工资、项目工资等灵活多样的分配方法,也可以自己的专利技术等无形资产参股分红(第 6 条)。对回国工作的高层次留学人才在科研项目申报、技术职称评定等方面给予政策支持(第 7～11 条)。对回国工作的高层次留学人才的配偶工作、子女教育给予妥善安置(第 13 条)。已取得国外长期、永久居留权或加入外国国籍的高层次留学人才回国工作,享受外国专家待遇(第 14 条)。

由以上规定可知,我国对吸引高层次留学人才回国工作已经高度重视。在上述政策中,有关回国工作的高层次留学人才"进人不受指标限制"以及其子女"参加高中升学考试和高考的,同等条件下可优先录取"两项规定很有特色,相信对吸引高层次留学人才回国工作有较大推动作用,以此逐渐改变 1978 年到 2008 年 30 年间,我国各类出国留学人员回国工作比例偏低的不利局面[②]。

(八)《中央人才工作协调小组关于实施海外高层次人才引进计划的意见》

该文件是中共中央办公厅于 2008 年 12 月 23 日颁发。其主要内容包括四个方面。

---

① 该意见是 2000 年党中央、国务院批准下发的《关于鼓励海外高层次留学人才回国工作的意见》(人发〔2000〕63 号)规定的进一步拓展和深化。

② 有关统计数据显示,1978 年到 2008 年底,我国各类出国留学人员总数达 139.15 万人,留学回国人员总数达 38.91 万人,比例不足 28%。http://www.moe.edu.cn/publicfiles/business/htmlfiles/moe/s3124/201002/82571.html,2010-02-08/2012-02-02。

1. 明确指出引进海外高层次人才是一项重大而紧迫的战略任务

人才资源在综合国力竞争中具有决定性作用,是第一资源,而海外高层次人才更是我国的特需资源。只有大力引进海外高层次人才,才能使我国在较短时间内拥有一批世界一流人才。

2. 分层次组织实施海外高层次人才引进计划

中央层面实施引进海外高层次人才的"千人计划",以重点引进一批国际一流的战略科学家和科技领军人才。各地区各部门要扎实开展海外高层次人才引进工作,继续做好做强"国家杰出青年科学基金"、"百人计划"、"长江学者奖励计划"等人才引进项目。特别值得一提的是,该意见确立了支持、鼓励非公经济和民办非企业单位引进海外高层次人才的政策思路。

3. 坚持重在使用,切实为海外高层次人才充分发挥作用提供良好条件

要充分理解信任并放手使用引进的海外高层次人才,努力做到待遇招人、事业留人、服务到人、情谊感人。海外高层次人才不仅可以担任高级专业技术职务,还可以担任领导职务。对海外高层次人才可以实行弹性考核制度,避免多头和重复评价。给予各种优厚待遇,解除其后顾之忧。

4. 加强领导,建立健全海外高层次人才引进工作体制机制

中央人才工作协调小组负责牵头成立工作小组。要建立海外高层次人才信息库,增强海外高层次人才引进工作的针对性和实效性。

为贯彻落实上述意见,组织实施"千人计划",中央组织部在 2008 年 12 月发布了《引进海外高层次人才暂行办法》(中组发[2008]28 号),并根据该办法,制定了《海外高层次创业人才引进工作细则》等文件,对各领域海外高层次人才引进工作作出了具体规定。

上述一系列政策文件,反映出我国政府对大力吸纳海外高层次人才、参与国际人才激烈竞争的重视和决心,政策力度之大、重视程度之高不容置疑。但在海外高层次人才资格的认定审核程序、强化用人单位责任、加强聘用合同管理、人才引进财政资金使用监控等方面并无更多的制度创新,同时也反映出我国吸引海外高层次人才入境工作从临时性政策调整到持久稳定权威的法律调整还有很长的路要走。

(九)《在中国境内就业的外国人参加社会保险暂行办法》

该办法是人力资源和社会保障部于 2011 年 9 月 6 日发布,共有 12 个条文,其主要内容包括:界定了"外国人"的范围(第 2 条)[①]。规定了外国人参加社会保险分

① 包括获得"外国常驻记者证"、"外国专家证"、"外国人就业证"等就业证件和外国人居留证件或永久居留证,在中国境内合法就业的非中国国籍的人员。

为“由用人单位和本人按照规定缴纳社会保险费”和“由境内工作单位和本人按照规定缴纳社会保险费”两种情形(第3条)。关于社会保险待遇的享受,也做了明确规定(第5条)[①]。

该办法充分体现了对外国人在中国就业的各种权益给予同本国劳动者同等水平保护的理念,值得称道。同时,将“外国专家”和普通“外国人”在中国就业或工作的制度放在同一个文件中加以规定,也是本书竭力提倡之做法。这主要是因为:一方面它是国内就业的反歧视原则在调整外国人就业制度上的自然延伸;另一方面,由于实践中很难将“外国专家”和普通“外国人”区分开(有些外国人也搞不清楚自己是否是“外国专家”),如将他们在中国的就业由不同的法律文件调整并设置不同的管理部门,实际上增加了管理成本。

当然,该办法的一些规定与现行的政策文件是否存在冲突值得商榷,如按现行规定,外国人只有在国内有用人单位邀请的情况下才能办理入境就业手续;劳动合同期满时,其就业证即行失效;被聘用的外国人与用人单位的劳动合同被解除后,该外国人须到公安机关办理出境手续;即使是“入境改签”,也应当有明确的用人单位。也就是说,按现行规定,外国人在我国通常不存在国内劳动者所出现的失业状况,那么该办法要求他们参加失业保险是否有必要?或者是否意味着该办法已经默认了一些外国人并未按现行规定在我国合法就业?

与此相关的另一个问题是养老保险。按现行规定,只有交足了15年的保险费才能享受养老保险待遇。而我国出于经济社会各方面承受能力等因素考虑,是严格限制外国人(特别是非专家类的外国人)在我国的就业年限的,如规定其劳动合同的期限最长不得超过5年[②](当然,经批准可以延长)。因此,很多外国人能否在我国交足15年的养老保险费也值得怀疑。那么该办法要求他们参加养老保险是否有必要?这是否意味着该办法已经暗含了支持外国人在我国实现长期稳定就业的理念?

(十)《关于做好外国专家劳动人事争议仲裁工作的通知》

该通知是2011年1月18日由国家外国专家局发布。其背景是由于没有明确的政策法规依据,此前对涉及外国专家聘用合同的争议,多数地方的劳动人事仲裁机构均不予受理,致使一些争议不能得到及时妥善解决。该通知的依据是人力资源和社会保障部办公厅对江苏省人力资源和社会保障厅《关于涉外劳动人事争议

---

① 明确规定如该外国人在达到规定的领取养老金年龄前离境的,其社会保险个人账户的处理方式有两种,一种是予以保留,再次来中国就业的,缴费年限累计计算;另一种是如经本人书面申请终止社会保险关系的,可以将其社会保险个人账户储存额一次性支付给本人。

② 见《外国人在中国就业管理规定》第18条规定。

处理有关问题的请示》所作的回函①。通知的主要内容是要求省级外国专家局要主动加强与劳动人事争议仲裁主管机构的沟通协调，积极配合、支持他们做好外国专家争议受理及仲裁相关工作，并积极推荐熟悉相关政策法规的同志参与仲裁活动。

上述仲裁中适用的程序规则主要是2007年12月29日出台的《劳动争议调解仲裁法》及2009年1月1日颁布的《劳动人事争议仲裁办案规则》，此外，如果对仲裁裁决不服而提起民事诉讼，应适用2010年10月28日出台的《中华人民共和国涉外民事关系法律适用法》②。由于部分外国专家存在语言障碍且不熟悉我国法律问题，往往在诉讼中处于不利地位，建议将其纳入法律援助的对象，使外国人在我国的权益得到切实保障，以营造能够吸引更多外国人特别是高层次人才入境就业的法制环境。

三、我国入境就业相关立法的征求意见稿评析

这里主要是指《中华人民共和国出境入境管理法（草案）》。该草案已经通过十一届全国人大常委会第二十四次会议初次审议，并于2011年12月31日在中国人大网（www.npc.gov.cn）公布，向社会公开征集意见。草案的基本框架包括总则、中国公民出境入境、外国人入境出境、外国人停留居留、交通运输工具出境入境边防检查、调查和遣返、法律责任、附则共八章，条文共90条，其中与入境就业法律问题有关的内容主要有以下规定：

（一）关于邀请函件的规定

外国人申请办理签证需要提供邀请函件的，应当按照要求提供。为申请办理签证的外国人出具邀请函件的个人或者单位应当对邀请的真实性负责（第18条）。与《中华人民共和国外国人入境出境管理法》第8条③内容比较，草案对入境就业已不再要求必须有工作邀请，应当是从单纯实行雇主担保或雇主提名签证制度向实行以雇主提名签证为主和独立工作签证为辅相结合转变的一个信号。

---

① 即《关于涉外劳动人事争议处理有关问题的函》（[2010]629号），其主要内容是：依法取得了“外国人就业证”或“台、港、澳人员就业证”或“外国专家证”的外国人、台、港、澳居民与我国用人单位建立劳动人事关系并发生劳动人事争议的，属于我国劳动人事争议仲裁委员会受理范围。

② 该法第43条规定：劳动合同，适用劳动者工作地法律；难以确定劳动者工作地的，适用用人单位主营业地法律。劳务派遣，可以适用劳务派出地法律。

③ 该法第8条规定：应聘或者受雇来中国工作的外国人，申请签证时，应当持有应聘或者受雇证明。

(二) 关于停留、居留、永久居留制度的规定

外国人停留证件的有效期最长为180日(第34条)。外国人如是属于国家需要的专门人才,确需由停留变更为居留的,经批准可以办理居留证件。外国人居留证件的有效期最长为5年,最短为180日(第29条)。对中国经济社会发展作出突出贡献的外国人,经申请和批准,取得永久居留资格(第46条)。而《中华人民共和国外国人入境出境管理法》则规定外国人临时居留证,发给在中国居留不满1年的人员。外国人居留证有效期为1年至5年,在中国投资或者同中国的企、事业单位进行合作,成效显著的经批准可以获得永久居留资格。由以上分析可知,草案关于外国人居留证件的类型及其具体有效期限的规定和现行法规有所不同,但在利用永久居留制度以鼓励高层次外国人来我国工作这一点上是相同的。

(三) 关于入境就业证件的规定

外国人在中国工作,应当取得工作许可和工作类外国人居留证件(第40条)。这里的"工作许可"是否表明将不再区分"就业许可"和"外国专家工作许可",如果真是如此,则正是本书所极力提倡之处。而且按现行规定,外国人在中国工作除了职业签证之外,需要就业许可证(专家工作许可证)、外国人就业证(外国专家证)、居留证"三证齐全",而这里变成两证,也是简化手续以便利外国人入境就业的重要改革。

(四) 关于外国人在中国工作指导目录和外国留学生勤工助学管理制度的规定

外国人在中国工作指导目录由人力资源和社会保障部会同国务院有关部门制定并定期调整,外国留学生勤工助学的岗位范围和时限由教育部会同国务院有关部门规定(第41条)。制定"外国人在中国工作指导目录"对我国来说是一个制度创新,也是西方国家"劳动力市场测试"和"职业清单"制度的借鉴。

所谓劳动力市场测试制度,是指用人单位在招聘我国劳动者之前,须先在本地通过媒体等途径发布招聘广告,进行规定时间内[①]的公开招聘,以证明拟招聘外国人的岗位本地暂无适当人选,而且该岗位招聘外国人也不会影响本国公民和永久

---

① 1994年2月21日劳动部颁布的《台湾和香港、澳门居民在内地就业的管理规定》第9条规定的内地用人单位聘雇台、港、澳人员须符合的条件有"从事的岗位是用人单位有特殊需要,且内地暂缺适当人选"和"有劳动部门所属职业介绍机构开具的,在辖区内招聘不到所需人员的证明,或在劳动部门指导下进行公开招聘三周以上,仍招聘不到所需人员",但2005年劳动和社会保障部对此规定进行了修订,取消了上述规定。

居民类似职位的工资水平和工资环境。设立此制度的目的是使对外国人的招聘活动不影响本国劳动者的就业权益。所谓职业清单制度,是指有关部门根据经济社会发展需要和人力资源供求状况,以职业为标准,编制本国所需的外国劳动力清单。招聘从事该清单所列职业的外国劳动力,可豁免劳动力市场测试。另外,从本条关于外国留学生勤工助学管理制度的规定来看,我国并未将来华留学生看成是外国人才的储备[①]。

(五) 关于非法就业的认定及监管方面的规定

非法就业包括无证入境工作、超许可范围工作、留学生超范围工作等。对是否属于非法就业有争议的,由省、自治区、直辖市人民政府公安机关会同本级人力资源社会保障、教育、商务、工商、外事等部门认定(第 42 条)。此处采取列举式方法对非法就业进行界定,特别是为了落实监管责任,明确规定了非法就业的认定机关。但规定的认定机关过多,易形成互相推诿现象,应将人力资源和社会保障部门作为唯一的认定机关。

(六) 关于非法就业的发现报告制度

用人单位应当向所在地公安机关通报有关聘用外国人工作的信息。发现外国人非法就业的,公民、法人或者其他组织都应当及时向所在地公安机关报告(第 44 条)。一直以来,非法就业比较隐蔽,监管部门人手有限而难以发现,此处的规定有利于对非法就业的查处打击工作,但如果明知而不报告是否要承担责任却并未明确。

(七) 关于非法就业查处的规定

对涉嫌违反出境入境管理的人员,可以当场盘问(第 57 条);对有非法就业嫌疑的外国人,可以拘留审查(第 58 条);对非法入境、非法居留、非法就业的,可以遣送出境,自被遣送出境之日起 5 年内不准入境(第 61 条)。这些规定与现行的有效规定比较来看,对非法就业的查处措施更加多样,查处力度明显加大[②]。

(八) 关于对非法就业法律责任的规定

对违法为外国人出具邀请函件或者其他申请材料的单位或者个人,给予罚款、

① 很多国家均规定外国留学生有资格从事校内工作、有限度的校外工作和与主修课程有关的实习工作以及毕业后一定期限内留在当地工作的权利,并且他们在申请获得留学国职业移民资格方面比其他人更有优势。

② 现行规定见《中华人民共和国外国人入境出境管理法》第 27 条。

没收违法所得、责令承担所邀请外国人的出境费用的处罚(第71条)。对非法就业的外国人,处罚款、拘留。对介绍外国人非法就业或者非法聘用外国人的,处以罚款(第78条)。和现行规定加以比较可以看出,该法注重从工作邀请、工作介绍等源头上消除产生违法行为的原因,但在此处未提及刑事责任的承担,很难产生杜绝非法就业行为的强大威慑力。

除了上述的综合性较强的法律和政策文本外,国家有关部委还单独或联合发布了大量的专门性的政策文件,内容涉及对外国专家的奖励、中介机构管理、双边协议等方面规定,不再一一赘述。

第二节　我国入境就业法律制度形式上的问题

一、政策性文件在一定程度上直接规范入境就业事务

我国调整海外高层次人才入境工作的方针政策,包括很多具体制度不是以法律文件的形式出现,而是以中央文件的形式出现。例如,中共中央办公厅于2008年12月23日颁发了《中央人才工作协调小组关于实施海外高层次人才引进计划的意见》,提出了组织实施"千人计划"的构想和政策措施导向。为贯彻落实上述意见,中央组织部在2008年12月发布了《引进海外高层次人才暂行办法》(中组发[2008]28号),并根据该办法,制定了《海外高层次创业人才引进工作细则》等文件,对各领域海外高层次人才引进工作作出了具体规定。虽然我国一直有"党管干部、党管人才"的传统,而且政策调整可能具有更加有力、及时和快捷的优势,但毕竟法律调整更加具有持久、稳定、权威的特点,真正符合建立法治国家的历史趋势。这种局面的出现,也反映出我国入境就业法制建设任重道远。

二、缺少效力层次较高和统一调整的基本法律制度

除了中央文件在调整海外高层次人才入境工作方面担当重任外,其他众多调整入境就业法律性文件的效力层次较低,权威性不强。例如,作为调整外国人入境就业的综合性的法律文件《外国人在中国就业管理规定》,仅是劳动部、公安部、外交部、外经贸部联合颁布的一个部门规章;作为调整海外高层次人才入境工作方面起着重要作用的操作规范,《聘请外国专家单位资格认可办理规定》、《外国专家来

华工作许可办理规定》、《组织派遣团组和人员赴境外培训的机构资格认定办理规定》、《介绍外国文教专家来华工作的境外组织资格认可办理规定》，仅是国家外国专家局（隶属于人力资源和社会保障部的副部级单位）出台的规范性文件。另外，除了《外国人在中国就业管理规定》、《台湾香港澳门居民在内地就业管理规定》、《在中国境内就业的外国人参加社会保险暂行办法》等少数法律文件可以看作是对所有境外人员入境就业进行统一调整外，其他众多的法律文件都区分“外国人”和“外国专家”，以进行分别调整。由于实践中有时很难将“外国专家”和普通“外国人”区分开，如将他们在中国的就业由不同的法律文件调整并设置不同的管理部门，实际上增加了管理成本。例如，本来显而易见，即使是高层次的外国专家和用人单位发生聘用合同纠纷争议后，劳动人事争议仲裁机构也应当受理，但受长期以来将“外国人”和“外国专家”进行分别管理的思维定势的影响和出于没有明确的政策法规依据等原因，多数地方劳动人事仲裁机构对这类聘用合同争议不予受理，此种尴尬局面直到 2010 年才得以解除①。

但是值得注意的是，这种将“外国人”和“外国专家”进行分别立法调整的思维方式短期内或许难以改变，据人力资源和社会保障部网站资料显示，有关部门仍有分别起草《外国人在中国工作管理条例（草案）》和《外国专家来华工作条例（草案）》的规划[153]。

三、法律文件缺少适时修正，行文笼统，缺乏透明性

目前调整外国人入境工作效力层次最高的法律文件是 1983 年 9 月 26 日国务院出台的《关于引进国外人才工作的暂行规定》，但受当时浓厚的计划经济体制的影响，其中含有行政审批的内容较多，与当前国际通行做法和市场经济要求差距较大。另外一部与入境就业管理有关的重要法律是 1985 年 11 月 22 日出台的《中华人民共和国外国人入境出境管理法》，但其中直接涉及入境就业内容的条文不多②，至今未做修改充实，仅对其“实施细则”进行了部分微调③。

劳动部、公安部、外交部、对外贸易经济合作部于 1996 年 1 月 22 日发布的《外

① 参见 2010 年 11 月 30 日人力资源和社会保障部办公厅发布的《关于涉外劳动人事争议处理有关问题的函》和 2011 年 1 月 18 日国家外国专家局发布的《关于做好外国专家劳动人事争议仲裁工作的通知》。

② 见《中华人民共和国外国人入境出境管理法》第 8 条、第 14 条、第 19 条规定。

③ 如 2010 年 4 月 24 对“实施细则”第七条第（四）项做了修改，取消对患有艾滋病、性病、麻风病外国人的入境限制，并限定禁止入境的患有精神病和肺结核病外国人的范围为严重精神病和传染性肺结核病。

国人在中国就业管理规定》第 6 条规定了聘雇外国人的岗位要求为“国内暂缺适当人选”、“有特殊需要”、“不违反国家有关规定”。但对如何证明“国内暂缺适当人选”未提出衡量标准;对如何界定“有特殊需要”也并无明确规定。这是立法简单粗放的一个典型反映。

1983 年 9 月 26 日国务院在颁发《关于引进国外人才工作的暂行规定》的通知中要求该规定的内容应对外注意保密,文件不要在报刊上登出,而且对引进国外人才的活动也不要在报刊和广播上进行宣传。这与法律应当公之于众的法治理念和国际通行惯例相去甚远。即使到了 21 世纪的 2008 年底,中共中央办公厅在转发《中央人才工作协调小组关于实施海外高层次人才引进计划的意见》的通知(中办发〔2008〕25 号)中明确要求“此件发至县团级”。另外,2008 年中央组织部的《关于为海外高层次人才提供相应工作条件的若干规定》、《关于海外高层次引进人才享受特定生活待遇的若干规定》也要求不向社会公开。虽然作为党的文件没有向社会公开的法律义务,但和法律文件一样,只有公开透明,才能更好地发挥其对规范调整对象和社会大众的示范引导作用。

四、立法目的表述不当,为管理而管理

1985 年 11 月 22 日出台的《中华人民共和国外国人入境出境管理法》在其立法目的表述中,未提及该法本应具有的保护人权、增进融合、促进发展等目的。1996 年 1 月 22 日颁发的《外国人在中国就业管理规定》在第 1 条将其目的表述为“为加强外国人在中国就业的管理”而制定本规定,但管理的目的是什么并未明确,似乎是为管理而管理。该规定的目的至少还应当包括“规范外国人就业和聘用行为,依法保护在中国就业的外国人、聘用外国人的单位的合法权益和中国劳动者的就业权利”。另外,2004 年 8 月 15 日颁发的《外国人在中国永久居留审批管理办法》也在第 1 条规定了其目的是:为规范外国人在中国永久居留审批管理工作,制定本办法。这里同样未指明“规范管理工作”的目的是什么,其主要目的应当是有利于吸引外国人才和资金及照顾亲属团聚。

总之,上述法律文件不适当地将达到立法目的的手段,即加强和规范管理工作,当作立法目的本身。入境就业法的主要立法目的应当是:为了规范和加强入境就业管理工作,有选择地吸纳我国所需要的各类人力资源,保护入境就业者和用人单位的合法权益及我国劳动者的就业权利,促进对外交流和我国经济社会发展而制定本法。

第三节　我国入境就业法律制度内容上的问题

一、外国人就业的行政管理部门设置不当

外国人就业行政管理可分为外国人工作许可管理和入境后事务管理两大块内容。在外国人工作许可管理方面，又可以进一步分为外国人就业许可和外国专家来华工作许可。

根据《外国人在中国就业管理规定》第 9 条规定，在入境就业准入管理方面，外国专家局审批由我政府直接出资聘请的或由国家机关和事业单位出资聘请的外籍专业技术和管理人员，中国海洋石油总公司审批从事海上石油作业的外籍劳务人员，文化部审批进行营业性文艺演出的外国人。以上 3 类外国人入境就业免办就业许可和就业证。除此之外，第 11 条规定用人单位聘用外国人，须先向其与劳动行政主管部门同级的行业主管部门提出申请。第 12 条规定经行业主管部门批准后，用人单位还需到相关劳动行政部门办理核准手续。第 13 条规定只有中央级用人单位、无行业主管部门的用人单位、外商投资企业聘用外国人，可直接到劳动行政部门申领许可证书。这里不仅存在行业主管部门和劳动行政部门重复审批、程序繁琐的问题，还有特殊行业主管部门、一般行业主管部门、劳动主管部门与外国专家主管部门之间职能交叉重叠、程序不清的问题。

例如，根据 2004 年《外国专家来华工作许可办理规定》，对于担任副总经理以上职务以及享受同等待遇的外国籍专业技术或管理人员，应由外国专家局管理并办理“外国专家证”。而 1998 年 12 月 7 日劳动和社会保障部办公厅在《关于加强外国人在中国就业管理工作有关问题的通知》中要求，来中国投资的外籍投资者，凡直接参与企业经营管理，在企业担任管理职务的（如担任副总经理以上），按《外国人在中国就业管理规定》办理有关就业手续（即申领许可证书和就业证书）。如此一来，到底是办理“外国专家证”还是办理“外国人就业许可证”有时会让企业无所适从。

在外国人入境后事务管理方面，存在的主要问题是多头管理。目前公安部和外交部是主管机关，教育部、人力资源和社会保障部、商务部、外国专家局、国务院侨务办公室、民政部、国家旅游局、国务院港澳办公室等部门是辅助管理机关，分别就不同类别的外国人事务进行管理，出现了管理权限分散与交叉并存的现象，也容

易造成管理责任的错位或缺位，从而增加外国人守法的成本。针对上述现象，应逐步建立我国统一的外国人管理机构。

二、外国人在中国就业与外国专家在中国工作关系不清

目前，在法律文件、管理部门、工作许可、享受待遇等方面人为地将外国人在中国就业与外国专家在中国工作区分开，也就因此造成聘用单位内部员工管理的冲突以及在统计上的漏报和重报。例如，根据2004年《外国专家来华工作许可办理规定》第3条，外国专家可以是应聘在中国从事经济、技术、金融、贸易、税务、财会、工程、旅游等领域工作，中国紧缺、具有特殊专长的外国籍专业技术或管理人员。但是1996年《外国人在中国就业管理规定》并没有排除此类人员以普通外国人身份入境就业。

三、逆向引导外国人才分布现象突出

发达国家和地区的外国人就业制度以及技术移民法给予本国或本地区所有机构、高校和企事业单位在引进外国人才方面以同等地位，甚至鼓励外国人才流向偏远地区，以平衡国外高层次人才分布，有利于促进各地区共同发展。在引导外国人才流向方面，理应给予一般的或处于弱势的用人单位和落后偏远地区以更多优惠政策，以做到雪中送炭。而现行的法律文件把更多的优惠政策赋予强势的用人单位，即逆向引导外国人才流向，是一种锦上添花。

例如，根据《外国人在中国就业管理规定》的规定，中央级用人单位、无行业主管部门的用人单位和外商投资企业聘用外国人，可直接到劳动行政部门申领许可证书；除此之外的一般用人单位聘用外国人，须先向行业主管部门提出申请，经行业主管部门批准后，再到相关劳动行政部门办理核准手续。由此可见，按照上述文件规定，越是重点、大型、档次高的单位聘用外国人审批手续越是简单，反之手续则相对繁琐，从而增加这些处于相对弱势并且更需要国外人力资源的单位的聘用成本。

又如，现在外国专家局实行的是年度集中和定向申报制度，即申报外国文教类专家和经济类专家项目计划是按年度进行，而且有关申报通知主要面向政府机关、重点高校和国有企事业单位，中小型民营单位，有时这些单位甚至没有接到相关通知，这种状况当然会使他们在引进国外人才方面处于不利地位。要改变此种现象，外国专家管理部门应当敞开办公，向各类单位全面开放，随时受理他们的聘雇申请。

再如，2004 年 8 月 15 日发布的《外国人在中国永久居留审批管理办法》第 6 条规定，申请在中国永久居留的外国人应当符合的条件之一是：具有副教授、副研究员等副高级职称以上或在中国担任副厂长、副总经理等职务以上或享受同等待遇。而该办法第 8 条进一步限定了上述外国人的任职单位必须是下列强势单位之一：重点高等学校；高新技术企业、鼓励类外商投资企业、外商投资先进技术企业或者外商投资产品出口企业；执行国家重点工程项目或者重大科研项目的企业、事业单位；国务院各部门或者省级人民政府所属的机构。这里将赋予外国人永久居留权的优惠政策完全给予了上述优势单位和部门，突出地体现了我国现行相关法律法规逆向调节外国人流向的特点。

四、外国人入境就业手续繁琐

按《外国人在中国就业管理规定》第 11、第 12 条要求，用人单位聘用外国人，须先向其与劳动行政主管部门同级的行业主管部门提出申请，经行业主管部门批准后，还需到相关劳动行政部门办理核准手续。而根据该规定第 16、17 条要求，用人单位应在被聘用的外国人入境后 15 天内，持许可证书、签订的劳动合同及其有效护照为外国人办理就业证；已办理就业证的外国人，应在入境后 30 天内，持就业证到公安机关办理居留证。由此可见，外国人入境就业，一般要经过两个行政部门审批或核准，办理就业许可证、就业证和居留证，可概括为“两次审批，三个证件”，这反映了对外国人入境就业市场的过度干预。由于行业主管部门不处于经济活动第一线，对于该外国人才是否为用人单位所必需并不完全知情，同时它也无法从宏观上了解我国人力资源供需状况，由其作为审批机关是否有必要值得怀疑，建议取消该审批程序。又由于就业许可证和就业证的办理机关为同一部门，而且这两个证件的功能和办理程序有重叠之处，建议合二为一，以降低外国人入境就业的程序成本。

五、不当限制外国专家在华工作时间

按照劳动法原理，本国劳动者与用人单位的劳动合同期限应尽量保持持久稳定，以有利于劳动者技能的提高和建立和谐稳定的劳动关系。而入境就业立法关于用人单位和外国人之间劳动合同期限长短的规定，不能仅考虑如何维护劳动关系的稳定，还必须考虑保护接受国劳动者的就业权益以及该国经济社会对长期接受外国人就业及居留的承受能力，但限制就业期限的对象一般是低技能劳动者，对专家型的高技能人才，通常是允许其在接受国长期工作并申请永久居留的。而国家外国专家局、财政部发布并于 1997 年 9 月 1 日生效的《外国文教专家工资和生活待遇管理办法》第 19 条规定:外国文教专家连续在华工作一般不得超过 5 年,如要求再次应聘来华工作,则必须在 2 年以后。该规定不仅和国际通行做法不符,甚至也与调整外国人入境就业的专门性的法律文件《外国人在中国就业管理规定》的内容不一致。《外国人在中国就业管理规定》第 18 条虽然规定用人单位与被聘用的外国人订立的劳动合同的期限最长不得超过 5 年,但履行审批手续后可以续订,而且并未要求再次应聘续订合同必须在 2 年以后。因此,这种限制外国文教专家在华工作时间的规定应在未来立法时给予废除。

六、对外国专家入境工作提交申报材料的要求过于宽松

由于空间距离遥远调查不便和存在语言障碍等原因,我国用人单位所签约的对象是否真正是外国高层次人才必须认真对待,否则可能会上当受骗①。2004 年 9 月 30 日出台的《外国专家来华工作许可办理规定》第 4 条规定的申请材料主要包括个人简历(包括学历、工作经历)、最高学历证书或专业资格证明材料复印件、聘用协议或合同等。由此可见,申请外国专家来华工作许可的材料比较宽松,其中以聘用协议或合同为主,个人简历中未要求提供原雇主介绍信以证明工作经验,学历证书也只是要求提供最高学历证书复印件,未要求提供公证件、所有高等教育学位证书和成绩单等,也未按国际上的惯例要求提供工作计划、汉语能力和资产方面的材料。这种缺少对聘雇外国专家实质审核的状况,不利于确保我国引进的外国专家的质量。

七、对引进外国高级技工人才不够重视

据有关资料显示,发达国家技术工人中,高级工占 35%,中级工占 50%,初级工占 15%。而我国技术工人中,高级工占 5%,中级工占 35%,初级工占 60%。由于高级技术工人缺乏和技工水平整体低下,导致我国每年造成约上千亿元的经济

---

① 参见 2011 年 10 月 15 日《中国青年报》发表的报道:《中国地质大学外籍教授柯斯基再受造假质疑》。报道指出,洋教授蒂姆·柯斯基在 2009 年申报长江学者特聘教授时,在"专业技术职务"一栏中填的是"P. C. Reinert Chair Professor"(中国地质大学将其翻译为自然科学赖纳特首席教授)而没有填写其实际职称"Associate Professor(副教授)"。知名学术打假人方舟子表示,"P. C. Reinert Chair Professor"只是表示有基金捐助这个教席,并不能翻译为"自然科学赖纳特首席教授","'chair'只是教席的意思"。http://news. sina. com. cn/ c/2011-10-15/053523307235. shtml,2011-10-15/2011-12-28。

损失[154]。培养一名高级技工，绝非一朝一日工夫，需要付出时间、费用等昂贵成本。通过吸收外国高级技工人才入境就业，可弥补我国高级技工匮乏的不足。而2004年8月15日出台的《外国人在中国永久居留审批管理办法》中规定的7大类可以申请在我国永久居留的外国人中，却未包括高级技工类人才。其他发达国家如加拿大也曾发生过类似不妥当的移民政策，如规定只有获得大学学历以上人士才有资格申请加拿大移民，但自2007年以后，这项政策已被纠正。因此，在我国进一步修改相关法律时，也必须重视高级技工人才的入境就业问题。这正如众所周知的我国体育界的情况，即不仅要高薪聘请高水平的外籍教练员，也要招揽高水平运动员这类相当于"高级技工"的人才。

八、未将来华留学生视为吸纳高素质入境就业者的潜在资源

根据1996年1月22日《外国人在中国就业管理规定》第8条规定，在中国留学、实习的外国人除了特殊情况外不得在中国就业。2000年1月31日《高等学校接受外国留学生管理规定》第36条规定外国留学生在校学习期间只能按规定参加勤工助学，但不得就业、经商或从事其他经营性活动。第49条规定外国留学生在毕业、结业或肄业、退学后，必须在规定的时间内出境。2010年9月21日教育部发布的《留学中国计划》在其"发展目标"中指出，到2020年，使我国成为亚洲最大的留学目的地国家，并培养一大批知华、友华的高素质来华留学毕业生。其"主要任务"是到2020年，全年在内地高校及中小学校就读的外国留学人员达到50万人次，其中接受高等学历教育的留学生达到15万人。关于"社会实践"的规定是：在条件允许的情况下，为来华留学人员提供勤工助学的便利，创造实习实践条件，逐步建立起教学与实习、课堂与社会对接的教育机制。但该《留学中国计划》通篇未把外国留学生的招收培养与吸纳高素质外国劳动者入境就业二者联系起来。

当前，很多发达国家均规定外国留学生有资格从事校内工作、有限度的校外工作和与主修课程有关的实习工作并且享有毕业后一定期限内留在当地工作的权利。如加拿大允许外国留学生毕业后在加拿大工作3年，英国、德国、日本、荷兰、新西兰和香港地区是1年，法国是半年。这些国家将留学生视为引进高素质外国人才的后备资源的做法值得我国效仿。因为留学生通过在当地的学习，对当地的政治、经济、文化等有较为深刻的了解，语言水平提高很快，比其他未曾留学的人员更容易融入当地社会和作出各项贡献。

九、职业签证外国人随行家属不得就业弊大于利

根据1996年1月22日《外国人在中国就业管理规定》第8条规定，除特殊情况外，持职业签证外国人的随行家属不得在中国就业。虽然该规定的初衷是保护本国劳动者的就业权益，但不利于更好地保障国外高层次人才在我国稳定工作和帮助他们融入我国经济社会生活，总体看弊大于利。越来越多的国家为了更好地吸引国外高层次人才入境工作，在其立法中都放松了对持职业签证者的配偶在当地工作权利的限制，允许他们在当地自由寻找工作。这些国家包括美国、英国、澳大利亚、加拿大、新西兰、荷兰、丹麦等。

十、入境就业者融入制度不健全

入境就业法律制度不仅要设计符合本国国情的外国劳动者选择和准入规则，还必须考虑帮助外国劳动者很好地融入当地社会、经济、文化生活。对于跨境就业者来说，由于历史传统、价值观念、风俗习惯、语言障碍等因素造成的隔膜，使他们初到接收国时甚至以后较长时间内发生不适应当地社会生活的"跨文化冲击"，这种情况难以避免。为此，很多发达国家高度重视外来人员融入本国社会的制度建设，如美国设有对外来移民的语言教育、公民知识教育和公民资格考试等制度。而我国仅对外国高层次人才的融入在提供有形的物质条件和各种奖励方面十分重视，如提供包括居留和出入境、落户、薪酬、资助、住房、家属随迁、医疗、保险、税收、子女就学、"友谊奖"评审[①]等在内的优厚待遇，但对一般外国人才、普通外国人的融入则很难提供上述优惠政策。而且对所有入境就业者的融入政策中基本未涉及中文、中国历史文化学习等方面有组织的教育，在众多的入境就业管理部门中也没有专门机构负责此类工作。这就不利于入境就业者对中华文化价值观产生高度认同感从而更好地融入我国社会经济和文化生活。

十一、未能吸收他国外国人就业法中长期以来形成的制度精华

虽然解放初期根据《中苏友好同盟互助条约》，大约有3万多名前苏联专家来华工作，但我国当时并没有建立起系统的外国人来华工作法律制度。在文革时期，

① 见《引进海外高层次人才暂行办法》(中组发[2008]28号文)第18条规定。

受极左思潮影响,我国国门对外国人基本是封闭的。即使到了 1980 年,全国聘请来华外国专家仅 468 名[155]。我国制度化地接受外国劳动者入境就业的时间很短,自改革开放以来仅 30 多年。而西方发达国家特别是其中的移民类型的国家,通过移民立法接受外来劳动者的历史较长,可追溯到 19 世纪,至今已有 200 多年历史。因此其在较长时期内通过不断实践和反复修改的接收外国人入境就业的法律制度相对较为成熟,值得我国依据本国国情加以参考借鉴。这些具体制度包括劳动力市场测试、职业清单、配额、独立工作签证、积分评估、雇主担保、外国人身份转换、移民工人融合等,我国至今并没有加以吸收利用,这是今后立法时应给予充分考虑之处。

第五章　我国制定《跨境就业法》的可行性研究：必要、可能与具体理由

我国制定《跨境就业法》的可行性可以从制定该法的必要性、可能性与具体理由等三个方面加以分析①。其必要性是由我国跨境就业的客观现实背景和法制背景决定的。从客观现实背景来看，我国跨境就业规模已相当可观，但也存在诸多问题，同时发展潜力巨大。从法制背景来看，我国跨境就业制度很不完善，急需修改、补充、整合并提高立法层次。其可能性是由相关理论研究基础和立法活动基础决定的。同时，出境就业和入境就业在制度构建上存在共性等原因是我国制定一部统一的《跨境就业法》的具体理由。本章内容实际上是连接前文对我国跨境就业立法的文本与问题的实证性研究和后文提出我国《跨境就业法》建议稿纲要的假设性研究之间的逻辑上的过渡。

第一节　我国制定《跨境就业法》的必要性

我国制定《跨境就业法》的必要性是由其客观现实背景和法制背景决定的。

一、我国跨境就业立法的客观现实背景

（一）我国跨境就业规模可观

我国特有的国情已经产生了劳动力大出大进的现象。在出境就业方面，截至2010年底，通过对外承包工程和对外劳务合作方式实现的年末在外就业人数合计为84.7万人（2009年底是77.8万人）。从1978年到2009年底，各类出国留学人

① 此处的“必要性”和“可能性”也是“理由”，但主要是从宏观角度来谈，而“具体理由”主要是从微观角度来谈，并且“具体理由”重点是分析将出境就业和入境就业两者合并、统一立法的可行性。

员总数达 162.07 万人，除了仍在国外学习和回国人员外，通过留学方式实现出境就业的人员为 30.03 万人[156]。在入境就业方面，截至 2009 年底，持外国人就业证在中国工作的外国人为 22.3 万人，持台港澳人员就业证在内地工作的台港澳人员为 8.6 万人，来华工作境外专家总计 48 万人[6]406。如将这些并不全面（且统计时间不在同一时点）的跨境就业人数累计相加，截至 2009 年底是 186.7 万人（77.8＋30.03＋22.3＋8.6＋48），如果考虑到合理的增长因素，目前我国跨境就业人数应在 200 万人左右①[9]29。由此可见我国跨境就业规模相当可观。

（二）我国跨境就业潜力巨大

在出境就业方面，虽然近年来我国通过对外承包工程、对外劳务合作、出国留学等方式实现了年末在外就业人数超过百万规模，但与我国作为世界第一人口大国的地位很不相称。有关资料显示，2009 年全球人口数约有 67 亿，我国当年人口数约占全球总人口数的 21%，其中劳动力总数超过 7 亿，约占全球劳动力总数的 25%。作为世界上劳动力大国，我国的劳务输出数量本应在国际劳务市场中位列首位。根据联合国《2006 年世界人口发展报告》[2]数据，2006 年全世界移民工人约有 1.77 亿人。同时有资料显示，我国在相近时间的 2007 年大约有 375 万人在境外合法工作，即我国这一时期出境就业规模仅占全球的 2.1%左右，与我国人口大国以及劳动力资源大国的地位极不相称。由此可见，和世界其他国家平均水平相比，我国出境就业总体规模偏小。另外，我国的劳务输出和其他劳务输出强国比较差距较大。截至 2009 年，菲律宾人口约为 8270 万，而其通过劳务输出实现的出境就业人数为 800 多万，约占其总人口的 10%[157]，而我国 2009 年同类数据是 77.8 万人，仅占总人口的 0.06%左右。此外，根据世界银行 2006 年统计报告显示，印度 2004 年的海外移民汇款达到 217 亿美元，已首次超过中国[158]。

在入境就业方面，根据《2006 年劳动和社会保障事业发展统计公报》，到 2006 年年底，持外国人就业证在中国就业的外国人总计 18 万人。这一数据仅相当于新西兰一年签发的工作签证数，新西兰 2008 年度批准的临时居留工作签证是 181 670 个。根据《中国人事报》报道，2009 年度我国新聘请外国专家 32 897 人；根据 2008 年和 2009 年《劳动和社会保障事业发展统计公报》，2009 年度我国向 6000 名外国人签发外国人就业证。因此，2009 年度我国含专家在内的入境就业人数不足 4 万名。而 2009 年度美国为 785 627 名外国人签发了工作类签证，日本该年度是 68 783 名。2009 年持外国人就业证在中国工作的外国人为 22.3 万人，持台、

---

① 这里的出境就业仅统计了通过对外承包工程、对外劳务合作、出国留学方式实现的年末在外就业人数，2009 年底为 108.1（77.8＋30.03）万人。但出境就业还有其他多种方式，因此，有资料显示截至 2007 年，我国大约有 375 万人在境外合法工作，多数集中在日本、韩国和新加坡。

港、澳人员就业证在内地工作的台港澳人员为8.6万人，即除了外国专家之外的入境就业人数总计为30.9万人，占人口的0.024%[6]410。而2007年这一年，香港地区有外籍劳工25万人，占人口的3.7%；台湾地区有外籍劳工34万人，占人口的1.4%；韩国有外籍劳工42万人，占人口的0.9%；马来西亚有外籍劳工140万人，占人口的3%；泰国有外籍劳工160万人，占人口的7.1%；新加坡有外籍劳工67万人，占人口的16%[6]452。又如，单纯从引进外国专家的角度看，截至2009年底，来华工作境外专家总计48万人，而仅在2006～2009年4年内，美国共引进约63.1万名技术类永久居留移民，加拿大引进40.3万人，澳大利亚引进39.5万人，新西兰引进9.1万人[6]571。

由此可见，我国跨境就业规模远远落后于发达国家和世界平均水平。随着全球化加剧和我国的对外开放的进一步扩大，我国发展跨境就业潜力巨大，前景广阔。

二、我国跨境就业立法的法制背景

（一）世界各国法律制度和国际性法律文件现状

跨境就业（包括本国人出境就业和外国人入境就业）都需要法律制度加以规范。因此，正如本书第一章所述，世界上主要的劳动力迁出地和迁入地都出台了本国或本地区的跨境就业相关法律制度，虽然其中的一些制度包含在其移民法之中[159]。

此外，联合国、国际劳工组织和国际移民组织等国际性组织都各自制定了一些有关劳工移民的法律性文件，如国际劳工组织第97号公约（《1949年就业移民公约》）、第86号建议书（《1949年移民就业建议书》）、第143号公约（《1975年移民工人（补充条款）公约》）、第151号建议书（《1975年移民工人建议书》）[160]，又如1990年12月18日联合国通过了《保护所有移民工人及其家庭成员权利国际公约》。

（二）我国法制现状

正如前文所述，我国目前没有一部专门针对劳动力跨境就业的法律，只是在相关法律、法规或规章以及有关部门的政策文件中有所涉及。我国现行的跨境就业法律制度从形式上看，存在立法层次低，缺乏权威性；因事立法、随意性强、形式散乱；缺少适时修正，行文笼统，缺乏透明性；内容重复与空白同时并存等问题。而不论是出境就业法律制度还是入境就业法律制度，其内容上存在的问题也不容忽视、亟待解决。法律制度本身不健全，又带来实践中执法部门职能不清，急需协调与配合的问题。总之，当前的法律或政策规定已不能完全适应我国跨境就业实践发展的需要，急需修改、补充、整合并提高立法层次。

第二节　我国制定《跨境就业法》的可能性

我国制定一部统一的跨境就业法已具备一定的理论研究基础和立法活动基础。

一、理论研究基础

(一) 非法学界从多学科角度对跨境就业相关问题的研究

宋晓梧 1994 年的专著《国际劳务合作与海外就业》[37]，钱晓燕 2009 年博士毕业论文《全球化背景下的中国劳动力跨境就业研究——理论、政策及管理服务模式》[31]、赵曙明 2010 年著《国际企业：人力资源管理》[32]、田源 2010 年著《移民与国家安全：威胁的衍生及其条件研究》[48]等分别从国际经济贸易学、社会学、国际人力资源管理学、国际政治学等角度探讨了与本书研究对象相关的问题。李明欢 2010 年论文《当代西方国际移民理论再探讨》[33]、李芳田 2009 年博士毕业论文《国际移民及其政策研究》[34]、潘兴明等 2011 年所著《移民问题国际比较研究》[35]是从国际移民学研究角度触及了跨境就业相关问题。

(二) 法学界对跨境就业法律问题的研究

姜爱丽 2004 的专著《我国外派劳务关系法律调整理论与实务》[38]、李先波等 2005 年论文《后 WTO 时代中国的自然人流动》[39]和汪金兰等 2007 年论文《GATS 框架下我国涉外劳务输出法律制度的完善》[40]，结合服务贸易总协定中关于“自然人流动”的规定，提出了若干完善我国外派劳务法律的建议。刘国福 2010 年与他人合著《移民法》[9]、2011 年出版专著《技术移民法律制度研究：中国引进海外人才的法律透视》[6]，其中关于移民法特别是劳工移民制度的研究，可为我国入境就业法律制度的设计提供重要参考。李坤刚 2009 年论文《涉外劳务应纳入劳动争议处理范围——由一起涉外劳务派遣案引发的思考》[41]、单海玲 2011 年论文《我国境外公民保护机制的新思维》[42]、常凯 2011 年论文《论海外派遣劳动者保护立法》[146]对我国跨境就业者权益保护法律问题进行了多角度的深入研究探讨。

二、立法活动基础

（一）现有的法律和政策文件涉及内容较为广泛

目前，调整规范出境就业和入境就业的法律和政策文件数量众多。在出境就业方面比较重要的有：(1)《中华人民共和国公民出境入境管理法》及其《实施细则》；(2)《对外劳务合作管理暂行办法》；(3)《对外承包工程管理条例》；(4)《对外承包工程项下外派劳务管理暂行办法》；(5)《中国对外承包工程和劳务合作行业规范（试行）》；(6)《对香港地区开展劳务合作管理办法》；(7)《内地对澳门特别行政区开展劳务合作暂行管理办法》；(8)《关于自费出国留学有关问题的通知》；(9)《国家留学基金资助人员派出和管理若干问题的规定》；(10)《国家公派出国留学研究生管理规定（试行）》等。

在入境就业方面比较重要的有：(1)《国务院关于引进国外人才工作的暂行规定》；(2)《中华人民共和国外国人入境出境管理法》及其《实施细则》；(3)《外国人在中国就业管理规定》；(4)《外国人在中国永久居留审批管理办法》；(5)《外国专家来华工作许可办理规定》；(6)《高等学校接受外国留学生管理规定》；(7)《关于建立海外高层次留学人才回国工作绿色通道的意见》；(8)《中央人才工作协调小组关于实施海外高层次人才引进计划的意见》；(9)《在中国境内就业的外国人参加社会保险暂行办法》；(10)《关于做好外国专家劳动人事争议仲裁工作的通知》等。

以上这些法律和政策文件为跨境就业立法提供了比较广泛的素材来源，同时，其中一些法律和政策文件在执行过程中暴露的问题比较充分，为进一步的立法工作提供了基础性条件。

（二）跨境就业立法活动一直处在积极推进过程中

在出境就业方面，商务部和国务院法制办公室分别起草了《对外劳务合作管理条例（征求意见稿）》，并分别于2009年和2010年在网上公开征求意见，实务部门工作人员和理论界学者都纷纷发表修改意见，对推动科学民主立法起到了重要作用。而2012年的政府工作报告经过人大代表审议后，在仅有的十几处修改中，就包括增加“规范发展对外劳务合作”这一内容[161]。可以预见，《对外劳务合作管理条例》的制定会有新的进展。在入境就业方面，人力资源和社会保障部已将制定

《外国专家来华工作条例》和《外国人在中国工作管理条例》列为 2011 年的工作规划。《中华人民共和国出境入境管理法（草案）》已经通过十一届全国人大常委会第二十四次会议初次审议，并于 2011 年 12 月 31 日在中国人大网（www.npc.gov.cn）公布，向社会公开征集意见。该草案内容有两大突出特点，一是在草案中大量增加了规范外国人入境就业的内容；二是改变了现行的将中国公民出境入境活动和外国人入境出境活动分别放在两部法律中进行调整规范的做法，而将两法合二为一。第一个特点将为跨境就业法中对入境就业的规范提供重要参考；而第二个特点和本书所提出的将出境就业和入境就业合并立法的主张不谋而合。

第三节　我国制定统一的《跨境就业法》的具体理由

在跨境就业立法的模式选择上，是将出境就业和入境就业分别立法还是统一立法？笔者认为应为统一立法，而且最终应以一部法典的形式出台。

一、出境就业和入境就业在制度构建上存在共性

两者都具有涉外性，都是和国际商品、资金、技术等要素流动相区别的人力资源跨境流动，都应遵循保护劳动者合法权益和严守条约、遵循惯例等原则，都涉及相同的管理部门，如人力资源和社会保障部门、商务部门、公安部门、外交部门和工商部门等。将出境就业和入境就业放在同一部法律中进行规范，能做到对这两种本身就密切联系的事务实行统筹安排、通盘考虑。这种合并立法不仅有利于“一揽子”解决现行法律和政策文件中的不完善、冲突和空白之处，而且“一次性”完成法的制定工作，能减少立法成本，减少新的法律冲突的出现。同时，也能更好地为后续制定实施细则和配套政策提供可供遵循的统一原则和方针[162]。

二、符合我国近年来总体立法进程的方向

即在条件成熟时将效力层次较低的政策文件、部门规章、行政法规上升为法律或将互有关联的法律进行整合实现法典化。如 1999 年 10 月 1 日原《中华人民共和国技术合同法》、《中华人民共和国经济合同法》、《中华人民共和国涉外经济合同法》同时废止，被《中华人民共和国合同法》取代。又如在《国务院关于完善企业职工基本养老保险制度的决定》、《国务院关于建立城镇职工基本医疗保险制度的决

定》、《失业保险条例》、《工伤保险条例》、《企业职工生育保险试行办法》等基础上，2010年10月28日出台了《中华人民共和国社会保险法》。再如我国民法的法典化进程一直在继续推进。

三、与跨境就业制度直接相关的法律文件制定过程的启示

如1985年5月24日国务院发布的《中华人民共和国技术引进合同管理条例》被2001年12月10日发布的《中华人民共和国技术进出口管理条例》取代。又如1985年11月22日出台了《中华人民共和国公民出境入境管理法》和《中华人民共和国外国人入境出境管理法》，而公安部自2004年就开始调研将两法合并为统一的《中华人民共和国出入境管理法》。经过多年努力，《中华人民共和国出境入境管理法(草案)》已经过十一届全国人大常委会第二十四次会议初次审议，并于2011年12月31日在中国人大网(www. npc. gov. cn)公布，向社会公开征集意见。另外，《中华人民共和国对外贸易法》中也是将货物与技术等出口和进口统一在一部法律中的。

四、法典模式是立法的高级形态

从通过众多法规调整某一领域法律关系的分散立法模式到将调整某一领域法律关系的繁杂的法律规范集中于一部专门性、综合性很强的法律的法典模式，是立法发展的一般规律。通常情况下，立法过程是循序渐进的，先制定一些单行的法律文件进行适用或试用，待条件成熟时，对这些单行的法律文件进行整合，废除过时内容，理顺相互抵触部分，增加新的法律规范，使之成为逻辑体系严密、内容协调一致的法律整体，即成为一部法典。法典是人类理性思维的结晶，并成为一国法律完善的标志之一，是立法的高级形式。这已为世界各国特别是大陆法系的法律实践所证明[163]。

五、可以为跨境就业者提供最高层级的立法保护

跨境就业具有涉外性，涉及国家主权和安全事宜，对这类事务，应当由国家最高立法机关制定法律加以调整，以彰显其权威性和稳定性，并可以为企业和个人开展跨境就业活动提供最高层级的立法保护。

六、便于宣传学习和执行

如果法律文件庞杂繁多，必然不利于大众学习、掌握和遵守，也同样不利于执法部门全面学习掌握立法原则和意图，从而高效准确地执法[164]。而以法典的形式出现，不仅公开透明，特别是能做到“一法在手，百事皆通”，有利于社会公众和执法部门全面、准确地学法、守法和执法[165]。

第六章　我国跨境就业立法完善之探索：建议稿纲要与说明

"经济法理论研究的假设性方法，是指从预测和完善的角度出发，阐明经济法应当具有的功能和体系。"[43]本章将在前文实证性研究的基础上，运用假设性研究方法，以建议稿纲要的形式[166]，探索我国跨境就业立法完善之道。所提出的我国《跨境就业法》建议稿纲要，既是对前文所述的有关法律政策文本存在问题的回应，也是对本书前几部分内容的总结、引申和运用。我国如果制定《跨境就业法》，由于该法存在涉及管理部门较多、调整对象多样、利益冲突较大、法律关系复杂、政策取舍艰难、立法原则不明等因素，必然导致其具体条文众多、立法工作量较大。限于本书篇幅，无法就这部法律的每个条文逐一拟定并加以分析，因此，本章结合前文对跨境就业法律政策的国际考察和启示以及对我国跨境就业立法现状的分析，仅就理论和实务界分歧较大之处或可能属于制度创新之处等重要和关键条文，即该法建议稿的纲要进行分析说明，以期抛砖引玉，为该类法律制度的制定和完善贡献微薄之力。

第一节　总　　则

一、立法目的

【条文内容】

为了规范跨境就业活动，对跨境就业依法管理与服务，促进中国公民出境就业与归国创业，有选择地吸纳外国人入境就业，保护跨境就业人员和与此相关的中介组织及用人单位的合法权益，维护我国劳动者就业权益，充分、合理利用国际就业市场和人力资源为我国经济社会发展服务,促进对外交流,制定本法①。

【简要分析】

1. 我国现行跨境就业立法存在立法目的表述不当,为管理而管理的问题

如1993年出台的《对外劳务合作管理暂行办法》第1条将目的概括为"为了加强宏观管理和业务协调,促进我国对外劳务合作业务持续、稳定地发展",这里只强调了立法目的的一个方面即加强管理,但只字未提对外派就业人员权益保护问题。

1985年11月22日出台的《中华人民共和国外国人入境出境管理法》第1条将其立法目的表述为"维护中华人民共和国的主权、安全和社会秩序,有利于发展国际交往",未提及该法本应具有的保护权益、增进融合、促进发展等目的。

1996年1月22日颁发的《外国人在中国就业管理规定》在第1条将其目的表述为"为加强外国人在中国就业的管理"而制定本规定,但管理的目的是什么并未明确。

2004年8月15日颁发的《外国人在中国永久居留审批管理办法》也在第1条规定了其目的是:为规范外国人在中国永久居留审批管理工作,制定本办法。这里同样未指明"规范管理工作"的目的是什么。

总之,上述法律文件不适当地将达到立法目的的手段即加强和规范管理工作当作立法目的本身。

2. 我国跨境就业立法目的的层次性

第一层次是"为了规范跨境就业活动,对跨境就业依法管理与服务",这也是达到其他立法目的的手段和途径。

第二层次是"促进中国公民出境就业与归国创业,有选择地吸纳外国人入境就业,保护跨境就业人员和与此相关的中介组织及用人单位的合法权益,维护我国劳动者就业权益"。这里的"促进中国公民出境就业与归国创业,有选择地吸纳外国人入境就业",是指对普通劳动者应该"奖出限入",对高端人才应当"奖入限出"。这里的跨境就业人员包括出境就业人员和入境就业人员,相关中介组织指对外劳务合作企业和外国专业人才来华工作中介机构等②,用人单位主要指聘用外国人的单位。由于入境就业者可能会挤占我国劳动者的就业岗位,因此,通过建立紧缺职业清单和劳动力市场测试等制度以维护我国劳动者的就业权益,也应是本法的立法目的之一。上述立法目的第二层次主要涉及本法所要保护的微观对象。

第三层次是"充分、合理利用国际就业市场和人力资源为我国经济社会发展服

① 此处为了论述方便,将诸多密切相关的内容集中放在一个"条文"中,实际立法中应当与此不同。下文出现同样情形不再一一赘述。

② 参见1995年8月25日国家外国专家局和国家工商总局联合发布的《外国专业人才来华工作中介机构暂行管理办法》。

务，促进对外交流”，这是从宏观层面来看的本法的终极目的。我国作为世界上人力资源大国和第二大经济体，本法的制定实施，应当对促进我国国民就业，实施人才强国战略，维护国家民族利益和我国的国际形象，推动建立和谐的国际政治和经济贸易关系都具有一定的促进作用。

二、跨境就业定义

【条文内容】

本法所称跨境就业是指劳动者到境外提供劳动并获得报酬的就业行为，包括出境就业和入境就业两个方面。

【简要分析】

在出境就业方面，主要包括通过对外承包工程、对外劳务合作、出国留学、外派海员、境外投资带出、自行联系出境谋职等方式实现的我国公民到境外工作的情形。在入境就业方面，主要包括通过外国专业人才来华工作、中介机构介绍等途径并被我国用人单位聘用、来中国大陆留学、通过跨国公司内部员工调配、通过在我国境内投资派入管理人员和技术人员等方式实现的境外人员到我国内地就业的情形。按现行管理制度，他们分别持有外国人就业证、台、港、澳人员就业证和外国专家证。

三、统一立法、统一执法原则

【条文内容】

国家统筹规划出境就业和入境就业并进行统一立法，国家设立统一的跨境就业管理和服务部门。

【简要分析】

1. 出境就业和入境就业在制度构建上存在共性

两者都具有涉外性，都是和国际商品、资金、技术等要素流动相区别的人力资源跨国流动，都应遵循保护劳动者合法权益等原则，都涉及相同的管理部门如人力资源和社会保障部门、商务部门、公安部门、外交部门和工商部门等。将出境就业和入境就业放在同一部法律中进行规范，能做到对这两种本身就密切联系的事务实行统筹安排、通盘考虑。

2. 建议设立隶属于人力资源和社会保障部的跨境就业局，作为统一的跨境就业管理和服务部门

在出境就业管理和服务方面，菲律宾、印度、泰国、孟加拉国、巴基斯坦等国都是由劳工部门（人力资源主管部门）进行管理，我国由商务部门管理对外劳务合作是我国特定历史的产物，既不符合国际惯例，也忽略了这一活动的人权性质和人身性质。在入境就业管理和服务方面，人力资源和社会保障部以及外国专家局，分别就不同类别的外国人事务进行管理，出现了管理权限分散与交叉并存的现象，也容易造成管理责任的错位或缺位，从而增加外国人守法的成本。

根据我国当前商务部、人力资源和社会保障部（外国专家局）、公安部、外交部和工商总局等部门各有部分涉及跨境就业的管理权限及实际执法中出现的问题，建议成立独立的执法部门，即整合商务部对外劳务合作部门、人力资源和社会保障部国际合作部门和外国专家局等政府相关资源，成立跨境就业局，并隶属于人力资源和社会保障部。

四、严守条约、遵循惯例原则

【条文内容】

从事跨境就业活动应遵守我国的有关法律、法规；同时应遵守相关国家和地区的法律、法规，尊重当地的风俗习惯。

中华人民共和国签署或者参加的国际条约与本法有不同规定的，适用其规定，但中华人民共和国声明保留的条款除外。

【简要分析】

1. 联合国、国际劳工组织等制定了一系列跨境就业的专门性或相关性法律文件

如1948年12月10日联合国颁布的《世界人权宣言》（采用决议而非国际条约的形式产生[167]115）第13条规定了迁徙自由权，第23条规定了工作权，第25条规定了社会保障权。1966年12月16日联合国大会通过的《公民权利和政治权利国际公约》（中国于1998年10月5日签署该公约，但仍未批准[167]112）第12条规定了迁徙和居住自由，第13条规定了禁止非法驱逐外侨。1966年12月16日联合国大会通过的《经济、社会、文化权利国际公约》（该公约自2001年6月27日对中国生效[168]）包含更多与跨境就业有关的内容，如规定了工作权、工会的权利和社会保障权。

国际劳工组织针对劳动力跨境就业问题也制定了不少公约与建议书，如第97号公约（《1949年就业移民公约》）、第86号建议书（《1949年移民就业建议书》）、第143号公约（《1975年移民工人（补充条款）公约》）、第151号建议书（《1975年移民工人建议书》）[160]。第97号公约规定了协助移民工人求职和就业的条款，强调招聘移民就业和工作条件的标准，提倡为移民工人制定规范合同。第143号公约是

97号公约的具体化和推广。国际劳工组织针对海员跨境服务特点，专门制定了《2006年综合海事劳工公约》。1990年12月18日联合国通过了《保护所有移民工人及其家庭成员权利国际公约》，在国际劳工公约基础上扩展了对于移民的法律规定，如将"移民工人"的定义扩展到包括海员、边境工人和自营就业人员在内，列举了适用于所有移民工人及其家庭成员的各项权利(但主要迁入地国家和地区都没有承认这些权利)。另外，2005年10月国际劳工组织在其召开的政府、雇主和工会三方代表会议上提出了《关于劳工移民问题的多边框架》，阐述了在劳工移民的国际合作、信息共享、体面流动、劳工移民的有效管理、劳工移民的保护、移民程序、防止和反对虐待移民、社会融合、移民和发展等方面应当遵守的规则，反映了劳动力跨境就业各环节中有待完善的问题，是一份比较全面的跨境就业工作指导性文书。

2. 跨境就业的涉外性决定了必须在该法中确立严守条约、遵循惯例原则

对以上所述的联合国、国际劳工组织、国际移民组织等制定的一系列跨境就业的专门性或相关性法律文件，如果已对我国生效，应当严格遵守[169]。如果未对我国生效，其原则和规则若适合我国国情，也应在立法中加以借鉴。

3. 我国应积极签署跨境就业双边协议并严格执行

截至2008年，我国已与俄罗斯、韩国、英国、约旦、毛里求斯、马来西亚、塞班、巴林等8个国家或地区签订劳务合作协议或备忘录，并正在与阿联酋、以色列、蒙古国、波兰就签署劳务合作协议或备忘录进行磋商[170]。

五、结构合理、数量可控原则

【条文内容】

政府主管部门根据不同时期我国人力资源状况和经济社会发展的实际需求，对跨境就业政策进行调整，以保证跨境就业人员结构合理、数量可控。

【简要分析】

1. 人力资源状况和需求会发生变化

生育政策和国民的生育观念会影响人力资源状况，经济发展速度和结构对人力资源的需求也会产生变化。如根据我国当前国情，可采取对普通劳动者实行奖出限入、对高技能人才实行奖入限出的政策。但如果用工荒持续出现并且老龄化加剧发展，则也需要改变现行政策。

2. 根据形势进行政策调整是国际通行做法

如美国建国以来多次调整其劳工移民政策，同时根据国内经济发展和就业状况不断调整其年度劳工移民配额。

六、双边协调、注重维权原则

【条文内容】

政府管理部门应就跨境就业事务加强与其他国家或地区的磋商，签署有关协议，使跨境就业能实现互利共赢[171]，并互相配合保护就业者权益。

【简要分析】

跨境就业活动是在世界范围内有效配置人力资源，和其他对外经济贸易活动一样应追求互利共赢。同时跨境就业者权利保护涉及不同国家的法律政策，和本国劳动者相比其权益更容易受到伤害，因此，本法应注重对其权益的保护[172]。菲律宾、巴基斯坦等国政府十分重视以外交手段为本国劳工开辟国外劳务市场，许多外交活动都是以此为目的而展开的。我国政府也应在外交活动中就跨境就业事务加强与相关国家和地区的磋商，使出境就业一方和接收一方保持双边协调，共同维护中外跨境就业人员的各项权益。

七、对等原则

【条文内容】

任何国家或地区对我国国家或公民在跨境就业管理方面有特别规定的，中国政府可以根据情况采取相应的对等措施。

【简要分析】

我国已在《中华人民共和国对外贸易法》①中规定了此项原则，但在跨境就业法律文件中未提及该项原则，本法应借鉴和运用该项原则，以保护我国国家和国民的利益，捍卫其尊严。历史上澳大利亚曾实行“白澳”政策以排除亚洲人特别是华人，而美国则于1882年通过了《排华法案》，该法禁止华工移民10年，并被一再延长，直到1943年才被废除。2011年，美国国会一位华裔众议员赵美心敦促政府就该法案向华裔正式道歉并取得了成功[173]。

① 见《中华人民共和国对外贸易法》第7条规定。

第二节 出境就业

一、出境就业的形式及其法律适用

【条文内容】

出境就业形式包括对外承包工程公司派遣员工到境外完成所承包项目、对外劳务合作企业外派或介绍劳动者①、毕业后在留学地工作、外派海员、境外投资带出②、自行联系出境谋职等。

对外承包工程公司可自行招聘或通过中介机构招聘外派人员。对外承包工程公司应当依法与其招聘的外派人员订立劳动合同,履行用人单位义务。对外承包工程公司派遣员工除依照国务院有关规定外③,参照本法执行。

对外劳务合作企业外派或介绍劳动者出境就业依照本法执行。

国家对出国留学实行支持留学、鼓励回国、来去自由的方针。各类国家资助的留学生在偿还资助费用后方可在境外就业。

外派海员除依照交通运输部的有关规定外④,参照本法执行。

境外投资派出人员参照本法执行。

自行联系以及其他形式的出境就业活动的管理与服务工作,不得与本法的基本原则和具体制度相抵触。

【简要分析】

1. 将不同形式的出境就业全部纳入法律调整轨道

正如前文所述,我国出境就业的形式多样,其中有的是有组织的出境就业行为,有的是个人行为。而目前已经出台的法律和政策文件仅就对外承包工程带出

---

① 包含通过到日本、韩国进行研修的形式实现的出境就业。

② 指通过在境外兴办企业派出管理人员、技术人员以及培训人员等方式实现的出境就业;通过跨国企业内部转移的方式实现的出境就业;通过在成套设备和技术出口时到境外进行安装调试、技术指导、人员培训方式实现的出境就业等。

③ 指2008年7月21公布的《对外承包工程管理条例》。

④ 如交通部1994年11月15日的《关于外派劳务海员培训和〈海员证〉管理问题的函》(交函安监[1994]556号)和交通运输部2011年3月7日发布的《中华人民共和国海员外派管理规定》(交通运输部令2011年第3号)等。

劳务和对外劳务合作派出劳务等作出规范，即使是未来拟出台的行政法规[①]也将公民个人到境外务工、就业以及境内企业外派与本单位存在劳动合同关系的员工赴境外母公司或者子公司工作排除在调整范围之外，且未对这类出境就业行为如何调整作出相应规定。虽然这类出境就业行为一般法律关系并不复杂，或存在就业者责任自负的因素较大，但仍建议在法律上作出原则性规定，以使出境就业法律制度趋于完整。

2. 对不同形式的出境就业规定不同的法律适用类型

本条区别不同情形，分别规定了"依照本法执行"、"参照本法执行"和"不得与本法抵触"的法律适用类型。其中对"自行联系以及其他形式的出境就业活动的管理与服务工作"的规定，吸收了我国对非公经济的经营领域实行"非禁即入"制度的原理，即这些出境就业形式只要不违反原则，不损害国家和社会利益，即不加以禁止。但如果实践证明这些出境就业方式存在弊端，也可以通过修改本法加以规范。

二、统筹规划

【条文内容】

对外劳务合作是境内就业在境外市场的延伸，国家应统筹协调并促进境内就业和对外劳务合作发展。县级以上人民政府应当根据本地情况，将对外劳务合作纳入促进就业规划。

【简要分析】

对对外劳务合作行业管理服务的理念应有所改变，即将对外劳务合作看作是国内就业市场的自然延伸，是就业工作的一部分，而目前的思维方式更偏向于把对外劳务合作当作一类商务活动，由商务部门主管，反而将劳动和社会保障部门排除在外。

三、主管部门

【条文内容】

国务院人力资源和社会保障部是出境就业活动的主管部门。国务院商务、教育、交通运输、工商行政管理、公安、外交以及其他有关部门应依照本法规定，在各自职责范围内负责出境就业的服务和管理工作。

---

① 见《对外劳务合作管理条例》(国务院法制办征求意见稿)第43条规定。

【简要分析】

1. 调整主管部门设置,明确管理职责

我国目前商务部门作为对外劳务合作和对外承包工程的主管部门,负责经营资格证书审批颁发并履行对整个行业的促进、服务、监管和协调等职责。但由商务部门主管对外劳务合作,忽略了这一活动的人权性质和人身性质。为了更好地保护外派劳务人员的合法权益,必须理顺对外劳务合作的政府管理体制。从各国对出境就业的管理体制来看,几乎所有国家都是由政府劳工部门(人力资源主管部门)负责主管。

2. 多个部门分工负责

由于出境就业的涉外性特点,仅仅由人力资源和社会保障部门的管理是不够的,商务、交通运输、教育、外交、公安等部门都要介入。如由商务部门负责管理对外承包工程公司直接派遣员工和境外投资派出人员的出境就业形式,由交通运输部门负责海员外派,由教育部门负责留学生的境外就业。

四、政策支持

【条文内容】

国家制定和完善财政、信贷、保险、税收、外汇、出入境等方面的政策措施,鼓励和支持出境就业。

国务院人力资源和社会保障、教育、商务、交通运输、税务、外交等有关部门应当加强与国外有关政府主管部门的联系合作,通过签署双边劳务合作、互免社会保险、避免双重征税、领事等有关协议,促进和保障出境就业。

人力资源和社会保障等政府主管部门和相关驻外使领馆应设立专门机构和人员,负责对境外就业市场的信息收集、联系洽谈、风险评估等研究和开发工作,无偿向经营企业和劳务人员提供信息服务,定期发布境外就业市场情况、风险提示等信息。

国家建立出境就业援助机构,完善出境就业人员保障和服务机制,向出境就业人员提供调解、投诉和法律援助服务。

【简要分析】

1. 多项政策并举,支持出境就业

如在财政方面,可设立专项资金,用于对外劳务合作平台、信息库等建设,以及就业援助机构的人员开支。在税收方面,外贸企业有出口退税政策,因此也应该让外派劳务企业享受类似税收优惠待遇。

2. 加强双边磋商和协调,加强境外就业市场研究与开发,将出境就业纳入法律援助范围

这是总则部分所规定的基本原则"双边协调、注重维权"的体现。亚洲的劳务输出强国,如韩国[174]、菲律宾、巴基斯坦在外交活动中十分注重就海外劳务市场的开拓议题进行双边磋商。泰国成立了由国务院相关部长领导的"促进海外承包业务协调委员会"和"劳动力输出促进委员会"。泰国劳工厅的劳工市场情报中心负责了解国外劳工情况和开拓国外劳工市场。菲律宾建立了专门研究机构,并向驻外使领馆派出研究人员,注重调查当地劳务市场状况。孟加拉国的劳动力就业和培训局负责收集海外劳动力市场信息,并统筹安排和促进国内国外就业工作。菲律宾外交部所属的海外劳工法律协助办公室是为海外劳工提供法律协助服务的机构,其联合著名法律公司、律师协会,与政府共同为海外劳工提供法律帮助。办公室向海外劳工发放获得法律协助服务的指南,还通过使用法律协助基金,聘请国内外律师为海外劳工提供法律帮助。

由此可见,这些国家非常重视国际劳动力市场的开发和研究,通过政府和民间的通力合作,千方百计扩大跨境就业规模。

五、出境就业服务公司

【条文内容】

拟从事对外劳务合作的机构和个人,应当向注册地(省、自治区、直辖市)人民政府工商行政管理部门申请登记。省、自治区、直辖市人民政府工商行政管理部门应当自收到完备的申请材料之日起20日内进行审查,对符合本法规定条件的,予以登记,并在其经营范围中标明对外劳务合作业务;不予登记的,应当书面通知申请人并说明理由。省、自治区、直辖市人民政府工商行政管理部门登记后,应当通知同级人力资源和社会保障主管部门,由人力资源和社会保障主管部门将对外劳务合作企业名单向社会公布,并报人力资源和社会保障部备案。

【简要分析】

1. 简化设立对外劳务合作企业的审批程序

机构和个人可以直接向所在地省、自治区、直辖市人民政府工商行政管理部门申请登记。而按现行规定和商务部的征求意见稿,申请从事对外劳务合作业务,必须是已经注册的企业先向商务部门履行行政许可手续,在获得"经营资格证书"后还需办理工商登记手续。

2. 允许设立个人独资的出境就业服务公司,鼓励出境就业渠道多样化

如菲律宾在实践中建立了民间机构、个人和政府机构三种并存的劳务输出渠道，但以民间和个体经营这种私营劳务输出机构为主。

六、相关合同

【条文内容】

对外劳务合作企业应当根据不同情况，或者直接与劳务人员订立劳动合同，或者协助落实劳务人员与境外雇主订立劳动合同。

对外劳务合作企业未与劳务人员订立劳动合同的，应当与劳务人员订立中介服务合同。对外劳务合作企业与劳务人员订立中介服务合同前，应当向劳务人员出示其劳务合作合同，明确、详尽地解释合同条款，并充分提示境外务工可能存在的风险。

对外劳务合作企业应当将劳动合同、中介服务合同以及劳务合作合同及时报所在地省、自治区、直辖市人民政府人力资源和社会保障主管部门备案和工商行政管理部门备案。所在地省、自治区、直辖市人民政府人力资源和社会保障主管部门和工商行政管理部门有权对劳务合作合同以及服务合同内容进行监督，提出修改意见。劳务合作合同还应当报送有关驻外使领馆。

有关对外劳务合作协会组织在国务院商务主管部门的指导下，制定对外劳务合作合同、劳动合同以及服务合同的范本。

【简要分析】

1．对对外劳务合作企业与劳务人员的法律关系进行明确定位

对外劳务合作企业可“直接与劳务人员订立劳动合同”[175]，如果没有订立劳动合同，“应当与劳务人员订立服务合同”。这表明对外劳务合作企业视不同情况，既可以与劳务人员建立劳动关系，也可与劳务人员建立基于服务中介关系的民事关系。而按现行规定和商务部的征求意见稿，双方之间绝大多数情况下签订外派劳务合同，至于外派劳务合同究竟是劳动合同性质还是民事合同性质，理论界和实务界一直存在分歧。

2．取消合同审批制，改为备案制

按现行规定，外派劳务合作合同需经有关部门审批，除此之外，还要征求有关驻外使(领)馆意见。现将合同审批制改为备案制，同时备案部门有权提出修改意见，将征求有关驻外使(领)馆意见改为报送有关驻外使(领)馆。这种改变的目的是提高效率，但必须以出境就业者维权能力提高为前提。

3．推行标准合同

由于此类合同内容具有涉外性，比较复杂，出境就业者往往无法自行拟定，以实行标准合同为宜[176]。

七、履约保证金托管

【条文内容】

对外劳务合作企业在劳务人员缴纳履约保证金之外，不得要求劳务人员提供担保、押金，或者以其他名义向其收取财物，不得扣押劳务人员的护照、居民身份证和其他证件，不得变相扣押其劳动报酬。

劳务人员应当根据规定缴纳履约保证金。履约保证金应存入政府设立的专用账户进行托管。履约保证金只有经过对外劳务合作企业书面同意后劳务人员方可支取。对外劳务合作企业如不同意劳务人员支取，必须在法定时间内就劳务人员存在违约行为向人民法院起诉，否则托管部门有义务将履约保证金返还劳务人员。

【简要分析】

1. 履约保证保险无法普遍推行

在2003年10月29日《财政部、商务部关于取消对外经济合作企业向外派劳务人员收取履约保证金的通知》(财企[2003]278号)中规定经营企业不得要求劳务人员提供任何形式的抵押、担保，也不得向其收取履约保证金，而是要求由外派劳务人员投保"履约保证保险"。这一规定因取证困难无法普通推广。即使是国内的保险也普遍存在理赔取证困难的情形，而外派劳务中违约行为发生在国外，取证更难，保险公司一般不愿意接受投保。如果保险公司设立该险种，由于理赔取证困难，该险种可能只会增加保险公司的收入，而不会起到约束劳务人员违约行为的效果。实践已证明这种"保险"不切实际，至今在很多地方并未推行。

2. 必须对劳务人员可能发生的违约行为进行约束

由于外派劳务具有涉外性和法律关系较复杂的特点，导致外派劳务业务比国内普通的用人单位所经营的业务面临更大的违约风险。如在日本、韩国等发达国家，频频出现我国外派劳务人员脱岗逃跑事件，导致外派劳务企业的业务大受影响。目前外派劳务企业面临双重风险，境外雇主违约，劳务人员向外派劳务企业索赔；劳务人员违约，境外雇主也向外派劳务企业索赔。一方面禁止要求外派劳务人员提供动产或不动产担保，另一方面同时废除履约保证金制度，这样，劳务人员违约成本几乎是零。即使外派劳务企业通过法律途径使法院判决劳务人员依法承担相应的违约责任，但实际上因存在法院判决执行难等问题，要求其承担相应责任成了一句空话。因此，不应僵化地将对外劳务合作企业视为国内的普通用人单位(理论界和实务界对此仍存在分歧)而禁止一切形式的担保。而履约保证金托管制度能更好地实现对外劳务合作企业与劳务人员的权利义务平衡。

八、培训机构

【条文内容】

对外劳务合作企业应当按照国家有关规定，在劳务人员出境前，保证劳务人员接受境外相关法律法规、风俗习惯、安全防范知识以及岗位技能等方面的培训。

外派劳务培训的考试和发证工作必须由省级人力资源和社会保障主管部门认定的机构组织实施，并实行培训机构和考试发证机构相分离的制度。

国家制定政策，对对外劳务合作企业和为其提供配套服务的培训机构以及其他机构之间的相互关系作出明确规定。

【简要分析】

1. 对劳务人员的培训问题作出灵活高效、宽严适度的规定

这是指培训方式可以灵活，但考试制度必须严格。商务部的征求意见稿规定只能在依法设立的外派劳务培训机构进行培训，外派劳务企业只有申请取得外派劳务培训机构资格后才有权进行培训，这种刚性规定已引起较多的反对意见。现对培训方式作出这种灵活宽松的规定，仅要求对外劳务合作企业保证对劳务人员进行培训，至于在什么机构培训，本企业是否有权培训等问题不作硬性规定。但通过严格考试制度，实行“教考分离”，可以促进培训质量的提高。

2. 理顺经营企业与为其提供配套服务机构之间的关系

这里的经营企业指对外承包工程企业和对外劳务合作企业，为其提供配套服务的机构主要指外派劳务培训机构、对外劳务合作行业劳务基地、对外劳务合作服务平台等。

按 2006 年 1 月 10 日商务部出台的《对外承包工程项下外派劳务管理暂行办法》第 3 条规定，对外承包工程企业可以向其在境外承揽的工程项目直接派遣各类劳务人员，但应参照对外劳务合作的有关规定进行管理。2008 年 7 月 21 日出台《对外承包工程管理条例》第 15 条规定，对外承包工程企业也可以通过依法取得许可并合法经营的中介机构招用外派人员。但此处的“中介机构”是专指对外劳务合作公司还是指一般的职业介绍机构，并不明确。而外派劳务培训机构、对外劳务合作行业劳务基地、对外劳务合作服务平台相互之间以及它们和对外劳务合作企业之间的关系问题，目前也未明确界定。

2010 年 7 月 1 日由商务部等 4 部委联合发布的《对外劳务合作服务平台建设试行办法》第 4 条规定，服务平台是集对外劳务合作服务、促进、保障、规范和管理为一体的政府公共服务机构。第 3 条规定，外派企业通过服务平台招收劳务人员，不得委托招收劳务人员。第10条规定,服务平台应对劳务人员进行出国前的适应性培训。总之,按该办法规定,服务平台是向外派企业提供劳务人员的唯一平台,而且有进行培训的资格。那么,禁止对外劳务合作企业自行招聘劳务人员是否有充分理由?服务平台有培训职能是否意味着将取消外派劳务培训机构?对外劳务合作行业劳务基地还是否有其存在的必要?同时,在各地的对外劳务合作行业劳务基地、外派劳务培训机构已初具规模的情况下,再另起炉灶由财政资金资助设立服务平台①是否有必要?这些问题必须经过实践检验和充分调研后作出明确规定。

九、劳务人员权益保护

【条文内容】

对外劳务合作企业应当按照国务院财政部门、人力资源和社会保障部门的规定,及时存缴备用金。备用金用于支付对外劳务合作企业拒绝承担或者无力承担的与劳务人员权益保障有关的各项费用。

对外劳务合作企业应当为外派劳务人员购买境外人身意外伤害保险。

对外劳务合作企业建立与劳务人员和境外雇主的沟通机制,并协助和督促其依法履约。

对外劳务合作企业应当制定境外劳务纠纷和突发事件应急预案。驻外使领馆应当加强对驻在国劳务合作项目的跟踪调研,加强预防性领事保护工作,参与处置外派劳务纠纷和突发事件。县级以上地方人民政府应当按照预防和处置并重的原则,建立健全境外劳务纠纷和突发事件预警、防范和应急处置机制。

公安部门依法负责查处打击对外劳务合作领域的犯罪行为。

【简要分析】

1. 多种措施并举,依法保护外派劳务人员合法权益

按照劳动法的基本原理,劳动者处于弱势地位,必须给予倾斜保护,而对外劳务合作由于具有涉外性和法律关系的复杂性,外派劳务人员的权益更容易受到侵害,必须加强保护。此处规定了备用金制度、必须购买境外人身意外伤害保险制度、对外劳务合作企业协助和督促劳务人员和境外雇主依法履约制度、多部门各自建立境外劳务纠纷和突发事件应急预案制度、专门部门打击犯罪制度等,以此为劳务人员和对外劳务合作活动保驾护航。

---

① 参见2011年8月25日财政部、商务部发布的《关于做好2011年对外劳务合作服务平台支持资金管理工作的通知》。

2. 明确对对外劳务合作领域的违法犯罪进行查处打击的部门为公安机关

目前,对外劳务输出市场中介泛滥,无资质的企业、机构甚至个人都在从事劳务输出,他们在相当程度上成了对外劳务合作市场的主体,已经严重干扰了有资质的合法的对外劳务合作企业的正常经营活动,甚至发生欺诈劳务人员的恶性事件。对外劳务合作管理涉及方方面面,商务主管部门表面上是管了对外劳务合作企业,但实际上对市场上的非法中介和混乱局面几乎是无能为力。实践中已出现对非法行为的查处责任不明的现象。规定公安部门是负责查处打击对外劳务合作领域犯罪行为的专门机构,有利于避免互相推诿、责任不明的弊端,而且增加了威慑力。

第三节 入 境 就 业

一、入境就业的形式及其法律适用

【条文内容】

入境就业形式包括通过外国专业人才来华工作中介机构介绍等途径并被我国用人单位聘用的方式实现的入境就业,通过来中国大陆留学的途径实现的入境就业,通过跨国公司内部员工调配的方式实现的入境就业,通过在我国境内投资派入管理人员、技术人员以及培训人员等方式实现的入境就业等。

通过外国专业人才来华工作中介机构介绍等途径并被我国用人单位聘用的方式实现的入境就业依照本法执行。

其他方式实现的入境就业参照本法执行。

【简要分析】

1. 对"外国专家"和"外国人"入境就业实现统一调整

目前,除了《外国人在中国就业管理规定》、《在中国境内就业的外国人参加社会保险暂行办法》、《台湾、香港、澳门居民在内地就业管理规定》等少数法律文件可以看作是对所有境外人员入境就业进行统一调整外,其他众多的法律文件都区分"外国专家"和"外国人",并进行分别调整。由于实践中有时很难将"外国专家"和普通"外国人"区分开,如将他们在中国的就业由不同的法律文件进行调整并设置不同的管理部门，实际上增加了管理成本①。

2. 将不同形式的入境就业全部纳入法律调整轨道

同出境就业一样，入境就业也有多种形式。一方面，可将不同形式的入境就业全部纳入法律调整轨道，使入境就业法律制度趋于完整；另一方面，应当对不同形式的入境就业规定不同的法律适用类型。本条区别不同情形，分别规定了“参照本法执行”、“依照本法执行”等适用类型。

二、总体政策

【条文内容】

国家在不减少本国人就业机会、不降低本国人劳动条件的前提下许可境外人员入境就业。国家鼓励各类高级人才入境就业。

国家制定政策许可外国留学生从事校内工作、有限度的校外工作和与主修课程有关的实习工作，并赋予其毕业后一定期限内留在我国工作的权利。

【简要分析】

1. 鼓励包括高级技工人才在内的各类高级人才入境就业

我国目前对引进国外高级人才总体上已十分重视，但对引进外国高级技工人才仍未引起足够重视。据有关资料显示，我国技术工人中，高级工所占比例和发达国家相比明显偏低。培养一名高级技工，需要付出时间、费用等昂贵成本。通过吸收外国高级技工人才入境就业，可弥补我国高级技工匮乏的不足。而 2004 年 8 月 15 日出台的《外国人在中国永久居留审批管理办法》中规定的 7 大类可以申请在我国永久居留的外国人中，却未包括高级技工类人才。其他发达国家如加拿大也曾发生过类似不妥当的移民政策，但自 2007 年以后，这项政策已被纠正。

2. 国家将来华留学生视为吸纳高素质入境就业者的潜在资源

根据现行规定，在中国留学、实习的外国人除了特殊情况外不得在中国就业②。2010 年 9 月 21 日教育部发布的《留学中国计划》在其“发展目标”中指出，到 2020 年，使我国成为亚洲最大的留学目的地国家，并培养一大批知华、友华的高素

① 例如，本来显而易见，即使是高层次的外国专家，和用人单位发生聘用合同纠纷争议后，劳动人事争议仲裁机构也应当受理，但受长期以来的将“外国人”和“外国专家”进行分别管理的思维定势的影响，和出于没有明确的政策法规依据等原因，多数地方劳动人事仲裁机构对这类聘用合同争议不予受理。此种尴尬局面直到 2010 年 11 月 30 日人力资源和社会保障部办公厅发布的《关于涉外劳动人事争议处理有关问题的函》和 2011 年 1 月 18 日国家外国专家局发布的《关于做好外国专家劳动人事争议仲裁工作的通知》后才得以消除。

② 参见 1996 年 1 月 22 日出台的《外国人在中国就业管理规定》第 8 条的规定。

质来华留学毕业生。但该《留学中国计划》通篇未把外国留学生的招收培养与吸纳高素质外国劳动者入境就业二者联系起来。而当前很多发达国家均将留学生视为引进高素质外国人才的后备资源，此种做法值得我国效仿。

三、主管部门

【条文内容】

人力资源和社会保障主管部门是入境就业的主管部门，负责入境就业许可证发放工作。

【简要分析】

1．改变外国人就业的管理部门设置不当的现状

我国目前外国人就业行政管理分为外国人工作许可管理和入境后事务管理两大块内容。在入境就业准入管理方面，根据《外国人在中国就业管理规定》第9、11、12、13条规定以及2004年《外国专家来华工作许可办理规定》规定，不仅存在一般行业主管部门、特殊行业主管部门、劳动主管部门与外国专家主管部门之间职能交叉重叠的问题，还存在行业主管部门和劳动行政部门重复审批、程序繁琐的问题。

在外国人入境后事务管理方面，存在的主要问题是多头管理。目前公安部和外交部是主管机关，人力资源和社会保障部、商务部、教育部、外国专家局、民政部、国务院侨务办公室、国家旅游局、国务院港澳办公室等部门是辅助管理机关，分别就不同类别的外国人事务进行管理，这种分散多头管理容易造成管理责任的错位或缺位。针对上述现象，应逐步建立我国统一的外国人管理机构。

2．将外国人在中国就业与外国专家在中国工作纳入统一管理轨道

目前在法律文件、管理部门、工作许可、享受待遇等方面人为地将外国人在中国就业与外国专家在中国工作区分开，不仅增加了管理成本，也因此容易造成聘用单位内部员工管理的冲突以及在统计上的漏报和重报。

四、劳动力市场测试制度

【条文内容】

用人单位招聘入境就业者，须进行劳动力市场测试。人力资源和社会保障部门制定劳动力市场测试的程序和标准。

劳动力市场测试是指用人单位确定拟招聘外国人的职位在我国劳动者中没有合格的可以录用，并且招聘外国人不会影响我国劳动者的工资和其他福利待遇。

【简要分析】

1. 劳动力市场测试的含义

劳动力市场测试或评估,又称"经济需求测试",是要求雇主证明在其招募外籍劳工前确实无法从国内市场招到该岗位的满意人选。如在澳大利亚,雇主需要发布岗位招聘广告,然后向当局提供应聘人员信息及其未被雇用的原因。在英国,雇主必须证明在前6个月内已广泛发布广告且没有招到合适人选,由此说明该职位无法由欧盟国家或英国公民填补。

2. 劳动力市场测试的目的

雇主总是愿意招聘和使用廉价劳动力,不论其是本国人还是外国人。劳动力市场测试的目的正是防止雇主招聘外国人从而影响本国人的就业机会和降低类似岗位上本国其他劳动者的工资和工作条件。

五、紧缺职业清单制度

【条文内容】

人力资源和社会保障主管部门根据我国就业市场状况,确定年度入境就业的职业清单和紧缺职业清单。对从事职业清单和紧缺职业清单的入境就业者,豁免劳动力市场测试。

【简要分析】

1. 职业清单制度的含义

所谓职业清单制度,是指有关部门根据经济社会发展需要和人力资源供求状况,以职业为标准,编制本国所需外国劳动力的领域。2004年《外国人在中国永久居留审批管理办法》设计了以职位为基础的外国人永久居留条件,而职位不同于职业,并不能反映我国人力资源的需求状况。

2. 职业清单制度的作用

清单所列职业表明哪些职业的劳动者是本国紧缺的,在此职业上许可外国人就业,不会影响本国劳动者的就业机会。它是劳动力市场测试制度的补充和完善。对从事职业清单上所列职业的外国人,可对其免于劳动力市场测试。

我国劳动部等部委于1996年1月22日发布的《外国人在中国就业管理规定》第6条规定了聘雇外国人的岗位要求为"有特殊需要"、"国内暂缺适当人选"、"不违反国家有关规定"。但对如何界定"有特殊需要"并无明确规定,对如何证明"国内暂缺适当人选"也未提出衡量标准。这是立法简单粗放的一个典型反映。

六、积分评估制度

【条文内容】

对申请入境就业者实行积分评估制度，根据申请人的职业、语言、学历、年龄、工作邀请、工作经验、收入等指标对应的分数，综合评估申请人的条件。

人力资源和社会保障主管部门拟定积分评估制度的指标体系、积分测算和通过分数，并根据我国人力资源供需状况进行调整。

【简要分析】

1. 积分评估制度的含义

这是指根据本国劳动力市场的需求，确定对申请人的能力要求以及能力对应分数和通过评估需要的分数总额，并依据此标准进行审核批准的制度。通过积分评估，能比较准确地判断入境就业者是否的确是本国所需要的人力资源，这是一种比较精细的量化管理制度。

2. 积分评估制度的适用

积分评估制度一般不适用于需要工作邀请的入境就业情形。因为雇主发出工作邀请通常已事前经过劳动力市场测试，而劳动力市场测试本身正是评估入境就业者是否是本国所需要的劳动力的程序，若再进行积分评估，会造成重复劳动。积分评估制一般适用于无需工作邀请，仅凭自身技能申请入境后再寻找工作岗位的入境就业情形，也称为独立工作签证制度。我国也应当建立独立工作签证制度，以便于外国人入境就业。

七、年度限额制度

【条文内容】

人力资源和社会保障主管部门根据我国人力资源需求状况，确定和调整年度许可入境就业人员的数量。

【简要分析】

1. 年度限额制度的含义

这是指为了保护本国就业市场不受入境就业规模过大的损害，主管部门确定和调整一定时期内（通常以年度为单位）允许入境就业人员的数量，也称为配额制度。

2. 年度限额制度的适用

配额的设定可以面向整个国家、某些地区和经济部门、特定职业，或者个别雇主或企业。国外的配额制一般适用于外国人以永久居民身份申请入境就业的情形。实施配额制度看上去是一个清晰的管理框架,然而有时会滞后于劳动力市场的实际需求。一种变通形式是外籍劳工税,如香港地区对雇佣外籍保姆的家庭征收专项税,新加坡根据雇主雇用的外籍劳工人数征收外籍劳工税。

八、入境手续

【条文内容】

入境就业实行行政许可制度和居留证制度。

对享受高层次人才待遇的入境就业者申请材料须严格审查。申请材料主要包括个人简历、所有高等教育学位证书和成绩单,或专业资格证明材料的公证件、工作计划、汉语能力证明、聘用协议或合同等。

【简要分析】

1. 简化入境手续

按《外国人在中国就业管理规定》第11、12、16、17条规定,外国人入境就业,一般要经过行业主管部门和劳动行政部门两个部门的审批或核准,并办理就业许可证、就业证和居留证,可概括为“两次审批,三个证件”,这反映了对外国人入境就业市场的过度干预。建议取消行业主管部门审批程序,同时将就业许可证和就业证合二为一,以降低外国人入境就业的程序成本。

2. 对享受高层次人才待遇的入境就业者申请材料须严格审查

2004年9月30日出台的《外国专家来华工作许可办理规定》第4条规定的申请材料主要包括个人简历(包括学历、工作经历)、专业资格证明材料或最高学历证书复印件、聘用协议或合同等。由此可见,申请外国专家来华工作许可的材料比较宽松,个人简历中未要求提供原雇主介绍信以证明工作经验,学历证书也只是要求提供最高学历证书复印件,未要求提供公证件、所有高等教育学位证书和成绩单等,也未按国际上的惯例要求提供工作计划、汉语能力等材料。这种缺少对聘雇外国专家实质审核的状况,不利于确保我国引进的外国专家的质量,甚至可能会上当受骗。

九、外国人身份转换制度

【条文内容】

外国人入境后因就业原因经过许可可转换签证类型和居留身份。

【简要分析】

1. 外国人身份转换制度的概念

就入境就业法律制度来说，外国人身份转换制度是指学生签证转换为工作签证、商务旅游访问等签证转换为工作签证、工作签证转换为永久居留签证等制度，又称“入境改签”。

2. 外国人身份转换制度的功能

该制度有利于外国人变更在移入国的身份，选择最适合自己的身份在移入国生活或工作，也有利于接收国根据情况变化灵活调整外国人的身份状况，拓宽了一国接受入境就业者的途径，并实现动态管理。

十、非法就业的发现报告制度

【条文内容】

招收外国留学生或者聘用外国人工作的单位，应当及时向所在地公安机关通报相关信息。

任何个人或单位发现有非法入境、非法居留、非法就业的外国人，应当及时向所在地公安机关报告。

【简要分析】

1. 加强查处打击“三非人员”的力度

据报道，在我国发达地区，如广州市，非法入境、非法居留、非法就业的人数数以万计。在中越边境地区，越南人由于中国较高工资的诱惑也纷纷涌入。必须加大对“三非人员”的查处打击力度，否则会带来一系列隐患。

2. 建立信息通报和情况报告制度

长期以来，非法就业比较隐蔽，监管部门人手有限而难以发现，此处规定有利于对非法就业的查处打击，同时应明确规定，如果明知而不报告要承担相应责任。

十一、促进融合制度

【条文内容】

入境就业者劳动权益受我国劳动和社会保障等法律法规的保护。

对入境就业的高级人才提供包括居留和出入境、薪酬、资助、落户、住房、家属随迁、保险、税收、医疗、子女就学、“友谊奖”评审等在内的待遇。

【简要分析】

1. 融合制度的概念

这是指通过提高入境就业者素质和提供安居服务等多方面措施，在尊重和保障其自身文化和特色的前提下，促使其融入本国社会经济、文化生活的制度[177]。不同于“同化”，同化是泯灭外国人的文化和特色，使其与本民族趋同。

2．健全入境就业者融合制度

入境就业法律制度不仅要设计符合我国国情的外国劳动者的选择和准入规则，还必须考虑如何使外国劳动者很好地融入我国社会、经济、文化生活。对于跨境就业者来说，由于价值观念、历史传统、风俗习惯、语言障碍等因素造成的隔膜，使他们初到接收国时甚至以后较长时间内会承受“跨文化冲击”。为此，很多发达国家高度重视外来人员融入本国社会的制度建设。我国应一方面明确规定入境就业者在适用劳动和社会保障法方面享受“国民待遇”，另一方面为吸引高级人才，可对他们实行“超国民待遇”[178]。

第四节　法律责任及附则

一、跨境就业法律责任概括规定

【条文内容】

在跨境就业活动中违反本法及相关法律法规规定的跨境就业中介服务机构、用人单位、跨境就业人员以及政府工作人员依法承担如下责任：警告、限期整改、没收违法所得、罚款、不予通过年审、禁止在一定期限内从事相关经营活动、吊销许可证和营业执照、支付违约金、赔偿损失、终止就业、限期出境、收缴其出境入境证件、拘留、一定期限内不予签发出境入境证件、一定期限内不准入境等。构成犯罪的，依法追究刑事责任。

【简要分析】

1．我国跨境就业法律责任现行规定的主要不足

首先是责任形式单一。如1993年出台的《对外劳务合作管理暂行办法》仅在其第21条规定了经营企业承担的三种责任形式即：警告、吊销许可证和取消经营权。商务部的《对外劳务合作管理条例》征求意见稿在第67条至第70条中未根据行为的违规程度设置相应的处罚级别，比如警告、限期整改，对一些小的失误或仅因工作上的失误造成的违规，动辄罚款20万、50万或100万。

第二，对出境就业人员的违法责任规定不明确。如《对外劳务合作管理暂行办法》未规定劳务人员个人责任，商务部的《对外劳务合作管理条例》征求意见稿第

73条规定劳务人员“应当依法承担相应责任”，但到底需承担什么责任，没有明确。也未规定外派劳务人员以隐瞒、欺骗和提供虚假材料等手段出境务工须承担何种法律责任。

第三，对一些本该处罚的行为未规定法律责任。如对违法为外国人出具邀请函件以及介绍外国人非法就业的单位或者个人未规定任何责任。

2. 对本条适用的说明

本条的“跨境就业中介服务机构”主要指出境就业服务公司（如对外劳务合作企业）和外国专业人才来华工作中介机构等，“用人单位”指与劳务人员签订了劳动合同的对外劳务合作企业和聘雇入境就业者的各类单位。“给予警告、限期整改、没收违法所得、罚款、不予通过年审、禁止在一定期限内从事相关经营活动、吊销许可证和营业执照”，主要针对以上两类主体而设置。“支付违约金、赔偿损失、收缴其出境入境证件、一定期限内不予签发出境入境证件”主要是针对出境就业人员的规定。“终止就业、限期出境、收缴其出境入境证件、拘留、一定期限内不准入境”主要是针对非法就业的入境就业者的规定。“依法追究刑事责任”适用本条规定的各类主体。

二、内地与港澳之间、大陆与台湾之间跨境就业法律适用

【条文内容】

中国内地与香港特别行政区、澳门特别行政区之间，中国大陆和台湾地区之间开展跨境就业活动，参照本法的规定执行，现有的管理办法不违反本法基本原则的继续有效。

【简要分析】

1. 中国内地与港、澳、台之间跨境就业现有的管理办法

出境就业方面的政策文件主要有：1996年9月5日外经贸部的《对香港地区劳务合作管理办法》，1998年7月17日外经贸部的《关于向台湾地区远洋渔轮派遣渔工劳务有关问题的紧急通知》，2000年12月25日外经贸部的《对香港特别行政区开展高级劳务合作业务的暂行管理办法》，2003年8月1日商务部、国务院港澳办和中央政府驻澳门联络办的《内地对澳门特别行政区开展劳务合作暂行管理办法》。入境就业方面主要是2005年6月14日由劳动和社会保障部颁布的《台湾、香港、澳门居民在内地就业管理规定》。

2. 中国内地与港、澳、台之间跨境就业的管理应具有灵活性

对香港、澳门开展跨境就业活动应在进一步密切内地与港澳经贸联系的总体框架下开展，对台湾开展跨境就业活动也应有利于“一国两制，和平统一”方针的贯

彻执行。因此,内地与港澳之间、大陆与台湾之间跨境就业的很多政策和做法应与对其他国家的政策和做法有所不同[179]。在出境就业方面,不应对上述三地的就业市场造成太大冲击;在入境就业方面,应给予其比较宽松的政策。上述政策文件的内容也一定程度上体现了这种灵活性,因此,如果其不违反本法基本原则,应当继续有效,目的是促进内地与港、澳、台的人力资源市场实现互补合作,携手共同发展。

结　　论

经济全球化逐步加深、部分国家和地区人口老龄化日益加重、各国吸引高层次人才的竞争不断加剧等因素推动着国际间跨境就业持续发展。我国跨境就业规模虽已相当可观，但和其他很多国家相比，发展潜力仍然巨大。而我国当前的法律或政策文件已不能完全适应跨境就业实践发展的需要，急需修改、补充、整合并提高立法层次。因此，对跨境就业法律制度进行国际考察，对我国出境就业和入境就业立法现状进行梳理，在此基础上探讨完善我国的跨境就业法律制度，具有重要的理论和现实意义。

与跨境就业相关的概念有移民、国际劳工移民、对外劳务输出、国际劳务合作、对外劳务合作、外派劳务、境外就业、跨境工作、自然人流动等。跨境就业的经济学原理主要包括劳动力商品理论、国际分工理论、比较优势理论、人力资源理论、人口迁移推拉理论、劳动力市场双重部门理论等。阐明跨境就业的理论基础有助于理解跨境就业现象产生的必然性，从而提高对跨境就业立法的必要性、重要性的认识。由于相关政府文件和学术论文中已使用了“出境就业”、“入境就业”或“跨境就业”等词语，因此，使用“跨境就业法”这一名称是对立法习惯的尊重，也易为公众所接受。

“它山之石，可以攻玉”。跨境就业法律制度国际考察和借鉴对制定和完善我国《跨境就业法》十分必要。一方面，我国是世界上人口最多的国家，每年有大量新增加的劳动力需要就业。因此，我国必须重视扩大出境就业的规模，并对此加以规范管理，这就要求学习和借鉴作为劳务输出强国或大国的菲律宾、孟加拉国、泰国和巴基斯坦等国的法律制度。他们普遍的做法有：对劳动力出境就业设立了专门的政府管理机构、加强境外就业市场的研究和开拓、建立有效的私营招募机制并鼓励出境就业渠道多样化、重视对出境就业者进行培训、实施有利于出境就业的便利措施和财政支持政策、注重保护出境就业者权益等。

另一方面，我国又需要大量引进境外各类高级人才，并依法管理各类外国人在我国的就业活动，这又要求对世界上该类法律比较健全的重要国家和地区的入境就业制度进行研究比较。本书以世界两大经济体同时其劳工移民制度比较完善的美国和欧盟以及中国出境就业主要目的地日本和韩国为考察对象，概括了这些国家和地区相关法律中可被我国借鉴的制度精华，如劳动力市场测试、职业清单、年度配额、独立工作签证、积分评估、雇主担保、外国人身份转换、促进融合等制度。

"经济法的实证性，一个很重要的方面就是要对经济法的法律文本进行分析。"[43]本书对法律文本的研究，采取了分析与综合相结合的方法[180]。分析方法指尽可能结合实务界的反馈意见，对我国部分重要的跨境就业相关法律和政策文本逐一进行评析；综合方法指在上述研究基础上全面揭示我国跨境就业法律制度存在的主要问题。一方面，我国出境就业法律制度在形式和内容两个方面存在的主要问题包括：立法层次低，缺乏权威性；因事立法，随意性强，形式散乱；主管部门设置不当，管理职责模糊不清；经营企业与为其提供配套服务的机构之间的关系没有理顺；连接经营企业、境外雇主和劳务人员三方的合同性质定位不明；经营企业与劳务人员的权利义务配置不平衡等。另一方面，我国入境就业法律制度在形式和内容两个方面存在的主要问题包括：缺少效力层次较高和统一调整的基本法律制度；法律文件内容过时，简单粗放，缺乏透明性；立法目的表述不当，为管理而管理；外国人在中国就业与外国专家在中国工作关系不清；外国人入境就业手续繁琐；未能吸收发达国家有关外国人就业法中长期以来形成的制度精华等。

对我国制定《跨境就业法》可行性的研究，是连接本书对我国跨境就业立法文本和存在问题的实证性研究，以及提出我国《跨境就业法》建议稿纲要的假设性研究之间的桥梁。客观现实背景和法制背景决定了我国制定跨境就业法的必要性。相关的理论研究基础和立法活动基础又使得我国近期内制定一部综合性的跨境就业法具有很大可能性。我国应制定一部统一的《跨境就业法》的具体理由包括：出境就业和入境就业在制度构建上存在共性；符合我国近年来总体立法进程的方向；与跨境就业制度直接相关的法律文件制定过程的启示；法典模式是立法的高级形态；可以为跨境就业者提供最高层级的立法保护；便于宣传学习和执行。

"经济法理论研究的假设性方法，是指从预测和完善的角度出发，阐明经济法应当具有的功能和体系。"[43]提出我国《跨境就业法》建议稿纲要的条文并加以分析说明，是对完善我国跨境就业立法的一次探索，也是对本书前几部分内容的总结、引申和运用。

建议稿包括总则、出境就业、入境就业、法律责任及附则四个方面。总则部分应高度概括凝练，是立法的难点，具体包括立法目的、调整范围、基本原则等内容。出境就业和入境就业两个部分是建议稿的重点，对跨境就业的各种形式及其法律适用、总体政策、具体制度等进行明确规定。法律责任及附则部分对跨境就业法律责任的各种形式作出概括规定，并提出了内地与港澳之间、大陆与台湾之间跨境就业法律适用的原则。

参 考 文 献

[1] 徐长福.论劳动的全球化:从马克思主义暨中国的视角来看[J].天津社会科学,2007(4):4-10.

[2] UNFPA. State of world population 2006[EB/OL]. www.unfpa.org/swp/2006/english/introduction.html,2006-12-02/2011-08-01.

[3] Department of Public Information. People over 60 to increase by more than 1 billion [EB/OL]. www.un.org/News/Press/docs//2007/Pop952.doe.htm,2007-03-13/2011-08-01.

[4] Saskia Sassen. The Mobility of Labor and Capital[M]. Cambridge: Cambridge University Press, 1988.

[5] 教育部.公布2009年度各类留学人员情况统计结果[EB/OL]. http://www.moe.edu.cn/public files/business/htmlfiles/moe/moe_851/201006/90108.html, 2010-06-09/2011-08-01.

[6] 刘国福.技术移民法律制度研究:中国引进海外人才的法律透视[M].北京:中国经济出版社,2011:406-409.

[7] 国家统计局.2010年第六次全国人口普查接受普查登记的港澳台居民和外籍人员主要数据[EB/OL]. http://www.stats.gov.cn/tjgb/rkpcgb/qgrkpcgb/t20110429_402722560.htm,2011-04-29/2011-08-01.

[8] 徐军华.非法移民的法律控制问题[M].武汉:华中科技大学出版社,2007.

[9] 刘国福.移民法[M].北京:中国经济出版社,2010:29.

[10] Slobodan Djajic. International Migration, Trends, Policies and Economic Impact[M]. New York: Routledge, 2001:137.

[11] 王源扩.财政法基本原则研究[D].北京:中国人民大学法学院,2001.

[12] 李世军.跨境就业立法的研究价值及研究现状简述[J].中国对外贸易,2011(10):402.

[13] 新华社.中华人民共和国国民经济和社会发展第十二个五年规划纲要[EB/OL]. http://www.gov.cn/2011lh/content_1825838_2.htm,2011-03-06/2012-01-06.

[14] 温家宝.政府工作报告:2012 年 3 月 5 日在第十一届全国人民代表大会第五次会议上[EB/OL]. http://finance. sina. com. cn/china/20120315/202811600881.shtml,2012-03-15/2012-03-30.

[15] [美]Pierre Cahuc, Andre Zylberberg.劳动经济学[M].沈文恺,译.上海:上海财经大学出版社,2007.

[16] [美]Luis R. Gomez-Mejia, David B. Balkin, Robert L. Cardy. Managing Human Resources[M].北京:中国人民大学出版社,2004:644-678.

[17] 亨廷顿.我们是谁?美国国家特性面临的挑战[M].程克雄,译.北京:新华出版社,2005.

[18] Stepen Castles, Mark J. Miller. The Age of Migration, International Population Movements in the Modern World[M]. Houndmills: MacMillan Press, 1993.

[19] 李明欢.20 世纪西方国际移民理论[J].厦门大学学报:哲学社会科学版,2000,144(4):12-18.

[20] [荷兰]Richard Plender.国际移民法[M].翁里,徐公社,译.北京:中国人民公安大学出版社,2006.

[21] Richad Owen. Essential European Community Law[M].武汉:武汉大学出版社,2004:157-178.

[22] [美]Steven S Mukamal.工作、生活、学习在美国:顺利进入美国法律指南[M].北京:现代出版社,2002.

[23] Jeff Dayton-Johnson etc. Gaining from Migration: Towards a New Mobility System[EB/OL]. http://www. oecd-ilibrary. org/development/gaining-from-migration_9789264037410-en,2007-08-21/2010-06-16.

[24] Chizuko Hayakawa. Labor Law and Policy Issues Relating to Foreign Workers in Japan[J]. Japan Labor Review, 2010, 7(3): 19-42.

[25] 关怀,林嘉.劳动与社会保障法[M].北京:法律出版社,2011:20-24.

[26] 余劲松.国际经济法[M].北京:北京大学出版社,2009:164.

[27] 吕岩锋.国际私法学教程[M].长春:吉林大学出版社,2007:304-305.

[28] 王益英,黎建飞.外国劳动法和社会保障法[M].北京:中国人民大学出版社,2001.

[29] 董保华.劳动关系调整的社会化和国际化[M].上海:上海交通大学出版社,2006.

[30] 石美遐.劳动关系国际比较研究[M].北京:中国劳动社会保障出版社,2010.

[31] 钱晓燕.全球化背景下的中国劳动力跨境就业研究:理论、政策及管理服务模

式[D].天津:南开大学周恩来政府管理学院,2009.

[32] 赵曙明.国际企业:人力资源管理[M].南京:南京大学出版社,2010.

[33] 李明欢.当代西方国际移民理论再探讨[J].厦门大学学报(哲学社会科学版),2010,198(2):5-12.

[34] 李芳田.国际移民及其政策研究[D].天津:南开大学周恩来政府管理学院,2009.

[35] 潘兴明.移民问题国际比较研究[M].上海:上海人民出版社,2011.

[36] 刘国福.移民法:国际文件与案例选编[M].北京:中国经济出版社,2009.

[37] 宋晓梧.国际劳务合作与海外就业[M].北京:中国劳动出版社,1994.

[38] 姜爱丽.我国外派劳务关系法律调整理论与实务[M].北京:北京大学出版社,2004.

[39] 李先波,李琴.后 WTO 时代中国的自然人流动[J].中国法学,2005(6):177-188.

[40] 汪金兰,鲍玮炜.GATS 框架下我国涉外劳务输出法律制度的完善[J].安徽大学法律评论,2007,13(2):110-119.

[41] 李坤刚.涉外劳务应纳入劳动争议处理范围:由一起涉外劳务派遣案引发的思考[J].中国劳动,2009(6):45-48.

[42] 单海玲.我国境外公民保护机制的新思维[J].法商研究,2011,145(5):65-73.

[43] 李昌麒.经济法学[M].北京:法律出版社,2008:13-14.

[44] 列宁.哲学笔记[M].北京:中共中央党校出版社,1990:250.

[45]《中华人民共和国出境入境管理法(草案)》[EB/OL]. http://www.npc.gov.cn/npc/xinwen/lfgz/flca/2011-12/31/content_1684871.htm,2011-12-31/2012-01-06.

[46] 王全兴.劳动法[M].北京:法律出版社,2008:338.

[47] 翁里.国际移民法理论与实践[M].北京:法律出版社,2001:19.

[48] 田源.移民与国家安全:威胁的衍生及其条件研究[M].北京:世界知识出版社,2010:12.

[49] 李明欢.国际移民的定义与类别:兼论中国移民问题[J].华侨华人历史研究,2009(2):1-10.

[50] 张惠德.外国人就业管理制度刍议[C].刘国福.移民法理论与实践.北京:法律出版社,2009:285.

[51] 窦金美.国际经济合作[M].北京:机械工业出版社,2010:156.

[52] 商务部等.对外劳务合作经营资格管理办法[EB/OL]. http://hzs.mofcom.gov.cn/aarticle/zcfb/d/200408/20040800257620.html,2004-08-

02/2012-01-06.

[53] 马克思.资本论[M].中共中央马恩列斯著作编译局,译.北京:人民出版社,1987:178-180.

[54] [英]亚当·斯密.国民财富的性质和原因的研究(下卷)[M].郭大力,王亚南,译.北京:商务印书馆,2009:32-33.

[55] [英]大卫·李嘉图.政治经济学及赋税原理[M].郭大力,王亚南,译.北京:商务印书馆,1962:112-116.

[56] 薛荣久.国际贸易[M].北京:对外经济贸易大学出版社,2006:70-72.

[57] 赵冬缓.新发展经济学教程[M].北京:中国农业大学出版社,2000:138-160.

[58] 陆铭.劳动经济学:当代经济体制的视角[M].上海:复旦大学出版社,2006.

[59] 王传荣.经济全球化进程中的就业研究[M].北京:经济科学出版社,2007.

[60] 于文轩.生物安全立法研究[D].北京:中国政法大学,2007:13.

[61] 卢云.法学基础理论[M].北京:中国政法大学出版社,1994:290-298.

[62] 人社部.我国劳动力年新增 2500 万人将达峰值[EB/OL]. http://finance.huanqiu.com/roll/2011-03/1570534.html,2011-03-15/2011-08-02.

[63] 商务部.菲律宾劳动就业有关情况[EB/OL]. http://www.mofcom.gov.cn/aarticle/i/jyjl/j/201105/20110507538634.htm,2011-05-20/2012-02-10.

[64] 陈庆鸿.菲律宾海外劳工的喜与悲[J].世界知识,2011(17):58-59.

[65] 许丽丽.菲律宾海外劳工问题——政治经济角度的分析[D].厦门:厦门大学,2009:19.

[66] A. Kemp. Labour Migration and Racialisation: labour market mechanisms and labour migration control policies in Israel[J]. Social Identities, 2004, 10(2): 274.

[67] Battistella, G. Employers Code of Conduct and Migrant Workers[J]. Asian Migrant, 1996, 9(4): 119-24.

[68] 何平.菲律宾劳务输出概述[J].东南亚纵横,1994(1):49-51.

[69] 刘昌明.菲律宾劳务输出的经验及启示[J].国际人才交流,2008(6):48-49.

[70] 刘昌明.菲律宾海外劳务经营模式研究[J].亚太经济,2008(4):82-85.

[71] 汪涛.对外劳务输出各国政府政策面面观[J].国际经济合作,2000(6):13-17.

[72] 陈鹤高.菲律宾劳务输出成功的秘诀[J].中国经贸导刊,1999(13):45.

[73] 刘雅婷,朱斯索.菲律宾劳务输出的经验及对中国的启示[J].劳动保障世界,2009(8):88-90.

[74] Jagdish Bhagwati. Borders beyond control[J]. Foreign Affairs, 2003, 82(1): 98-104.

[75] 参见商务部网站资料，http://www.mofcom.gov.cn/aarticle/i/jyjl/j/201105/20110507538634.html,2011-05-20/2012-01-06.

[76] Reginald Appleyard. International migration policies 1950-2000[J]. International Migration, 2001, 39(6): 7-20.

[77] Sally E. Findley. An interactive contextual model of migration in Hocos Norte, the Philippines[J]. Demography, 1987, 24(1): 163-190.

[78] 地质出版社地图编辑室.世界地图[M].北京:地质出版社,2010.

[79] 刘小雪.印度尼西亚和巴基斯坦劳务输出比较[J].当代亚太,1998(7):29-33.

[80] Chalamwong, Yongyuth. The Impact of the Crisis on Migration in Thailand[J]. Asia and Pacific Migration Journal, 1998, 7(2-3): 297-312.

[81] 周海峰.泰国劳务输出状况和做法[J].国际经济合作,1989(2):50-53.

[82] Castles, Stephen. The factors that make and unmake migration policies [J]. International Migration Review 2004, 38(3): 852-884.

[83] David Ellerman. Labour Migration: A Developmental Path or a Low-level Trap[J]. Development in Practice, 2005, 15(5): 618.

[84] 蔡玲.孟加拉国的劳务输出[J].国际经济合作,1998(9):46-47.

[85] 詹朋朋.国际劳务关系法律适用问题研究[D].上海:复旦大学法学院,2007.

[86] DeVoretz, Don J. Immigration policy: methods of economic assessment [J]. International Migration Review, 2006, 40(4): 390-418.

[87] 王鸿余.巴基斯坦的劳务输出[J].国际展望,1996(2):27-28.

[88] Arif, G. International Contract Labour Migration and Reintegration of Return Migrants: the Experience of Pakistan[M]. Canberra: Australian National University, 1995.

[89] Watanabe, S. The Economic Crisis and Migrant Workers in Japan[J]. Asian and Pacific Migration Journal, 1998, 7(2): 235-254.

[90] Jiro Nakamura. Impacts of International Migration on the Labor Market in Japan[J]. Japan Labor Review, 2010, 7(3): 68-87.

[91] Kiyoto Tanno. The Economic Crisis and Foreign Workers in Japan: Why Does Japan Treat Migrant Workers as Second Class Citizents? [J]. Japan Labor Review, 2010, 7(3): 109-126.

[92] Masato Gunji. 10% of Companies Recruited Foreign Students in the Past Three Years: JILPT Survey on Recruiting of Foreign Students[J]. Japan Labor Review, 2010, 7(3): 86-108.

[93] Hiroaki Watanabe. Concerning Revision in the Foreign Trainee and Tech-

nical Intern System[J]. Japan Labor Review，2010，7(3)：43-67.

[94] Masahiko Yamada. The Current Issues on Foreign Workers in Japan[J]. Japan Labor Review，2010，7(3)：5-18.

[95] Simon，J. Immigrants，Taxes and Welfare in the United States[J]. Population and Development Review，1984，10(1)：55-69.

[96] [美]Robert · A · Gorman. 劳动法基本教程——劳工联合与集体谈判[M]. 马静，王增森，李妍，等，译. 北京：中国政法大学出版社，2003.

[97] Larry A. Sjaastad. The costs and returns of human migration[J]. Journal of Political Economy，1962，70(5)：80-93.

[98] David Zweig，Chen Changgui. China's Brain Drain to the United States [M]. Berkeley，California：University of California，1995：7.

[99] Gallya Lahav. Immigration and Politics in the New Europe[M]. London：Cambridge University Press，2004：7.

[100] 杨雪. 欧盟共同就业政策研究[M]. 北京：中国社会科学出版社，2004.

[101] Natalie Shimmel. Freedom of Movement and the May 2004 Expansion of the European Union[J]. Berkeley Journal of International Law. 2006，24(1)：28-34.

[102] Hix，Simon，Abdul Houry. Politics，not economic interests：determinants of migration policies in the European Union[J]. International Migration Review，2007，41(1)：182-205.

[103] David M Hart. From Brain Drain to Mutual Gain：Sharing the Benefits of High-Skill Migration，Issues in Science and Technology[M]. Washingtong：Fall，2006.

[104] Castles，Stephen. Guestworkers in Europe：A resurrection? [J]. International Migration Review，2006，40(4)：741-766.

[105] [德]W · 杜茨. 劳动法[M]. 张国文，译. 北京：法律出版社，2005.

[106] Siow Yue CHIA. Labor Mobility and East Asian Integration[J]. Asian Economic Policy Review，2006(1)：349-367.

[107] 武萍. 韩国外籍劳务体制改革对我国劳务输出的影响及对策[J]. 国际经济合作，2008(7)：87-91.

[108] Prema-chandra Athukorala. International Labour Migration in East Asia：trends，patterns and policy issues[J]. Asian-Pacific Economic Literature，2006，20(1)：18-39.

[109] 徐裕荣. 印度劳务输出的一个侧面[J]. 世界知识，1983(14)：4.

[110] M. Girgis. Would Nationals and Asians replace Arabworkers in the Gulf? [M]. Amman：Jordan，2002：43.

[111] Skeldon，Ronald. Recent Trends in Migration in East and Southeast Asia[J]. Asian and Pacific Migration Journal，2006，15(2)：277-293.

[112] Douglas S. Massey et al. Worlds in Motion：Understanding International Migration at the End of the Millennium[M]. Oxford：Clarendon Press，1998：222.

[113] International Organization for Migration. Arab Migration in a Globalized World[M]. Geneva，2004：135-153.

[114] 张秀明.海外印度移民及印度政府的侨务政策[J].华人华侨历史研究，2005(1)：17-30.

[115] Weiner，Myron. Global Migration Crisis：Challenge to States and to Human Rights[M]. New York：Harper Collins，1995.

[116] United Nations Population Division (UNPD). International Migration Policies 1995[M]. New York：United Nations，1996.

[117] Vernon M.Briggs，Jr. Mass Immigration and the National Interest[M]. New York：M. E. Sharpe，Inc，2003：20.

[118] 于东雪.英国签证收紧对留学有何影响[N].南方日报，2009-12-04(6).

[119] George J Borjas. Issues in the Economics of Immigration[M]. Chicago：the University of Chicago Press，2000.

[120] Robert E. B Lucas. International Migration and Economic Development [M]. UK：Edward Elgar，2005：7-8.

[121] Sarah Robinson，Trevor Murrells，Peter Griffiths. Investigating the dynamics of nurse migration in early career：A longitudinal questionnaire survey of variation in regional retention of diploma qualifiers in England [J]. International Journal of Nursing Studies，2008，45(7)：1064-1080.

[122] Oded Stark. The Migration of Labor[M]. Cambridge：Basil Blackwell，1991.

[123] Widgren，Jonas，Philip Martin. Managing migration：the role of economic instrument[J]. International Migration，2002，40(5)：213-229.

[124] OECD. Trends in International Migration[R]. Paris，2003.

[125] Alison Bone，Marnah Suff. Essential Employment Law[M].武汉：武汉大学出版社，2004.

[126] W. M. Spellman. The Global Community：Migration and the Making of the Modern World[M]. United Kingdom：Sutton Publishing Limited，

2002：177.

[127] 加拿大移民与难民保护法及条例[M].尤小文，译.北京：中国政法大学出版社，2011.

[128] Francesco D'Amuri，Gianmarco I. P. Ottaviano，Giovanni Per. The labor market impact of immigration in Western Germany in the 1990s[J]. European Economic Review，2010，54(4)：550-570.

[129] Ulrich Herbert. A History of Foreign Labor in Germany 1880-1980[M]. University of Michigan press，1990：20-21.

[130] Sarah Collinson. Europe and International Migration[M]. London and New York：Pinter Publishers Limited，1993：64.

[131] Nicola Rogers，Rick Scannell. Free Movement of Persons in The Enlarged European Union[M]. London：Sweet and Maxwell，2005：103.

[132] Castles，Stephen. Migration and community formation under conditions of globalization[J]. International Migration Review，2002，36(4).

[133] Andrew Geddes. The Politics of Migration and Immigration in Europe [M]. London：Sage Publications，2003.

[134] 商务部.关于做好境外就业管理工作的通知(商合发[2008]525 号)[EB/OL]. http：//hzs. mofcom. gov. cn/aarticle/zcfb/d/200901/20090105987936. html，2009-01-05/2012-01-07.

[135] Philip A. Kuhn. Chinese Among Others，Emigration in Modern Times [M]. Singapore：NUS Press，2008.

[136] 刘国福.移民法——出入境权研究[M].北京：中国经济出版社，2006.

[137] 商务部.公布商务部现行有效规章及规范性文件目录(商务部公告 2011 年第 2 号)[EB/OL]. http：//tfs. mofcom. gov. cn/accessory/201101/1294900014532. xls，2011-1-29/2012-01-09.

[138] 李世军.如何区分劳动关系、雇佣关系和承揽关系[J].经济论坛，2006(2)：128-129.

[139] 商务部办公厅.关于贯彻落实内地输澳劳务管理体制改革有关问题的紧急通知[EB/OL] . http：//file. mofcom. gov. cn/moffile/search/pages/detail. jsp? seqno = 12381，2004-06-14/2012-01-09.

[140] 姜爱丽.我国外派劳务法律关系论析[J].法学论坛，2002，17(4)：83-88.

[141] 史际春.经济法[M].北京：中国人民大学出版社，2010.

[142] 姜爱丽.我国外派劳务合作制度论析[J].山东大学学报：哲学社会科学版，2007(6)：143-148.

[143] 李世军,李明发.安徽省出境就业研究[J].特区经济,2011,274(11):200.
[144] 高金宝.中国劳务出口的若干法律问题研究[D].北京:对外经济贸易大学,2003:29.
[145] 孟洋,文兵."24名安徽人跨国求援"追踪:谁来管一管"黑中介"[N].新安晚报,2011-03-25(5).
[146] 常凯.论海外派遣劳动者保护立法[J].中国劳动关系学院学报,2011,25(1):40-45.
[147] 汤云周,黄新发.劳动法律政策适用指引[M].北京:中国法制出版社,2009.
[148] 罗结珍.法国劳动法典[M].北京:国际文化出版公司,1996.
[149] 杨云母.新时期中国劳务输出的发展与变革[M].北京:经济科学出版社,2006.
[150] [英]约翰·勃雷.对劳动的迫害及其救治方案[M].袁贤能,译.北京:商务印书馆,2009(根据英国伦敦大学经济政治学院1839年版译出).
[151] 汤云周,黄新发.劳动合同条款设计及违法成本计算[M].北京:中国法制出版社,2008.
[152] 李明发.保证责任研究[M].北京:法律出版社,2006.
[153] 法规司.2011年工作要点[EB/OR].http://www. mohrss. gov. cn/page.do?pa=40288020246f918301247666f27 01b 6b &guid=e50b5e9410c243c4a094796a5b277f55&og=4028802023f917630123ff99f5571da0, 2011-01-20/2011-08-22.
[154] 杨玉峰."中国制造"急需高级技工[N].北京日报,2005-03-12(5).
[155] 陈辽.从懵懂到深知:外国专家对中国爱得深沉[N].人民日报(海外版),2010-03-29(8).
[156] 教育部.公布2009年度各类留学人员情况统计结果[EB/OL].http://www.moe. edu. cn/publicfiles/business/ htmlfiles/ moe/moe_851/201006/90108.html, 2010-06-09/2011-08-01.
[157] 商务部.菲律宾劳动就业有关情况[EB/OL].http://www. mofcom. gov. cn/aarticle/i/jyjl/j/201105/201105075 386 34.htm,2011-05-20/2012-02-10.
[158] 高子平.印度技术移民与劳务移民的比较研究[J].四川大学学报:哲学社会科学版,2008,157(4):82-87.
[159] 李先波,李琴.自然人流动壁垒研究[J].时代法学,2003(1):50-54.
[160] 张新国.劳工标准问题研究[M].北京:经济管理出版社,2010:55-57.
[161] 温家宝.政府工作报告:2012年3月5日在第十一届全国人民代表大会第五次会议上[EB/OL].http://finance. sina. com. cn/china/20120315/202811600881. shtml, 2012-03-15/2012-03-16.

[162] 马其家.我国《对外投资合作法》的立法构建[J].宁夏社会科学,2011,164(1):29-34.

[163] 王先林.WTO竞争政策与中国反垄断立法[M].北京:北京大学出版社,2005.

[164] 王源扩.经济效率与社会正义[M].合肥:安徽大学出版社,2001.

[165] 林艺聪.我国出入境立法模式研究[J].太平洋学报,2007(3):21-26.

[166] 梁慧星.中国物权法草案建议稿[M].北京:社会科学文献出版社,2000.

[167] 张爱宁.国际人权法专论[M].法律出版社,2006:115-117.

[168] 黄金荣.《经济、社会、文化权利国际公约》国内实施读本[M].北京:北京大学出版社,2011:6.

[169] 范效艳.国际劳动合同的法律适用问题研究[D].武汉:武汉大学,2006.

[170] 肇晶.中国与哈萨克斯坦国际劳务合作法律问题研究[D].乌鲁木齐:新疆大学,2008:30.

[171] 徐淑萍,汪金兰.中国对外贸易摩擦与救济措施法律问题研究[M].合肥:安徽人民出版社,2009.

[172] 姜爱丽.我国外派劳务人员合法权益法律保护[J].山东社会科学,2004,101(1):93-96.

[173] 综合报道.做错了就该有勇气担当[N].新安晚报,2011-02-23(10).

[174] 高峰.韩国总统为何游说劳务输出[J].决策,2010(4):78-79.

[175] 姜爱丽.我国外派劳务人员与境外雇主间劳务争议问题研究[J].山东大学学报(哲学社会科学版),2000(4):26-30.

[176] 储敏.国际劳务输出合同的特点及法律适用[J].南京财经大报,2003,122(1):95-99.

[177] Richard Alba, Victor Nee. Rethinking assimilation theory for a new era of immigration [J]. International Migration Review, 1997, 31(4): 826-874.

[178] 李世军.安徽省海外技术人才引进研究[J].科技管理研究,2012(7):142-145.

[179] 叶明阳.国际劳务流动视角下台湾外籍劳工问题之研究[D].天津:天津财经大学商学院,2008.

[180] 华国庆,李胜利.经济法学[M].北京:法律出版社,2012.

后　记

我在高校多年从事政治经济学、劳动与社会保障法、国际经济法等课程的教学工作。政治经济学的两大理论基石是劳动价值论和剩余价值论。它揭示了劳动的价值所在和劳动者的主体地位，阐明了对劳动者的不公待遇和无情剥削是资本主义社会的最大弊端和矛盾之源。我国的劳动与社会保障法正是以法律手段促进劳动者就业、保护劳动者权益从而实现社会和谐发展和长治久安的锐利武器。然而，从学术研究的角度来看，我国劳动法学界关于国内劳动者的就业及其权益保护法律问题的研究成果已相当丰硕，而对跨境就业法律问题的研究还相当薄弱，至于系统性研究甚至可以说是处于空白状态。

国际经济法中国际贸易法律制度是其重要内容，而其中的国际服务贸易的四种形式之一“自然人流动”（即一成员方的服务提供者个人到另一成员方境内提供服务）的规则与跨境就业制度密切相关，但对“自然人流动”的研究主体中以国际经济法学界的学者居多，很难听到劳动法学界学者的声音。而如果以劳动法学中的“就业制度”的视野对国际经济法学中的“自然人流动”的规则加以审视和研究，也许能进入另外一番天地。

基于以上考虑，加之分析了书中所述的我国跨境就业的客观现实背景和法制背景，当我在确定博士毕业论文选题时，最终将“我国跨境就业立法”作为研究对象。本书正是源于我的博士论文的撰写。

我于2009年9月考入安徽大学法学院攻读经济法学专业博士学位，转瞬之间已近三年。这里不仅有浓厚的学术氛围和严格的管理制度，满足学子们对知识探索和学术追求的强烈渴望，更有难以忘怀、愈久弥深的师生情谊。读博期间，我有幸聆听了王源扩、程雁雷、周少元、华国庆、徐淑萍、张宇润、李胜利、汪金兰、陈结淼、张晶、陈宏光和我的两位论文导师李明发、李坤刚等法学院老师的精彩授课和演讲。他们引人入胜的授课内容和丰富新颖的学术思想在我脑海中依旧记忆犹新，使我终身受益。特别是在博士论文写作过程中，王源扩、程雁雷、周少元、华国庆、徐淑萍、张宇润、强昌文、李胜利等老师，给了我难能可贵的指点。导师李明发教授教学科研任务十分繁重，还担任重要的行政工作，但他却时时牵挂我的毕业论文的进度与质量，每每在论文工作的关键节点及时提出要求，甚至给予重压，这种压力时常变成我论文写作的一股动力。特别是在论文的修改完善过程中，他的指导意见总是让我茅塞顿开。导师李坤刚教授学术活动十分繁忙，却仍对我的论文写作给予具体细致的指导，并提供了珍贵的外文资料和跨境就业方面的典型案例。没有两位导师的关怀和指导，论文的研究工作就不可能最终完成。

中国人民大学法学院余劲松教授、上海交通大学法学院王先林教授、中国人民大学法学院史际春教授、华东政法大学顾功耘教授也在不同场合对书稿的写作提出了具体建议和指导，使我的眼界和思路得以大大开阔。

书稿完成之际，不免回想自己由于过早参加工作而导致的略显艰难的求学之路，而其中1996年9月至1999年6月在中国科学技术大学商学院攻读法学硕士学位的3年经历却使我引以自豪并难以忘怀，在这里我有幸得到了导师田田教授和导师组罗匡教授、孙昌兴副教授的细致指导和亲切关怀。

单位领导朱卫东教授、刘峰书记、张本照教授、张先锋教授、谢众同志等经常过问我的论文进度，在论文工作的后期，不再给我安排任何事务性工作，让我能够埋头写作论文。教研室的好友庄德林博士、晋盛武博士对本书的写作也提供了不少有益的意见。

我深爱和敬重自己的父母，因为他们虽然是农民和文盲，但通过长年累月的艰辛劳动，把我们兄妹三人送进高等学府并培养成材。2007年11月母亲患病半身不遂，我工作之余总是在母亲病榻旁伺候，也因此能推脱一些社会活动而静下心来读书考博，一年多后我通过激烈的竞争如愿以偿地考取了安徽大学法学院博士研究生。在此后的近两年时间里，我一边工作一边读博并且一边与家人和护工一起照料母亲。我曾想，一定要让“久病床前无孝子”这句古话在我身上失效。但到2011年年初，母亲或许不愿再让自己的病情连累我们，她20多天不吃不喝，最后平静地离开了我们。我常想，自己的时间是母亲用生命换来的，按期毕业、完成书稿或许是对母亲在天之灵的最大安慰。

我的家人，包括哥哥、妹妹、堂弟和堂妹，在我论文的后期工作中，替我分担了部分孝敬父母的责任。妻子许文女士，一直承担了大量家务。孩子李理，用他自觉学习的行为支持了我的论文工作。

本书的出版得到了合肥工业大学博士学位人员专项基金(中央高校基本科研业务费专项资金)的资助。中国科学技术大学出版社对本书的出版给予了大力支持，在此表示衷心感谢。

最后需要说明的是，虽然书稿的完成离不开各位老师的指导，但由于本人学识水平所限，书中肯定存在错漏和不妥之处，其责任由我个人承担，并恳请批评指正。

李世军

2012 年 6 月 18 日于合肥工业大学